prima vista

THOMAS KLEIN

ZWISCHEN SCHEIN UND SEIN

MEIN WEG AUS DER DEPRESSION

Visuelles Konzept und Bildauswahl: Christina Zappella-Kindel & Georg Kindel
Covergestaltung und Art Design: Andreas Miedaner & Jutta Zwischenbrugger / Büro X
Layout & Produktion: Peter »Pjotr« Frank
Lektorat: Ivan Löffko
Coverfoto: Roland Unger
Fotos: Markus Morianz, Roland Unger, Photo Simonis, Studio Horst (Pink Lake), privat
Alle Nutzungsrechte der Bilder in diesem Buch liegen bei Thomas Klein bzw. der Firma Almdudler.
Druck: gugler* cross media, Melk

ISBN 978-3-9502658-1-1
PRIMA VISTA Media & Consulting GmbH, Wien
Eckpergasse 29, A-1180 Wien, Tel. +43 (0)1 522 34 23, verlag@prima-vista.cc
www.prima-vista.cc
Geschäftsführung: Christina Zappella-Kindel / Verlagsprogramm: Georg Kindel

Inhaltsverzeichnis

Vorwort

»Lieber Herr Klein, bitte bleiben Sie am Leben ...«

Viele Jahre musste ich miterleben und vor allem am eigenen Körper spüren, dass Menschen mit Depressionen von ihrer Umwelt anders behandelt werden als Menschen, die an Krebs oder sonst einer schweren Krankheit leiden. Natürlich sollen einzelne Krankheiten nicht bewertet oder entsprechend ihrem jeweiligen Schweregrad klassifiziert werden. Ich finde nur, dass es höchste Zeit ist, die Depression als eine ebenso ernsthafte Erkrankung wie viele andere zu akzeptieren. Und nicht mit unsensiblen Sätzen wie »Reiß dich doch zusammen« oder »Wie kann's denn gerade dir schlecht gehen?«, um nur einige wenige dumme, eigentlich unzumutbare Kommentare zu erwähnen, abzutun.

Denn obwohl es immer öfter heißt, dass man mit psychischen Krankheiten mittlerweile viel offener und verständnisvoller umgeht und auch eine so genannte Enttabuisierung stattgefunden hat, gehören meiner Erfahrung nach Betroffene immer noch einer Randgruppe an. Und immer nur dann, wenn sich ein prominenter, in der Öffentlichkeit stehender Mensch aufgrund seines unerträglich gewordenen psychischen Leidens das Leben nimmt, ist diese Erkrankung für kurze Zeit Thema in allen Medien. Leider Gottes auch deshalb, weil viele Menschen nicht verstehen können, wieso jemand, dem es doch offensichtlich an gar nichts fehlt, mit seinem Leben nicht mehr fertig wird. Es kann doch nicht sein, dass sich beispielsweise ein bekannter, erfolgreicher Künstler, Sportler oder Unternehmer innerlich so unglücklich und einsam fühlt, dass er nicht mehr weiter leben möchte oder kann. Irgendwie sind solche Menschen in den Augen vieler nicht normal und werden deswegen einer kleinen Randgruppe zugeordnet. Was für ein furchtbarer Terminus, der für mich abwertend, ja genau genommen negativ klingt. Mitglieder von Randgruppen werden als Außenseiter der Gesellschaft betrachtet, die man bestenfalls toleriert. Und da sind wir bei einem weiteren Begriff, gegen den ich mich verwahre, und zwar Toleranz. Für mich bedeutet Toleranz leider nur eine Art Überbrückung zur Integration oder Akzeptanz. Da halte ich es mit Johann Wolfgang von Goethe, der schon vor mehr als 200 Jahren feststellte: »Toleranz sollte eigentlich nur eine vorübergehende Gesinnung sein: Sie muss zur Anerkennung führen. Dulden heißt beleidigen.«

Ich möchte mich mit diesem Buch dafür einsetzen, dass depressive Menschen von ihrer Umwelt entsprechend seriös behandelt werden. Dass man ihrer Krankheit wie jeder anderen ernsthaft begegnet und sie zu 100 Prozent akzeptiert. Obwohl ich zugeben muss, dass mit dem Begriff Depression im Alltag etwas zu locker umgegangen wird. Denn nicht jeder, dem es einmal psychisch nicht so gut geht, leidet gleich unter Depressionen. Gelegentliche schlechte Laune gehört zum Leben, deswegen ist man noch lange nicht krank. Was wäre das Leben, ohne einmal den Blues gehabt zu haben? Ergo gilt es zu unterscheiden. Doch aufgrund des lockeren sprachlichen Umgangs kann es natürlich zu Missverständnissen kommen. Und wie soll die Gesellschaft unterscheiden können, wenn sich selbst der depressive Mensch oder dessen Angehörige oft der Schwere der Krankheit nicht bewusst sind? Um welche Erkrankung es sich tatsächlich handelt, kann daher nur der Facharzt feststellen. Ist die Depression aber einmal diagnostiziert, darf sich der Betroffene dafür nicht genieren oder womöglich versuchen, sie zu überspielen oder zu kaschieren.

Es ist oft ein großer Schritt, diese Krankheit anzunehmen

Es ist oft ein großer Schritt, diese Krankheit anzunehmen, doch sobald man diesen Schritt getan hat, kann man auch besser mit der Erkrankung umgehen. Glauben Sie mir, ich weiß, wovon ich spreche. Denn vor allem Männern, die meistens den Starken mimen wollen, fällt es schwer, sich diese Krankheit, die übrigens nicht untypisch für unsere leistungsorientierte Zeit und Gesellschaft ist, einzugestehen. Zusätzlich kommt oft auch noch ein anderes Phänomen zum Tragen: Menschen sind in der Regel zu anderen viel geduldiger und freundlicher als zu sich selbst.

Sigmund Freud unterschied bei der Struktur der Psyche drei verschiedene Instanzen, nämlich das Es, das Ich und das Über-Ich. Während das Über-Ich die moralische Instanz ist, die für gesellschaftliche Wertvorstellungen, Gebote und Verbote der Eltern sowie subjektiv empfundene Autoritäten steht, ist sein Gegenpart das Es, sozusagen das innere Kind. Es kennt weder Negation noch Zeit oder Widerspruch, es steht für Bedürfnisse, Triebe und Affekte. Das Ich fungiert als Vermittler zwischen dem Es und dem Über-Ich. Da nun das Es aber meistens vom Über-Ich erdrückt wird, weil das Über-Ich alle Entscheidungen trifft, soll in der Psychotherapie der Kontakt zum Kind wieder aufgenommen werden. Der Aufbau von Liebe zu sich selbst spielt dabei eine wichtige Rolle, man lernt, die Liebe zu seinem inneren Kind wieder zu erlangen.

Meine Therapeutin hat mich einmal gefragt, was ich machen würde, wenn ich ein Kind alleine am Strand sitzend vorfände. Ich antwortete, dass ich auf das Kind zugehen, es ansprechen, aufnehmen und lieb zu ihm sein würde. »Sehen Sie«, meinte daraufhin meine Therapeutin, »und genau so sollten Sie mit Ihrem Es, Ihrem inneren Kind umgehen.« Dieser Gedanke hat mir oft geholfen. Denn früher hatte ich mich Versager oder Idiot gescholten, wenn mir etwas nicht gelungen war, nun tröstete ich mich bzw. mein inneres Kind in solchen Situationen. Das war mein erster Schritt zur Selbsthilfe. Und wenn diese nicht übertrieben wird, indem man sich womöglich nur mehr wie ein Narziss glorifiziert, stellt sie den Beginn der Heilung dar.

Und damit bin ich wieder bei dem eigentlichen Grund, warum ich dieses Buch geschrieben habe. Ich habe mir nämlich in Zeiten, in denen es mir gar nicht gut ging, vorgenommen, über die Entstehung und den Verlauf meiner Depressionen zu berichten, sobald ich das Schlimmste überwunden habe. Es soll ein ganz authentisches Buch sein, in dem ich erzähle, wie es mir ergangen ist, was ich alles erlebt habe, ohne irgendetwas zu beschönigen oder wegzulassen. Wahrheitsgetreu und echt, wie ich mich auch im Leben gebe. Natürlich entspricht alles, was ich in diesem Buch erzähle, meiner persönlichen Wahrnehmung, aber ich kann mit gutem Gewissen sagen, dass ich nichts absichtlich verfremdet habe. Und was ich mit dieser Veröffentlichung ganz sicher nicht anstrebe, ist eine Abrechnung mit Menschen, die mich – wahrscheinlich nicht in böser Absicht – gekränkt oder verletzt haben. Andererseits bin ich in meinen Erzählungen aus ethischen Gründen manche Kompromisse eingegangen.

Ich möchte mit diesem Buch auch noch in anderer Hinsicht etwas erreichen. Viele Krankheiten haben eine sehr gute Lobby, ich meine damit Selbsthilfegruppen, Vereine und Interessenvertretungen. Es ist eine Tatsache, dass für manche Erkrankungen die Aufklärung perfekt funktioniert, die Veranstaltungen spektakulär sind und sich viele Prominente für deren Vorsorge, Verhütung und Bekämpfung engagieren. So etwas wird man in der psychischen Krankheitswelt, bei Depression leider nicht finden oder erleben. Also bitte ich auch Sie um Ihre Mithilfe. So wie ich schon manchen Menschen, denen es mitunter noch viel schlechter ging, als es mir in meinen ärgsten Phasen ergangen ist, Mut machen oder gelegentlich sogar helfen konnte. Schließlich habe ich viele arme Seelen kennen gelernt, bei denen ich mich mit meiner Krankheit noch privilegiert gefühlt habe.

Jedenfalls empfinde ich es als ganz wichtig, endlich Klartext zu sprechen, Hilfe für Menschen mit Depressionen zu fordern, aber auch anzubieten. Nicht zuletzt deshalb, weil mich meine bisherige Erfahrung in diesem Entschluss bestärkt hat. Denn jedes Mal, wenn ich auch nur mit einem Teil meiner Lebensgechichte an die Presse ging, habe ich ausschließlich zustimmende Reaktionen erfahren, besonders nach einem Fernsehbeitrag im ORF. Damals bekam ich sehr viele E-Mails mit positivem Inhalt, es war kein einziges negatives darunter. Ein Schreiben, das mich sehr berührt hat und bei dem ich die Tränen nicht zurückhalten konnte, werde ich nie vergessen, es lautete: »Lieber Herr Klein, bitte bleiben Sie am Leben.«

Mit diesem Buch möchte ich nun vielen Lesern sagen: »Bitte bleiben Sie am Leben.«

Ich möchte Ihnen Mut machen, die Liebe zu Ihrem inneren Kind wieder zu finden. Versetzen Sie sich in die Person, die Sie als Kind waren, und führen Sie einen Dialog mit jener Person, die Sie jetzt sind. Und finden Sie dabei heraus, was Ihr inneres Kind empfindet – ist es traurig, trotzig, aggressiv, grantig oder verletzt? Ich versuche solche Dialoge oft zu führen, in denen ich als Kind meistens traurig bin und mir der erwachsene Thomas dann voll Mitleid verspricht, beim nächsten Mal nicht so unerbittlich zu sein. Probieren Sie es einfach aus – und Sie werden merken, um wie viel besser es Ihnen danach geht!

Ihr

Thomas Klein

1

Ich kann nicht mehr!

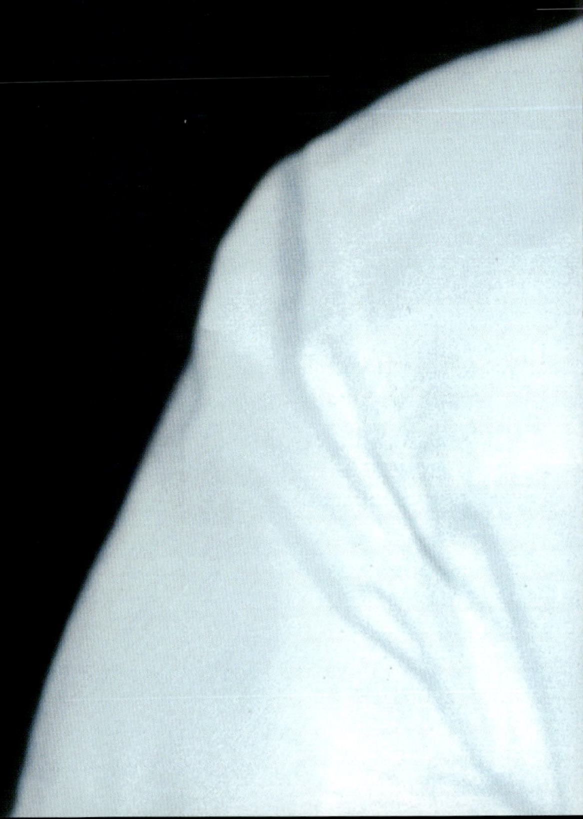

Kapitel 1

Ich kann nicht mehr!

Ich bin am Ende. Ich bin innerlich leer und hoffnungslos und kann mir unter gar keinen Umständen vorstellen, noch einmal einen Sinn in meinem Dasein zu finden. Ich habe mich vollkommen aufgegeben. Ich schäme mich für meine Vergangenheit, und ein negativer Gedanke jagt den anderen.

Nun erscheint es mir schier unwahrscheinlich, alles zu bewältigen, was bisher in meinem Leben geschehen ist. Meine Ehe steht vor dem endgültigen Aus, da meine Frau in meinen Augen unmöglich mit all dem fertig werden kann, was ich ihr in letzter Zeit zugemutet habe. Zum einen hat sich meine wahre sexuelle Orientierung im Laufe unserer Ehe herauskristallisiert, zum anderen leide ich an immer massiver werdenden Depressionen. Ein Orthopäde hat mich nun auch noch morphiumabhängig gemacht, weil ich wegen meiner unerträglichen Rückenschmerzen weder ein noch aus wusste. Und als ob das nicht schon genug wäre, hat man in der Firma während meiner immer öfter und länger andauernden Abwesenheit gegen mich zu intrigieren begonnen.

Während ich mein Leben noch einmal Revue passieren lasse, fallen mir die vielen Entbehrungen, Demütigungen und Enttäuschungen ein, denen ich ohne Unterlass ausgesetzt war. Die langen Jahre meiner Depressionen und die unterschiedlichen Aufenthalte in Psychiatrien haben mich derart geprägt, dass ich einfach keine Chance auf eine Heilung meiner psychischen Krankheit mehr sehe.

Der einzige Lichtblick in meiner misslichen Lage sollten meine Kinder sein, mit denen ich nur leider Gottes viel zu wenig Zeit verbracht habe. Viele Schulveranstaltungen, Geburtstagsfeiern und Familienfeste habe ich versäumt. Ich fühle mich schuldig. Ich spüre gleichzeitig Aggression und Wut auf meinen Vater, weil er durch seinen Suizid in unserem Haus meine Schwester und mich verlassen hat. Nachdem ich ihn zwanzig Jahre lang viel zu wenig gesehen und viel zu wenig mit ihm unternommen habe, ließ er uns einfach im Stich.

Er hat den Kampf gegen seine psychische Krankheit vor vielen Jahren verloren. Ich habe seit langem dagegen angekämpft, in der Hoffnung, meine Depressionen zu überwinden und eines Tages wieder ein »normales«, gesundes Leben führen zu können. Ohne zu ahnen, plötzlich auch mit kaum zu ertragenden körperlichen Schmerzen konfrontiert zu werden. Dass ich dann in der Behandlung mit morphiumartigen Medikamenten einen letzten Ausweg in der Bekämpfung meiner horrenden Rückenschmerzen gesehen habe, mag etwas blauäugig gewesen sein. Ich bin aber schon traurig und gekränkt, dass niemand in meiner Familie und in meinem näheren Umfeld nachvollziehen kann, warum ich mich darauf eingelassen habe. Denn niemals habe ich mir selbst vorstellen können, deswegen einmal in einem Behandlungszentrum für Suchtkranke zu landen. Was für eine Schande, noch dazu, wo ich immer angenommen habe, dass ich dem in meiner Familie nachweislich vorhandenen Suchtpotenzial gewachsen bin. Jetzt sehe ich mich als Versager, ständig höre ich dieses Wort »Versager«, »Versager« in meinem Kopf.

Ich will meinem Leiden ein Ende setzen

Nun bin ich also auf Entzug im Behandlungszentrum für Suchtkranke in Maria Ebene in Vorarlberg und habe keine Ahnung, was mir bevorsteht. Ich denke nur an eines: Ich will nicht mehr. Ich kann nicht mehr. Ich schaffe es nicht mehr. Ich will meinem Leiden ein Ende setzen.

Ich bin nicht mehr bei mir selbst, kann mich nicht mehr spüren. Meine Empfindungen beschränken sich auf meinen vollkommen verspannten Körper und meine nahezu unerträglichen Rückenschmerzen, denn die sind mir treu geblieben. Doch ansonsten ist da nur mehr Hoffnungslosigkeit und Verzweiflung. Eine innere Stimme sagt mir: »Thomas, das war's, dein Leben ist vorbei. Jetzt kann dir niemand und nichts mehr helfen!«

Ich beginne bitterlich zu weinen. Doch es ist kein Weinen, das mir Befreiung verschafft. Ich falle nur noch tiefer in dieses dunkle Loch. Ich bin in einem schwarzen Tunnel, mir ist alles egal. Die Verantwortung für meine Familie – egal. Die Verantwortung für meine heißgeliebten Kinder, für die Firma – egal. Es kümmert mich alles nicht. Ich empfinde nichts mehr.

Also will ich mir jetzt endlich die bevorstehende Nacht ersparen. Weder meine behandelnde Ärztin noch irgendein anderer Arzt sind da, mit denen ich reden könnte. Die diensthabende Schwester rät mir, einfach ein Bad zu nehmen, am besten mit entspannenden Essenzen. Dann würde es mir schon besser gehen. Die Waschräume liegen genau gegenüber von meinem Zimmer. Doch schon auf dem kurzen Weg dorthin kreisen meine Gedanken nur mehr um das Eine, nämlich das Ende meines Lebens.

Ich drehe den Wasserhahn auf, und langsam füllt sich die Wanne. Ich füge den beruhigenden Badezusatz bei, während ich nur an eines denke: meinen unausweichlichen Tod. Die Nacht steht vor der Tür, doch kein Arzt mir zur Seite. Es gibt keine Alternative. Meine Kräfte gehen zu Ende, und so auch mein Wille. In diese Badewanne zu steigen ist das Letzte, was ich in diesem Leben noch tun werde.

Ich will ins Wasser gleiten und für immer untertauchen – doch da ist plötzlich dieses weiße Licht

Ganz apathisch setze ich zuerst einen, dann den zweiten Fuß ins warme Wasser. Ich spüre sie nicht. Ich bin wie in Trance. Als ich schließlich in der Wanne liege, will ich nur eines: langsam für immer untertauchen, bis das Wasser über meinen Kopf steigt und wieder eine glatte Oberfläche über meinem gesamten Körper bildet. Ganz ruhig, ganz still wird es dann sein in diesem Raum, und mir wird es gut gehen.

Doch wie immer in meinem Leben ist da etwas, das mich davon abhält. Eine Art Schutz von außen, in dem ich immer eingebettet gewesen bin. Ein Gedanke. Ein göttlicher Funke. Eine spirituelle Eingebung, oder wie immer man es nennen mag, zeigt mir einen Weg. Da ist plötzlich wieder dieses weiße Licht, das mich davon abhält, meinem Leben ein Ende zu setzen.

Es suggeriert mir: Tu dir nichts an. Es geht weiter. Ich weiß nicht wie, ich kann mir keinen schlimmeren Zustand mehr vorstellen. Doch wie miserabel es mir im Laufe der vergangenen Jahre schon gegangen ist, es hat letztlich immer eine Lösung gegeben. Irgendwie hat sich ein Ausweg aus der Hoffnungslosigkeit aufgetan. Dieser Gedanke hat eine derartige Kraft, dass ich von dem Vorhaben, meinem Leben jetzt ein Ende zu setzen, ablasse.

Also steige ich wieder aus der Badewanne, apathisch, fast jenseitig, trockne mich ab, ziehe meinen Pyjama an, nehme meine Abendmedikamente und gehe zurück über den Gang in mein Zimmer.

Es liegt im Erdgeschoß der neu errichteten Krankenstation, die sich im rechten Winkel zum einstöckigen alten Holztrakt auf der anderen Seite befindet, in dem die übrigen Patienten untergebracht sind. Der zirka 30 Quadratmeter große Raum ist weiß ausgemalt und modern eingerichtet. Zwei Einzelbetten, für mich extrem schmal und viel zu kurz, machen jede Nachtruhe schwierig. Von »ruhen« kann in meinem Leben sowieso keine Rede sein. Nachtqualen wären zutreffender für die Zeit zwischen acht Uhr abends und sechs Uhr morgens. Zwei große Fenster an einer Wand geben zwar einen traumhaften Blick auf Wiesen und Wälder frei, doch im Dunklen hilft mir diese Idylle auch nicht weiter.

Jetzt ist es 20 Uhr, und mir graut vor der bevorstehenden Nacht. Wie soll ich sie ohne jeglichen Beistand überstehen? Und wie soll es am nächsten Morgen weitergehen? Während ein mental gesunder Mensch, der mit Problemen zu Bett geht, am nächsten Morgen meist alles wieder bedeutend hoffnungsvoller sieht, wacht ein schwer depressiver Mensch am nächsten Morgen genau in dem gleichen Zustand auf, in dem er am Vorabend schlafen gegangen ist. Er ist absolut nicht ausgeruht, hat der Tabletten wegen womöglich ein flaues Gefühl im Magen, und von Hoffnung kann keine Rede sein. Trotz allem nicke ich mit Hilfe der wenigen genehmigten Medikamente dann doch ein, obwohl ich unzählige Male wieder aus dem Schlaf aufschrecke und mich die Angst durch die Nacht begleitet. Am darauffolgenden Morgen wache ich, wie könnte es auch anders sein, mit meiner Depression vom Vorabend auf und fühle mich wie gerädert. Wenn ich heute daran zurückdenke, weiß ich, dass jener Abend der absolute Höhepunkt meiner Krankheit war, die schwerste Zeit meines Lebens.

Thomas Klein: »Die Barriere«

2 Mein Aufenthalt in der Psychiatrie

Kapitel 2

Mein Aufenthalt in der Psychiatrie

Ich bin ein suchtkranker Mensch. Das wurde mir damals, im Herbst 2003, in Maria Ebene klar. Eigentlich war ich doch »nur« depressiv, doch wegen meiner Rückenschmerzen wurden die Infiltrationen mit Opioiden, morphiumähnlichen Medikamenten, überdosiert. Natürlich war meine Angst vor dem unausweichlichen Morphium-Entzug groß, und ich sträubte mich auch dagegen, obwohl ich wusste, dass ich nur so überleben könnte.

Nachdem sich Professor Reinhard Haller, Primar und Chefarzt im Behandlungszentrum für Suchtkranke in Maria Ebene, einverstanden erklärt hatte, mich bei ihm aufzunehmen, flog meine Frau Rosa mit mir nach Altenrhein, wo uns mein Salzburger Freund Josch am Flughafen erwartete und in das Zentrum brachte. Und das, obwohl dieser sehr attraktive und besonders liebevolle, zart besaitete Mann, der lange Zeit als Model arbeitete, damals selbst große psychische Probleme hatte. Heute geht es Josch dank seiner eisernen Disziplin gottlob sehr gut, mit seiner Arbeit als Fitnesstrainer und Ernährungsexperte hat er sich in Salzburg einen respektablen Namen gemacht.

Als wir am frühen Nachmittag in Maria Ebene ankamen, war ich ziemlich ruhig gestellt, da ich von einem Arzt ein sedierendes Medikament mit auf die Reise bekommen hatte. Trotzdem fiel mir die Optik des Gebäudes angenehm auf: Es war modern und mit allen bisherigen, schon von außen eher abschreckend wirkenden Psychiatrien, auf denen ich mich davor bereits aufgehalten hatte, absolut nicht zu vergleichen. Und auch das Wetter ließ nichts zu wünschen übrig, denn die Sonne lachte strahlend vom Himmel. Vor dem Eingang hielt sich eine Gruppe von Menschen auf, die alle einen fröhlichen Eindruck machten, während sie eine Zigarette nach der anderen rauchten. Für mich aber bedeutete es eine unglaubliche Überwindung, mich durch diese Menschenansammlung zum Eingang zu bewegen. Und irgendwie hatte ich schon eine Vorahnung, dass mir eine besonders schwierige Phase in meinem Leben bevorstand, dass meine Depressionen dort ein unbegrenztes Ausmaß annehmen würden. Schließlich war ich ja auch so weit weg von allen Menschen, die mir wichtig waren. Ich hatte wahnsinnige Angst, völlig zu vereinsamen.

In der Halle mussten Rosa, Josch und ich ein wenig warten, bis uns Professor Haller, der anfänglich einen sympathischen Eindruck auf mich machte, begrüßte. Für unser Erstgespräch bat er Rosa und mich in sein Büro, einen mittelgroßen Raum mit Schreibtisch, einer Couch, einem Glastisch und zwei Sesseln, wo wir Platz nehmen durften. Das Zimmer wirkte auf mich wie das eines erzkonservativen Menschen, nicht protzig, aber auch nicht minimalistisch, für meine Welt auf jeden Fall zu brav und bieder. Ich saß also dem Suchtexperten gegenüber und studierte ihn. Er trug einen weißen Ärztekittel und dunkle Socken in Birkenstock-Sandalen.

In unserem Erstgespräch wurde relativ offen über meine Anamnese und meine damalige Verfassung gesprochen. Nachdem Rosa zu jener Zeit keine besonders gute Basis zu mir hatte, fiel ständig einer dem anderen ins Wort, weil jeder unbedingt alles Mögliche loswerden wollte.

Ich war durch den »kalten« Entzug körperlich und geistig verwirrt

Nach unserem zirka zwei Stunden dauernden Gespräch war ich wieder einmal schweißgebadet und konnte mich kaum noch artikulieren, die Depression und die Schmerzen hatten mittlerweile auch mein Gehirn vereinnahmt. Und wie schon so oft zuvor hatte ich einmal mehr die gleiche Prozedur über mich ergehen lassen müssen. Denn jeder für mich neue Therapeut wollte erst einmal meine Lebensgeschichte hören, beginnend beim Suizid meines Vaters über die Anfänge meiner Depression und meine Sexualität bis hin zu meiner Abhängigkeit. Für mich war das aber extrem anstrengend, denn ich war durch den »kalten« Entzug, der erst kurz zurück lag, geistig und körperlich völlig erschöpft. In diesem Gespräch ging vieles an mir vorüber, Details konnte ich mir schon damals nicht merken, geschweige denn, dass ich sie heute noch weiß. Woran ich mich aber noch sehr gut erinnere, war das so typische »Aha, na ja, wenn der Vater schon Selbstmord begangen hat, dann erklärt sich ja vieles ...«, das ich wieder einmal über mich ergehen lassen musste. Wie zu Beginn jeder Therapie. Ich konnte und wollte solche Feststellungen aber nicht mehr hören, ich hasste sie richtiggehend.

Nachdem mich Rosa und Josch verlassen hatten, führte mich einer der Patienten, ein netter, alkoholkranker Anwalt um die 50, der sich schon länger in Maria Ebene aufhielt und für alle Patienten ein williger Ansprechpartner in rechtlichen Dingen war, in mein Zimmer und anschließend durch das ganze Haus. Er war mit einem Höllentempo unterwegs, so dass ich ihm kaum nachkam, mich aber auch nicht traute zu sagen, wie miserabel es mir eigentlich ging. Als krönenden Abschluss der Führung musste ich sogar noch Tischtennis mit ihm spielen.

Am selben Abend nahm ich gegen 18 Uhr mein erstes Abendessen zusammen mit den anderen Patienten im Speisesaal ein. Während für uns Selbstbedienung galt, bekamen alle Ärzte und das Pflepersonal ihr Essen serviert. Ich nahm irgendwo planlos Platz, ein Neuling inmitten einer eingeschworenen Mannschaft, wie mir die anderen Suchtkranken vorkamen. Mein Platz war zwischen zwei älteren Damen an einem langen Tisch mit über 20 männlichen und weiblichen Leidensgefährten. Rund um mich zeigten sich alle sehr bemüht, doch gesprochen wurde nur wenig. Gott sei Dank, denn mir war sowieso nicht nach Reden zumute.

Für die erste Nacht bekam ich Medikamente, Antidepressiva, die mich leichter einschlafen ließen. Bald schon wachte ich aber wieder auf, dämmerte vor mich hin, schlief erneut ein, wachte abermals auf – bis ich schließlich um sechs Uhr gerädert aus dem Bett kroch und meine Morgentoilette wie in Trance erledigte. Trotzdem legte ich zu Beginn meines Entzuges noch ein wenig Wert auf mein Aussehen, später kümmerte ich mich darum gar nicht mehr. Apathisch ging ich am ersten Morgen in Maria Ebene zum Frühstück und zwang mich dazu, etwas zu essen und zu trinken.

Nun war ich also in einem Behandlungszentrum für Suchtkranke gelandet, als zusatzversicherter Privatpatient in einem Einzelzimmer auf der Krankenabteilung. Man stellte mich medikamentös neu ein, ohne Ersatz für die über die Jahre injizierten Opiate, primär mit Medikamenten, wie sie auch Alkoholkranke auf Entzug bekommen. Denn der Großteil der dortigen Patienten und Patientinnen war alkoholabhängig, während bei mir die Situation eine ganz andere war. Nach meinem »kalten« Entzug – ich hatte keine Opiate mehr bekommen und die Dosis der Tranquilizer hatte man stark reduziert – hatte ich trotz Antidepressiva extreme körperliche Schmerzen und schwerste Depressionen. Wohingegen die anderen Patienten »nur« unter einer Abhängigkeit litten, obwohl unter ihnen die unterschiedlichsten Süchte vertreten waren.

Ein Mittdreißiger, ich glaube, er war Steirer, war spielsüchtig und wurde bei einem seiner Ausflüge ins Kasino erwischt. Daraufhin sollte er das Behandlungszentrum verlassen, man gab ihm dann aber doch noch eine Chance. Eine Juristin um die 40, eine aparte, sympathische Frau aus Oberösterreich, war kaufsüchtig, vor allem Unterwäsche hatte es ihr angetan. Sie kniete sich zwecks Suchtbewältigung total in die Malerei, sie malte unzählige Bilder, fast manisch. Sie war eine von wenigen, mit der ich mich gut verstand. Wie auch mit dem Juristen, den ich schon am Tag meiner Ankunft kennen gelernt hatte. Er wusste absolut nicht, wer ich war – und das war auch gut so. Trotzdem sprach sich zu meinem Leidwesen rasch herum, dass sich »Mr. Almdudler« im Haus aufhielt.

Was mich überraschte, war, dass die dortigen Alkoholikerinnen und Alkoholiker auf Entzug oft sehr lustig waren und eine gute Zeit hatten, während ich als einzig Depressiver mit meinem Morphium-Entzug und meinen Rückenschmerzen klarkommen sollte. Eine schier unerträgliche Situation, hatte es mich in meinen argen Depressionsphasen und Krisenzeiten doch immer besonders aggressiv gemacht, wenn sich andere Menschen rund um mich bestens unterhielten. Laut meiner Therapeutin war dies übrigens eine völlig logische Reaktion. Oder würde es Ihnen gefallen, wenn Ihre Umwelt fröhlich ist und sich amüsiert, während Ihre eigene Stimmung am Nullpunkt ist? Mein Kontakt zu anderen Patienten war minimal, von allen meinen Aufenthalten in Kliniken war ich in Maria Ebene am wenigsten fähig für irgendeinen sozialen Umgang. Ich konnte immer nur denken: »Wann ist der Tag endlich vorüber?« Ich wollte eigentlich nur schlafen, was mir untertags aber nicht erlaubt wurde, obwohl ich von Professor Haller eine ordentliche Dosis Antidepressiva verschrieben bekam. Heute lebe ich mit einem Bruchteil davon gut, damals war auch die hohe Dosierung keine Hilfe.

In hoher Kalorien-Dosierung – soll heißen ausgesprochen nahrhaft, weil reich an Kohlehydraten und Fett – war auch unser Essen. Die Speisen waren besonders deftig, mit jeder Menge Nockerl, Knödel oder Reis, nicht unbedingt meine Küche, da ich es nicht mag, so abgefüllt zu werden. Außerdem wurde alles lieblos auf die Teller geklatscht. Der dicke, schwitzende Koch war extrem unfreundlich, so dass ich mich beispielsweise beim Frühstück um sieben Uhr Früh kaum traute, nach einer zweiten Scheibe Brot zu fragen. Zum Glück hatte ich in Maria Ebene kaum Hunger, und nachdem ich aufgrund des Morphium-Konsums schon stark abgenommen hatte, reduzierte sich mein Gewicht jetzt noch drastischer. Ich brachte mit einer einzigen Ausnahme nur wenige Bissen herunter: dem Automaten im Aufenthaltsraum, der mit Süßigkeiten gefüllt war und der regelmäßig von mir geplündert wurde. Sogar nachts bin ich immer wieder aufgestanden und habe mich zum Süßigkeiten-Automaten geschlichen, der nicht weit weg von meinem Zimmer stand. So nahm ich nicht ab, mein Gewicht hielt sich beständig unter 80 Kilogramm.

Die Ärzte vermuteten, dass ich heimlich starke Drogen konsumierte

Vielleicht war das mit ein Grund, warum ich mich regelmäßig einem Harntest unterziehen musste. Oder man vermutete, dass ich heimlich starke Drogen konsumierte, weil ich nachts von massiven Schweißausbrüchen gequält wurde. Das erklärt sich aber damit, dass der Körper die Depressionen, die er am Tag mit sich trägt, in der Nacht wieder abbaut, indem er zumindest subjektiv heiß wird und alles herausschwitzt. Die psychische Anstrengung ist eben auch eine physische. Nachdem man bei den ursprünglich angekündigten Tests keinerlei Drogen in meinem Harn nachweisen konnte, wurden die Tests plötzlich für alle unerwartet über Lautsprecher durchgesagt. Man hatte nämlich im Mistkübel vor dem Haus eine kleine Flasche »Jägermeister« gefunden.

So wenig schön und angenehm es für mich innerhalb des Behandlungszentrums war, war die Landschaft der Umgebung umso schöner, mit dem Arlberg im Zentrum der Postkartenkulisse. Da es gerade Herbst war, wurden die Weintrauben gelesen und in einem nahegelegenen Stadl gelagert. Eigentlich strahlte die herbstliche Stimmung Ruhe aus, doch konnte ich sie nicht wahrnehmen und schon gar nicht genießen. Auch nicht bei meinen Spaziergängen, meistens an Schluchten vorbei, wo ich mir überlegte: Stürze ich mich hier jetzt hinunter oder nicht? Danach besuchte ich gerne die kleine, nette Kapelle in unmittelbarer Nähe der Anstalt, in der auch regelmäßig Gottesdienste stattfanden.

Ich kniete nieder und betete vor der Marienstatue

Direkt neben dem Behandlungszentrum befand sich ein wunderschöner Garten, der von den Franziskaner-Missionsschwestern vom Orden Maria Hilf gepflegt wurde. Ein paar Tage nach meinem schlimmsten Abend entdeckte ich diese kleine Oase, wo einige ältere Schwestern mit viel Liebe und Hingebung arbeiteten. Plötzlich stand ich vor einer wunderschön bemalten Marienstatue in einer künstlichen Grotte, ge-

schmückt mit Blumen und Kerzen. Alles kam mir wie im Traum vor. Ich begann zu weinen, kniete nieder und betete, bis mich wieder dieses spirituelle Gefühl überkam, ich würde Hilfe bekommen. Als dann eine ältere Schwester auf mich zukam und mich freundlich ansprach, erzählte ich ihr meine Lebensgeschichte. Sie hörte mir aufmerksam zu und wendete ihren Blick nicht von mir ab. Schließlich meinte sie, sie könne sehen, dass meine Leber nicht in Ordnung wäre. Durch diese Feststellung zwar irritiert, doch von der beruhigenden Atmosphäre jenes Ortes angezogen, kam ich immer wieder dorthin zurück. Denn dieser Garten war für mich im wahrsten Sinne des Wortes der einzige Lichtblick. Bei meinen weiteren Besuchen traf ich regelmäßig auf jene ältere Schwester, die mir allmählich eine Verbesserung meines körperlichen Zustands ansah und bestätigte. Oft hörte ich dort auch den Gesang der Schwestern, der mir gut tat und mich meinem inneren Kind, das traurig und verzweifelt war, ein Stückchen näher brachte.

Für etwas längere Ausflüge sah ich mich damals jedoch außerstande. So war ich nicht fähig, das bekannte buddhistische Kloster und Studienzentrum, den Letzehof, wo auch schon der Dalai Lama zu Besuch war, aufzusuchen – obwohl ich dort mit offenen Armen aufgenommen worden wäre, nachdem meine Frau bei ihrem Besuch in Maria Ebene den jungen Mönchen vom Letzehof über mich erzählt hatte.

Obwohl es kein Besuchsverbot gab, fanden doch nur wenige Menschen den Weg zu mir nach Vorarlberg. In der Familie hatte man mich ziemlich abserviert. Mein Freund Josch besuchte mich mehrmals, meine Assistentin Brigitte Stoiser reiste zweimal aus Wien an, und auch meine Frau kam einmal vorbei und blieb gleich für mehrere Tage. Rosa war damals verständlicherweise nicht gut auf mich zu sprechen, weil mein Morphium-Konsum so eskaliert war. Außerdem hatten ihr zwei »Heiler« zugesetzt und sie gegen mich aufgebracht. Bei ihrem Besuch unterhielt sie sich dann lange mit Professor Haller, und ich hatte das Gefühl, dass sich die beiden gegen mich verbündeten. Doch von Seiten des Arztes hätte ein Gespräch ohne meine Anwesenheit wohl nicht passieren dürfen. Später wollte er sogar von mir Details über meine Firma wissen. Darüber war ich empört und verärgert.

Bei ihrem Besuch wohnte Rosa in einem Gasthaus in unmittelbarer Nähe und versuchte mich mit Spaziergängen zu motivieren. Doch mir fehlte einfach für alles die Kraft. Bei einem meiner Besuche in einem nahen Gasthaus stand ich derart neben mir, dass ich nicht einmal die Speisekarte lesen konnte. Ständig kreiste alles in meinem Kopf um Abhängigkeit, Schmerz, Depression, Tod. Ich konnte mich auf nichts konzentrieren, schon gar nicht auf Essen.

Meine Wiener Therapeutin Caroline Kunz hatte mir angeboten, dass ich sie jederzeit anrufen dürfe, auch in ihren Urlauben oder am Wochenende. Dieses Angebot nutzte ich damals nicht, empfand es aber als beruhigend.

In der ersten Woche meines Aufenthaltes in Maria Ebene durfte ich mich außerhalb des Behandlungszentrums nur von einem Marterl auf der linken Seite der Straße zum anderen Marterl auf der rechten Seite, zirka 250 Meter voneinander entfernt, bewegen. Daran hielt ich mich auch. Während ich mich später über das Verbot, Auto zu fahren, und zwar mein eigenes, hinwegsetzte. Mein Freund

Josch hatte nämlich meinen Mini Cooper S nach Maria Ebene gebracht. Wegen der Versicherung musste ich aber unterschreiben, dass ich dafür die Verantwortung übernahm. Und so fuhr ich ab der zweiten Woche ab und zu mit meinem Auto nach Feldkirch, zwar in einem miserablen Zustand, aber manchmal hatte ich einfach das Gefühl, ich würde durchdrehen, wenn ich mich nicht stundenweise aus der Anstalt verabschiedete. Da für mich jede Ausfahrt eine besondere Überwindung bedeutete, hielten sich meine Ausflüge sehr in Grenzen.

Das Verhalten des Pflegepersonals mir gegenüber war unterschiedlich. Einige Schwestern behandelten mich sehr respektvoll, andere aber gaben mir das Gefühl, ich wäre nicht psychisch krank, sondern verrückt oder einfach nur faul. Manche trugen mir ständig auf, was ich tun sollte oder was ich nicht tun durfte. So verlangten sie regelmäßig, ich möge mein Zimmer aufräumen, und untersagten mir, tagsüber im Bett zu bleiben. Ich bekam aber Medikamente, Antidepressiva, die jedwede Aktivität meinerseits unmöglich machten.

Trotz meiner schlechten Verfassung schleppte ich mich gelegentlich zu Malstunden auf die Therapiestation, wo ich auch mit Ton arbeitete. Ich modellierte Köpfe in extremen Gemütszuständen, aggressiv, traurig oder verzweifelt. Fröhliche Gesichter kamen nicht in Frage. Ich durfte mir aussuchen, welchen Kurs ich belegen wollte – Malen, Steinmetzarbeiten oder Töpfern – und wann ich daran teilnehmen wollte, obwohl auch solche Beschäftigungen für mich in meiner damaligen Verfassung unglaubliche Mühe bedeuteten und ich mir immer wieder sagte, dass ich das alles nicht auf die Reihe bringen könnte. Trotzdem raffte ich mich hin und wieder zu solchen Therapiestunden auf, schwer sediert, da ich verschiedene starke Medikamente nehmen musste, allerdings keine, die abhängig machten.

Für einen Qi-Gong-Kurs, den ich regelmäßig in der Früh mitmachte, bekam ich sogar ein Diplom. Obwohl meine Übungen nicht viel mit den tatsächlichen Qi-Gong-Bewegungen zu tun hatten. Und um mir bei meinen körperlichen Problemen zu helfen, suchte ich mir auf Anraten meiner Qi-Gong-Lehrerin und mit Hilfe meiner Assistentin jemanden außerhalb des Behandlungszentrums. Wir fanden auch tatsächlich jemanden – einen ehemaligen Anästhesisten, ungefähr 40 Minuten Autofahrt entfernt –, den ich ab und zu in Dornbirn aufsuchte. Er sprach bei seiner Behandlung vom »Managerprogramm«, bestehend aus Akupunktur, intravenösen Vitamin-C-Infusionen und Schröpfen. Leider brachten auch diese Versuche rein gar nichts. Meine Rückenmuskulatur war eben in einem miserablen Zustand. Ein Masseur mit indianischem Touch und Voodoo-Anwandlung, der zweimal für eine seiner Behandlungen auf meine Kosten nach Maria Ebene kam, konnte mir genauso wenig helfen. Sich selbst sehr wohl, verkaufte er mir doch jedes Mal zusätzlich diverse teure Amulette.

Und noch ein weiterer Versuch blieb erfolglos, nämlich mehrere Behandlungen in einem nahegelegenen Fitness- und Massage-Studio inklusive Cranio-Sacral-Therapie und Rückenmassagen.

Wahrscheinlich hätten intensive Gespräche mehr geholfen. Doch eine Gesprächstherapie im herkömmlichen Sinn erlebte ich in Maria Ebene nicht. Es gab zwar einen Oberarzt, der ganz okay war und mit dem ich einige Gespräche führte. Und auch die für mich zuständige Ärztin des Behandlungszentrums kam immer wieder in meinem Zimmer vorbei und sprach mit mir, doch diese Gespräche waren nur eine vorübergehende Hilfe. Wie bei einer Wunde, die ein wenig zugenäht wird, aber bei der kleinsten Bewegung wieder aufplatzt. Meine gelegentlichen Termine bei Professor Haller brachten leider auch keine Verbesserung, ich fühlte mich einfach nicht gut aufgehoben bei ihm. Ich hatte das subjektive Gefühl, ich wäre nur ein »prominenter Aufputz-Patient«, auch empfand ich, dass die Ärzte nicht wirklich ein Programm für mich hatten, und zum anderen vermisste ich das nötige Feingefühl von ihrer Seite und auch von der des Pflegepersonals. Aber wahrscheinlich konnte sich dort niemand vorstellen, wie miserabel es mir tatsächlich ging.

So oft suizidgefährdet war ich nie wieder in meinem Leben

Suizidgefährdet, so oft und rasch hintereinander wie in Maria Ebene, war ich nie wieder in meinem Leben. Wie an jenem Abend, als ich in der Badewanne meinem Leben ein Ende setzen wollte. Für mich war daher klar, dass ich nicht volle sechs Wochen an diesem mir gar nicht angenehmen Ort bleiben würde. Schon nach drei Wochen wollte ich zum ersten Mal meine Therapie abbrechen. Doch es war ausgerechnet meine Familie, die mich sehr unter Druck setzte, damit ich meinen Aufenthalt nicht vorzeitig beende. Der Druck kam aber auch von zwei »Heilern«, die Rosa vorausgesagt hatten, dass ich bald sterben würde, sollte ich nicht die vollen sechs Wochen bleiben. Also bestand auch meine besorgte Frau darauf, dass ich Maria Ebene nicht zu früh verließ. Mir war aber klar, dass ich dort nicht mehr bleiben konnte, nicht mehr bleiben wollte.

Überhaupt wundert mich heute, dass ich trotz meines nicht vorhandenen Selbstbewusstseins meinen Willen bei gewissen Dingen doch durchsetzen konnte. Ich ließ mich nicht in »Gruppe 1« oder »Gruppe 2« einteilen, wo ein Tagesprogramm mit stundenlangen Vorträgen zu absolvieren war. Da ich mich so sehr auf den Entzug konzentrierte, war ich gar nicht fähig, weder geistig noch körperlich, solche Marathon-Therapien durchzuhalten.

Aus diesem und vielen anderen Gründen entschloss ich mich nach zirka viereinhalb Wochen gegen Professor Hallers Willen und auch gegen den des Oberarztes, meinen Aufenthalt im Behandlungszentrum für Suchtkranke abzubrechen. Bei meinem Abschied gab mir der Oberarzt zu verstehen, dass ein Rückfall leicht möglich wäre und dass ich im Falle eines Wiederkommens dann das volle Programm machen müsste, über die ganzen sechs Wochen. Doch das war für mich keine Option. Nicht eine Sekunde wollte ich nach Maria Ebene zurückkehren.

3

Wie meine Depression zu einer vertrauten Bekannten wurde

Kapitel 3

Wie meine Depression zu einer vertrauten Bekannten wurde

Ich hatte schon als Jugendlicher, so mit 16 Jahren, sehr melancholische Phasen, in denen ich stundenlang spazieren ging, meist bei Schlechtwetter, in einen langen schwarzen Mantel gehüllt, alleine auf der Baumgartner Höhe. Mein Elternhaus lag in unmittelbarer Nähe, die Umgebung war mir nah. Damals verspürte ich immer wieder eine tiefe Traurigkeit, obwohl es keinen offensichtlichen Grund gab. Und selbst starker Regen konnte mich nicht von meinen »Seelentrips« abhalten.

Ich stellte mir immer wieder dieselbe Frage: »Was ist nur los mit dir?«

Immer wieder stellte ich mir ein und dieselbe Frage: »Was ist nur los mit dir?« Ich sollte keine Antwort finden. Ich konnte und wollte mich aber auch niemandem anvertrauen. Denn nicht nur für meine Umwelt, auch für meine Familie war ich stets der Sonnyboy, gelegentlich auch der Clown, der immer guter Laune zu sein schien.

Ich aber führte damals schon ein Doppelleben. Ich konnte nicht pubertieren und wollte auch nicht, ganz im Unterschied zu meiner Schwester. Sie war für meine Eltern der »Rabenbraten«, der mit 14 in ein Schweizer Internat gesteckt wurde. Für mich war das eine Katastrophe, weil ich diesen Schritt nicht nachvollziehen konnte. Einerseits hatte ich Mitleid mit Michaela, andererseits tat ich mir selbst Leid, weil mir durch ihren Internatsbesuch meine wichtigste Bezugsperson genommen wurde. Ich weinte nächtelang, als der Abschied nahte, und niemand konnte mich trösten. Meinen Eltern fiel mein schlechter seelischer Zustand nicht auf, sie waren zu sehr mit ihren eigenen zwischenmenschlichen Problemen beschäftigt.

Immer wieder fuhr ich mit meiner Mutter nach Interlaken, um meine geliebte Schwester zu sehen. Das waren Momente, Stunden, Tage des Glücks. Als wir sie das erste Mal besuchten, waren alle meine Probleme und Sorgen für kurze Zeit verschwunden. Und da Michaela im Schweizer Internat sehr beliebt war, wurde auch ich von allen liebevoll aufgenommen – der kleine Bruder mit den großen blauen Augen.

Meine Rückenschmerzen traten schon in jungen Jahren auf, im Alter von 17 oder 18 war ich bereits Patient beim Orthopäden Professor Hans Tilscher. Er behandelte meine Beschwerden mit seinen klassischen Methoden, dachte aber wie alle anderen nicht darüber nach, ob dabei vielleicht eine seelische Ursache eine Rolle spielte.

Sogar mein Vater hatte mich bis zum Ende seines Lebens als den starken, jungen Mann gesehen, vor dessen Zukunft er sich nicht zu fürchten brauchte. Seine Sorgen, was einmal nach seinem Tod passieren konnte, galten eher seiner Tochter. Von mir hatte er angenommen, ich hätte mein Leben voll im Griff. Doch ich war damals längst ein Zerrissener.

Depression, Melancholie und wachsende Unzufriedenheit schlichen sich zwischen meinem 20. und 30. Lebensjahr immer mehr in mein Leben ein. Ich wollte gar nicht viel darüber nachdenken oder mich jemandem anvertrauen, denn schließlich hatte man mir nie beigebracht, über meine Gefühle zu sprechen. Ich konnte es einfach nicht. In unserer Familie war es einfach nicht üblich, seine emotionale Befindlichkeit mit anderen zu teilen. Dank meiner besonderen Sensibilität hatte mir das aber viel mehr gefehlt als meiner Schwester.

Und noch viel mehr litt ich unter diesem Mangel an Gefühlsaustausch natürlich nach dem Suizid meines Vaters, der für mich vollkommen überraschend und unerwartet kam. Und da man mir gar nicht erst die Möglichkeit für die so wichtige Trauerarbeit anbot, verschlechterte sich meine psychische Situation noch mehr.

Meine plötzliche geschäftliche Verantwortung bedeutete eine totale Überforderung. Ich stand kurz vor dem körperlichen und seelischen Zusammenbruch, den ich mir aber selbst nicht eingestehen wollte. Wenn ich mit meinen 21 Jahren einen Vortrag vor mehreren gestandenen Geschäftspartnern halten musste, konnte ich schon eine Woche davor nicht mehr schlafen. Aber ich durfte mir keine Schwächen erlauben, weder vor mir selbst noch vor irgendjemandem anderen, obwohl mir jegliche geschäftliche Erfahrung und Routine fehlte.

Jeder Geschäftstermin war eine Hinrichtung für mich

Schon damals begannen meine Schlafstörungen. Oft wachte ich in der Nacht schweißgebadet auf. Jeder Geschäftstermin war wie eine Hinrichtung für mich. Sensibel, wie ich seit meiner Kindheit war, spürte ich, dass mich kaum jemand ernst nahm, mich aber alle aufgrund meiner Position akzeptieren mussten. Selbstverständlich kränkte und demütigte mich die ganze Situation, und ich war darüber hinaus schockiert, als ich das erste Mal hinter die Kulissen der Geschäftswelt blickte. Denn diese hatte so gar nichts mit meinen bisherigen Vorstellungen und meiner Ehrlichkeit zu tun.

Ich erinnere mich an eine Sitzung, in der der Besitzer einer großen Brauerei plötzlich aufstand und uns alle wörtlich als »Arschlöcher« beschimpfte. Damals war ich entsetzt, heute achte ich ihn als wirkliche Unternehmerpersönlichkeit. Denn gerade er ist im Laufe der Jahre fast wie ein zweiter Vater für mich geworden. Ich habe ihm nämlich bei seinen weiteren »Entgleisungen« ab und zu Paroli geboten, und er mochte meine Ehrlichkeit immer mehr.

Als ich nach dem Tod meines Vaters sozusagen ins kalte Wasser der Geschäftswelt sprang, versuchte man mir ständig auf subtile Weise verständlich zu machen, dass das Geschäftsleben eine beinharte Angelegenheit sei, bei der Emotionen nicht gefragt sind. Leute ab und zu über den Tisch zu ziehen, ihnen bei Verhandlungen das Weiße aus den Augen zu nehmen und bei seinen Mitarbeitern einen autoritären Führungsstil an den Tag zu legen, war damals legitim. Nur entsprach diese Art überhaupt nicht meinem Charakter. Dieser Zwiespalt, mit dem ich alleine fertig werden musste, verschaffte mir zusätzlich seelische Konflikte, und ich wusste wieder einmal nicht, wohin ich gehörte.

Genauso ging es mir mit meiner sexuellen Orientierung, weil ich zu jener Zeit Verhältnisse mit Männern und Frauen hatte. Zeitweise stand ich unter enormer Spannung, ich fühlte mich oft vollkommen ausgebrannt und war manchmal sogar schon lebensüberdrüssig – und das mit Mitte 20.

Als ich dann meine spätere Frau Rosa und ihren knapp zweijährigen Sohn Maximilian kennen lernte, schöpfte ich wieder Hoffnung, ein im herkömmlichen Sinn »normales« Leben führen zu können. In einer Ehe und späteren Familie mit eigenen Kindern erhoffte ich, meine Vergangenheit hinter mir lassen zu können und ein Leben zu beginnen, das ich seit vielen Jahren vermisst hatte.

Leider war meine psychische Erkrankung zu dieser Zeit bereits so weit fortgeschritten, dass sich meine seelischen Einbrüche nicht reduzierten, sondern sogar noch intensivierten. Denn der Umstand, dass sich meine Schwester mit meiner Frau anfänglich nicht verstand, weil ich mich in Michaelas Augen von ihr abwendete, machte meine Situation nicht einfacher – während meine Frau fand, dass ich die Interessen unserer neuen Familie manchmal nicht vehement genug vertrat. Wieder stand ich irgendwie zwischen den Fronten, lag nachts oft stundenlang wach im Bett und dachte wieder und wieder über die Richtigkeit meiner Entscheidungen nach. Ich verlor mich so sehr in Gedanken, dass ich bereits die ersten leichten Panikattacken bekam, obwohl ich erst später erfuhr, dass es sich bei meinen Angstzuständen genau darum handelte.

Die Zahl der »Baustellen« in meinem Leben war schließlich so groß, dass ich mir gelegentlich dachte: »Bitte, lasst mich doch alle in Ruhe. Lasst mich einfach sterben!«

Damals waren mir das Ausmaß meiner depressiven Erkrankung und die Notwendigkeit einer ärztlichen Betreuung aber noch nicht bewusst. Und ich ahnte auch nicht, womit ich im Laufe der Jahre konfrontiert werden würde – körperlich und seelisch, nicht zuletzt dank mancher Ärzte und Therapeuten.

Heute, wo es mir Gott sei Dank viel besser geht, denke ich manchmal zurück, welche Schwierigkeiten ich allein bei der Bewältigung ganz banaler Tätigkeiten hatte. Wenn ich Auto fahre, fällt mir ein, wie ich mir seinerzeit überhaupt nicht vorstellen konnte, mich noch einmal selbst hinter das Lenkrad zu setzen, den Motor zu starten und mich auf den Verkehr zu konzentrieren. Oder ins Kino zu gehen, eben ganz normale Dinge des täglichen Lebens zu machen, Kleinigkeiten, nichts Besonderes. Als Rosa das Mittagessen kochte, eine Torte zubereitete und dann die Kinder abholte, war das für mich wie ein Wunder, das meine Frau da vollbrachte. Ich konnte mir nicht einmal einen Bruchteil davon vorstellen. Auf den Markt gehen und einen Apfel kaufen wäre für mich so gewesen, als hätte man von mir verlangt, auf ein 15 Meter hohes Haus ohne Seil zu klettern.

Ich wollte Abschiedsbriefe hinterlassen, hatte aber nicht die Kraft, sie zu schreiben

Es war unglaublich, wozu ich in dieser Phase der schwersten Depression nicht mehr imstande war. Zähneputzen war ein echtes Problem, Duschen war wie fünf Kilometer schwimmen, jegliche Bewegung schien absolut undurchführbar. In den ärgsten suizidalen Phasen wollte ich Briefe hinterlassen, aber ich war nicht in der Lage dazu, ich hatte nicht die Kraft, sie zu schreiben.

Außerdem war ich in solchen Momenten gefühlsmäßig total blockiert, ich konnte nichts von Herzen schreiben. Also dachte ich mir, ich bringe mich zwar um, aber ich kann nichts hinterlassen, was mir noch mehr Schmerz bereitet. Ich war sogar schon so weit, mir ernsthaft zu überlegen, meine Abschiedsbriefe in einer besseren Phase zu schreiben, um für den Ernstfall gerüstet zu sein. Diese Idee habe ich dann aber doch wieder verworfen, denn es erschien mir schlicht zu makaber. Es gibt Menschen, die ihren Tod minutiös vorbereiten und Abschiedsbriefe schreiben, und andere, die ohne irgendeine Nachricht oder Erklärung aus dem Leben scheiden.

Immer wieder erinnere ich mich an Momente oder Situationen, in denen mir Taten meiner Mitmenschen völlig außergewöhnlich, für mich aber absolut undenkbar und vor allem undurchführbar vorgekommen sind. Das waren simple Beschäftigungen, die ich heute selbst wieder mehr oder weniger problemlos schaffe. Erfolge werden ja sehr oft selbstverständlich, manchmal auch für mich, aber ich vergesse bestimmte Situationen nicht, in denen ich gedacht habe, dass gar nichts mehr geht. Ich schätze meine Fortschritte schon.

Ich halte das übrigens für einen sehr positiven Impuls, der über das Gehirn und die Glücks-Endorphine zur Ausschüttung kommt. Heute kann ich mich wieder an Blumen, an blühenden Bäumen oder an dem farbenfrohen Frühling nach einem grauen Winter erfreuen. Ich gehe jetzt mit weitaus offeneren Augen durch die Welt, früher war ich für vieles blind.

An materiellen Dingen hatte es mir ja nie gefehlt. Als ich den Betrieb mit 20 übernahm, war das Geld sozusagen der Ausgleich zu meiner fehlenden Freiheit, dem Ausgehen und Spaßhaben, wie es meinen Freunden möglich war. Ich konnte mir alles Mögliche leisten, aber glücklich hat mich das nicht gemacht. Es war nur eine Fassade.

Mittlerweile habe ich auf meinem langen und mühevollen Weg, meine Depression zu bekämpfen, durch meine Therapeutin Caroline Kunz wie auch durch viele persönliche Erlebnisse gelernt, meine Krankheit anzunehmen.

Heute bekämpfe ich sie nicht mehr.

Ein Kampf kostet nämlich immer sehr viel Kraft – selbst einen gesunden Menschen –, die ich über viele Jahre nicht hatte. Und es macht für einen depressiven Menschen auch keinen Sinn, sich seiner Krankheit wegen schuldig zu fühlen. Denn gerade in der heutigen Zeit kann eine psychische Erkrankung, in welcher Form auch immer, jeden treffen.

4

Die Depression als Ausrede?

Kapitel 4

Die Depression als Ausrede?

Ein depressiver Mensch ist meist aus vielerlei Gründen krank geworden. Jedenfalls trifft das auf mich zu.

Ein wesentlicher Grund könnte schon in meiner Jugend zu finden sein, einer Jugend ohne Pubertät, da ich meinen Eltern unter dem Motto »Nur nicht auffallen!« nie zur Last fallen wollte. Ich versuchte mich stets anzupassen und der Norm zu entsprechen, damit den Menschen außerhalb der Familie eine heile Welt vorgespielt werden konnte. Und da ich mitunter auch glaubte, Schuld an den Konflikten meiner Eltern zu sein, versuchte ich selbst diese noch zu schlichten.

Mit zehn lief ich von zu Hause weg

Im Alter von zehn Jahren lief ich von zu Hause weg, weil ich mich als Belastung für meine Mutter und meinen Vater sah. Ich hinterließ einen Brief mit den Worten: »Thomas ist weg, ihr werdet ihn nie wieder sehen!«. Meine Eltern nahmen dieses Schreiben sehr ernst und machten sich sofort gemeinsam mit meiner Schwester, dem Kindermädchen Fanny und unserer Köchin Frau Hirsch auf die Suche nach mir. Stunden später fand man mich in der Nähe unseres Hauses – versteckt in einer Wohnhausanlage, im Treppenhaus kauernd.

Ein weiterer Grund für meine Depression lag wahrscheinlich in der niemals vollzogenen Trauerarbeit nach dem Tod meines Vaters. Ich hatte gar nicht gewusst, dass es sie gibt, geschweige denn, dass sie bei mir in professioneller Form nötig gewesen wäre. Zusätzlich wurde ich durch die Übernahme der Firma im Alter von 21 völlig überfordert. Und meine totale sexuelle Orientierungslosigkeit machte mir logischerweise auch schwer zu schaffen.

Da ich aber nie gelernt habe, Gefühle auszusprechen oder sie einzufordern, habe ich immer alles in mich hineingefressen. Obwohl ich ursprünglich ein sehr jähzorniges Kind war und keiner mit meinen Wutausbrüchen umgehen konnte. Ich erinnere mich noch allzu gut, dass ich einmal bei einem meiner Tobsuchtsanfälle – man nannte mich nicht umsonst »Rumpelstilzchen« – unter die eiskalte Dusche gestellt wurde. Wahrscheinlich hatte man mir auf diese Art und Weise im Laufe der Zeit alle meine vorhandenen und zum Leben gehörenden Aggressionen genommen.

Ich hatte meine Angriffslust, meine Konfliktbereitschaft, selbst meine Launen immer mehr unterdrückt, bis ich alle diese Gefühle gar nicht mehr wahrnahm. Bis ich nicht einmal mehr imstande war, gewisse Grenzen zu setzen, einfach zu sagen »Bis hierher und nicht weiter!«. Von lautstarken Auseinandersetzungen ganz zu schweigen.

Es hat in meiner Psychotherapie mit Doktor Kunz, die ich 1997 begann, jahrelang gedauert, bis ich wieder gelernt habe, zu spüren, wann es eine Grenzüberschreitung mir gegenüber gab und wie ich darauf zu reagieren hatte. Nicht unbedingt sofort, lieber einmal darüber schlafen, kommt meiner Mentalität mehr entgegen als jähzornige Ausbrüche. Am nächsten Morgen ist mir manches oft gar nicht mehr wichtig.

Betrachtet man alle diese Umstände, erscheint eine schwere Depression als Folge logisch. Doch was tat man? Man warf mir vor, einen »Krankheitsgewinn« erzielen zu wollen: dass sich Menschen, die sich für meine Depression mitverantwortlich fühlen, wieder mehr um mich kümmern.

In meinen Augen war es eher eine Schonzeit, um Mittel und Wege zu finden, sich neu zu positionieren, um entsprechende Möglichkeiten zu entwickeln, seinem Gegenüber die nötigen Grenzen aufzuzeigen.

Ich finde, es steht einem Depressiven zu, sich beides, also Krankheitsgewinn und Schonzeit, zuzugestehen. Gar nicht richtig oder fair empfinde ich dagegen, wenn ein solcher Mensch ständig mit Vorwürfen und bösen Kommentaren seiner Umwelt konfrontiert wird. Da fallen mir viele Beispiele ein.

Sobald es mir im Zuge meiner Therapie etwas besser ging, bekam ich wieder Einladungen unterschiedlichster Art, immer wieder auch zu großen und wichtigen Events, selbst zu Geschäftsreisen ins Ausland. Mein Erstgefühl war durchwegs, dass ich es nicht schaffen würde, solchen Einladungen nachzukommen. Speziell bei Veranstaltungen, wo ich als Repräsentant von Almdudler gefragt war oder sogar einen Vortrag halten sollte, dachte ich im ersten Moment: »Das geht sich nicht aus!«.

Nach kurzer Überlegung erkannte ich aber die Wichtigkeit solcher Abende und sagte mein Kommen zu. Ein Entschluss, den ich kurz vor dem Ereignis oft wieder bereut habe. Und wenn ich mich kurzfristig entschuldigen wollte, musste ich mir Antworten wie »Jetzt kannst du nicht mehr absagen!« oder »Komm doch wenigstens auf einen Sprung vorbei!« anhören. Solche Bemerkungen haben meine Verfassung naturgemäß noch verschlechtert. Dabei wäre ich ja selbst oft gerne dabei gewesen. Aber es war mir einfach nicht möglich, mein seelischer Zustand erlaubte es mir nicht, außer Haus zu gehen.

Auch bei vielen privaten Einladungen wie zur Hochzeit von Freunden oder zum Essen im Kreise der Familie musste ich mich immer wieder entschuldigen. In solchen Fällen traute ich mich nicht, persönlich abzusagen, meistens schickte ich nur ein SMS.

Mitunter zwang ich mich aber doch dazu, das Haus zu verlassen. Diese Kraftanstrengung kann sich niemand vorstellen, der noch nie mit Depressionen zu tun hatte. Abgesehen davon, dass ich schon die Nacht davor nicht schlafen konnte, grübelte ich am Tag der Einladung stundenlang vor mich hin, schwankte zwischen Hingehen und Zuhausebleiben. Denn ich wusste ja, dass sich alle darauf freuten, mich wieder zu sehen. Und mir war auch klar, dass sich meine Frau oder wer auch immer meine Begleitung war, sich bereits darauf eingestellt hatte, den Abend mit mir zu verbringen. Ich befand mich also in einer schrecklichen Konfliktsituation – einerseits fühlte ich mich nicht imstande auszugehen, andererseits wollte ich niemanden verletzen oder enttäuschen. Oft versuchte ich mich mit einer lauwarmen Dusche zu beruhigen, doch meistens war jeder Versuch zwecklos: Mir stand der Schweiß auf der Stirn, und je näher der Abendtermin rückte, desto panischer wurde ich. Schließlich entschied ich mich für eine Absage, obwohl ich wusste, welche unangenehmen, gelegentlich sogar verletzenden Vorhaltungen mir dann bevorstanden.

Doch ab dem Moment, in dem ich mich zu einer Absage entschlossen und diese auch mit größter Anstrengung erledigt hatte, ging es mir ein wenig besser. Denn ich war mir treu geblieben und hatte auf meine Gefühle gehört. Und das war ein großer Schritt in Richtung Heilung meiner Depression.

Ich fühlte mich wie entmündigt

Zum Glück waren mir immer wieder Phasen gegönnt, in denen ich mich psychisch besser fühlte. Dann ging ich ins Büro, um wichtige Angelegenheiten zu erledigen, ganz ohne Druck und Stress. Ich genoss diesen Zustand sogar, da ich bereits gelernt hatte, im Heute zu leben. Folglich war es mir auch möglich, am Abend meine engsten Freunde zu treffen. Ich dachte mir nichts Böses dabei, ich fand es absolut legitim, nach schweren Zeiten auch wieder einmal Spaß haben zu dürfen. Dass ich in der Firma aktiv war, wurde allseits begrüßt, doch wenn ich mir einen – mitunter auch längeren – Ausgehabend genehmigte, bekam ich nur Vorwürfe zu hören: »Bist du verrückt, bei deiner Krankheit kannst du nicht so über die Stränge schlagen!« Jeder in meiner Umgebung wollte mir vorschreiben, wie ich zu leben hatte. Ich fühlte mich wie entmündigt.

Für viele Menschen war nicht nachvollziehbar, dass es mir an einem Abend gut ging, ich aber ein paar Tage später ein Treffen aus psychischen Gründen absagen musste. Sofern ich es schaffte, persönlich anzurufen, musste ich mir nicht nur einmal sagen lassen: »Wieso geht es dir denn schon wieder so schlecht, dass du heute nicht kommen kannst?« Auf meine Antwort »Ich bin heute so depressiv, dass ich gar nicht weiß, wie ich den Tag noch überstehen werde« fiel man mir sofort ins Wort: »Aber vorgestern erst haben dich Freunde in bester Laune in einem Restaurant gesehen. Es kann doch nicht sein, dass du heute schon wieder so schlecht beisammen bist.« Doch, kann es.

Mir blieb die Sprache weg.

Manche Menschen nehmen mich bis heute nicht so, wie ich bin

Bei manchen Menschen hat es lange gedauert, bei anderen habe ich es bis heute noch nicht geschafft, dass sie mich endlich so nehmen, wie ich bin. Natürlich ist es absolut legitim, wenn jemand mit meinem Charakter und meiner Art nicht zurechtkommt. Ich akzeptiere und verstehe das. Was ich aber gar nicht akzeptieren kann und will sind oberflächliche Freundschaften, denn von ihnen hatte ich mein Leben lang genug.

Ich habe gelernt, mit Vorwürfen gleichgültig umzugehen. Schließlich lebe ich mein Leben. Ich bestätige mich immer wieder selbst, und es darf mich oft gar nicht kümmern, was die anderen sagen oder denken.

5

Meine Beziehung zu Gott

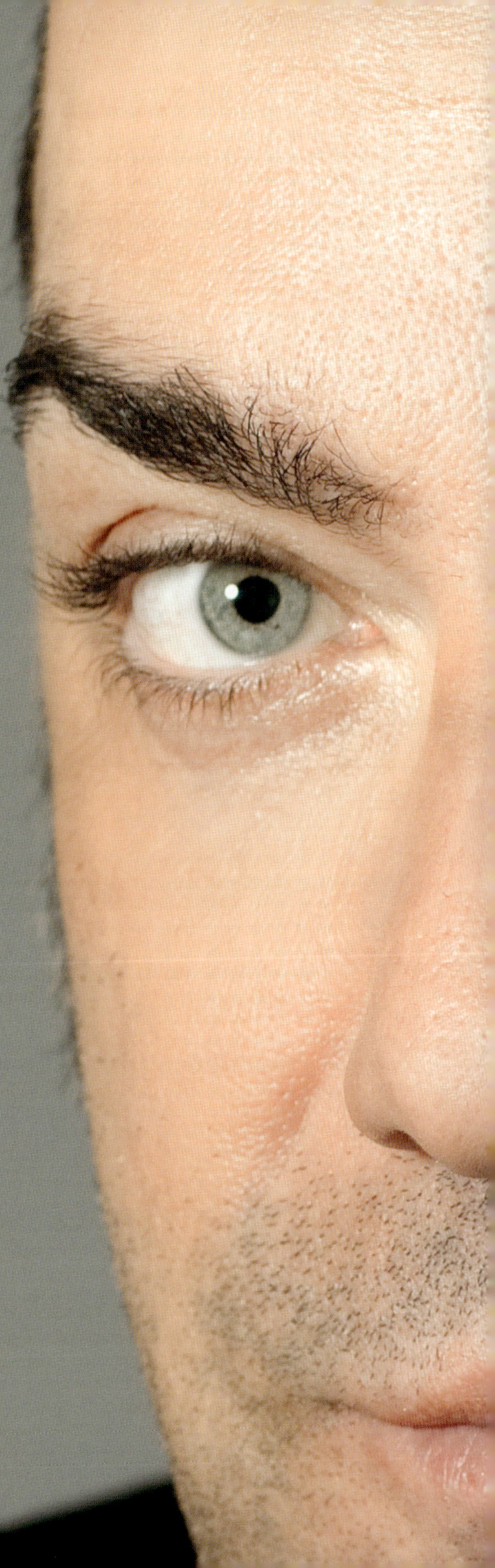

Kapitel 5

Meine Beziehung zu Gott

Obwohl ich schon während des Volksschul-Halbinternats von Klosterschwestern betreut wurde und bis zu meinem 14. Lebensjahr meine Schul- und Internatszeit bei den Jesuiten-Patern im Kollegium Kalksburg verbrachte, wo ich ständig mit der katholischen Religion in Berührung kam, hatte ich lange keinerlei Beziehung zu Gott.

Obwohl ich evangelisch getauft und einer der ersten Schüler mit diesem Glaubensbekenntnis war, der in Kalksburg aufgenommen wurde, musste auch ich das »Vaterunser« und das »Ave Maria« auf Latein und Englisch lernen und, entsprechend dem jeweiligen Unterrichtsfach, vor jeder Stunde in der passenden Sprache aufsagen. Ich sang bei den vielen Gottesdiensten sogar im Chor mit, aber ich fühlte keine Nähe zu Gott. Nur durch meinen evangelischen Religionslehrer, bei dem ich einmal pro Woche eine Doppelstunde Nachmittagsunterricht hatte, konnte ich langsam etwas mit dem Begriff Glauben anfangen. Denn ihm gelang es, Gleichnisse und Geschichten aus der Bibel so zu erzählen, dass sie mich faszinierten.

Trotzdem war ich zu jener Zeit kein gläubiger Mensch. Ich war generell ein Zweifler, nicht nur, was die Religion betraf. Daher fand ich in ihr auch keinen Trost, als sich mein Vater das Leben nahm.

Damals war die Religion noch keine Hilfe für mich. Damals waren meine Freunde für mich da. Aber natürlich stellte ich mir zum ersten Mal die Frage, was mit einem Menschen nach seinem Tod passiert. In dieser Zeit begann ich, ab und zu vor dem Einschlafen ein kurzes Gebet für meinen Vater zu sprechen und um Schutz für meine Familie zu bitten.

Als sich einige Jahre später meine ersten Depressionen bemerkbar machten, versuchte ich jemanden zu finden, der mir bedingungslos und ohne Vorurteile zuhörte. Jemand, dem ich all das sagen konnte, was mich so sehr beschäftigte und quälte. Ich saß alleine im Garten unseres Hauses auf der Hohen Warte und fing plötzlich an, laut vor mich hinzureden. Ich sprach darüber, wie ich mich im Moment fühlte, wie aussichtslos ich meine Situation empfand und was mir alles im Leben fehlte. Schließlich begann ich bitterlich zu weinen, weil mir nun mein Schicksal, mein ganzes Elend erst so richtig bewusst wurde. Doch irgendwie hatte ich auch das Gefühl, dass mir jemand zuhörte. Ich verspürte eine angenehme Wärme, etwas Tröstliches strömte auf mich ein. Ich hatte eine Tür geöffnet – nur wohin, konnte ich damals noch nicht sagen.

Nach diesem »himmlischen« Erlebnis suchte ich mir immer öfter einen ruhigen Ort, wo ich mir ganz alleine alles lautstark von der Seele redete. Das verschaffte mir Erleichterung und schenkte mir neue Hoffnung. Noch war mir aber nicht meine Annäherung an Gott bewusst.

Ich hörte eine Stimme, die zu mir sprach: »Thomas, gib nicht auf!«

Erst im Frühjahr 2000, während meines Aufenthaltes in der Universitätsklinik für Psychiatrie und Psychotherapie der Medizinischen Universität Wien am AKH, wurde mir klar, dass ich immer schon mit Gott gesprochen hatte. In meinem Zimmer hing ein Kruzifix, an das ich mich in meiner schlimmsten Verzweiflung wandte und um Hilfe bat. Und die täglichen Gottesdienste, die ich jeden Vormittag zusammen mit meinen Mitpatienten besuchte, bestätigten mir meine Nähe zu Gott. Danach spürte ich regelmäßig eine Erleichterung. Ich hörte eine Stimme, die zu mir sprach: »Thomas, gib nicht auf, du wirst es schaffen!« Ich war völlig verwirrt und traute mich nicht, mit jemandem darüber zu sprechen. Schließlich fasste ich aber allen Mut zusammen und vertraute mich dem dortigen Pfarrer an, der mir die Existenz Gottes versicherte und erzählte, dass ich nicht der Einzige mit derartigen Erfahrungen war. Auch andere Patienten hatten ihm von ähnlichen spirituellen Erlebnissen erzählt.

Seit dieser Zeit habe ich das Gefühl, dass Gott und viele Wesen, Schutzengel und mir nahestehende verstorbene Personen über mich wachen. Manchmal fühle ich mich wie ein gefallener Engel, der in diesem Leben die Aufgabe hat, Gefühle zuzulassen und anderen Menschen zu helfen. Daher lautet mein Lebensmotto: »Werte und bewerte nicht, denn auch Gott richtet nicht. Im Verzeihen des Unverzeihlichsten bist du der göttlichen Liebe am nächsten.« Seither fallen mir schwierige Entscheidungen, gerade was den zwischenmenschlichen Kontakt betrifft, leichter, weil ich mich frage, wie Jesus in solchen Situationen reagieren würde. Ganz bestimmt gnädig, verständnisvoll, sanft und voll Liebe.

6

Erinnerungen an meine Kindheit

Kapitel 6

Erinnerungen an meine Kindheit

Sein erster Blick traf sie im Juli 1957 am Wörthersee. Mein Vater sah meine Mutter Ingrid Scheidig, blutjung mit 22 Jahren, eine gebürtige Hamburgerin, in Fürth aufgewachsen, und war hingerissen von ihr. Die Vorfahren meiner Mutter väterlicherseits waren königliche Kaufleute aus Hamburg, ihr leiblicher Vater Gerd Frisch, ein Fischfabrikant aus Hamburg, starb 1939. Später heiratete meine deutsche Großmutter ihre Jugendliebe Emil Scheidig, einen Möbelfabrikanten aus Fürth. Meine Urgroßmutter, eine dunkelhäutige Schönheit, ging später wieder zurück in ihre Heimat Brasilien.

Meine Mutter liebte immer die Freiheit, also fiel es ihr nicht schwer, Anfang 20 ihr deutsches Zuhause zu verlassen, um meinen Vater, einen Wiener Unternehmer, den sie exakt drei Monat kannte, zu heiraten und zu ihm zu ziehen.

Am 17. Oktober 1957, am offiziellen Geburtstag der Marke Almdudler, heirateten sie standesamtlich in Wien. Die kirchliche Hochzeit fand gut drei Monate später, am 24. Jänner 1958, in Fürth statt. Wie man mir erzählte, war Emil Scheidig entsetzt über die Verbindung. Denn eigentlich hatte er erwartet, dass seine Adoptivtochter die Fürther Möbelfabrik, in der sie sich bereits eingearbeitet hatte, später einmal weiterführen würde. Doch die »fesche Ingo«, wie meine Mutter seit ich denken kann genannt wird, war von meinem charismatischen Vater so fasziniert, dass sie ohne Bedenken ja sagte und sofort nach Wien übersiedelte. Ein Schritt übrigens, den sie bis heute nicht bereut hat. Nach der kirchlichen Trauung zog das frisch vermählte Paar in eine Wohnung in der Niederpointenstraße im 14. Bezirk in Wien.

Am 26. März 1961 kam meine Schwester Michaela als erster Klein-Sprössling zur Welt. Schwangerschaft und Geburt verliefen problemlos, Michaela wurde über einige Zeit gestillt, das Fläschchen verweigerte sie dann aber, da sie möglichst bald mit dem Löffel gefüttert werden wollte – ein typisch sturer Widder. Sobald sie alt genug war, die Speisen der Erwachsenen essen zu dürfen, verschlang sie tellerweise Spaghetti, worauf sie meine Mutter nur mehr »Prinzessin Pasta asciutta« nannte.

Ich kam am 1. August 1963, einem Donnerstag, im Sanatorium Hera im 9. Bezirk in Wien um 22.10 Uhr zur Welt, 50 cm groß und 3,10 Kilogramm schwer. Bei meiner Geburt war mein ganzer Körper mit dunklen Haaren übersät, die aber nach kurzer Zeit alle, selbst jene am Kopf, ausfielen. Ich drängte einen Monat zu früh ins Leben, die Fruchtblase platzte, als meine Mutter gerade zur Kontrolle bei ihrem Gynäkologen war. Wahrscheinlich hatte ich es als Löwe im Sternzeichen sehr eilig, auf die Welt zu kommen. Hätte ich damals gewusst, was das Leben für mich vorgesehen hat, hätte ich meine Geborgenheit im Mutterleib nicht so vorschnell aufgegeben. Ich war ein sehr unkompliziertes Baby, bei dem meine Mutter das Stillen wegen einer Magen-Darm-Erkrankung vorzeitig abbrechen musste. Aber bescheiden, wie ich war, gab ich mich auch mit dem Fläschchen zufrieden. Hauptsache, die Menge stimmte. Meine Mutter kam mit dem Füttern kaum nach, und ich nahm, obwohl ein Acht-Monate-Kind, sehr schnell zu, sodass ich den liebevollen Spitznamen »Prinz Nudelwalker« erhielt.

Was meine Kindheit betrifft, habe ich sie eigentlich in recht schöner Erinnerung. Denn das Verhältnis zu meiner älteren Schwester war immer sehr gut, unsere Verbindung war richtig eng und harmonisch. Wir teilten uns damals das Kinderzimmer. Ich erinnere mich noch ganz genau, wie die Wohnung aussah. Wir hatten in dem Haus einen ganzen Stock gemietet, nett eingerichtet, aber wirklich nicht luxuriös. Wir hatten sieben Zimmer, zwei davon mit einem größeren Balkon, und einen schönen Garten zur Verfügung. Unser Kinderzimmer war ein riesiger, etwa 60 Quadratmeter großer Raum, dessen Einrichtung von meinen Eltern sehr nett gestaltet worden war. Schließlich stammt meine Mutter ja aus einer Möbeldynastie und war eine der ersten gelernten Tischlerinnen in Süddeutschland.

An meiner Wand hing Suzi Quatro

Meine Schwester und ich hatten jeweils in einer Ecke des Zimmers einen eigenen Bereich, der aus Bett, Nachtkästchen, Schreibtisch und Schrank bestand. In unseren frühen Kinderjahren waren die Wände mit Blümchen und Figuren tapeziert, später weiß ausgemalt, der schöne alte Parkettboden blieb aber über die Jahre erhalten. Im Teenager-Alter wurden meine Wände mit Postern dekoriert, auf denen neben Autos und Flugzeugen auch die Rockmusikerin Suzi Quatro hing. Hinter einem der Poster hatte ich mir mithilfe einer Nagelfeile ein großes Loch in die Wand gebohrt, in dem ich meine »Schätze«, nämlich mein Taschengeld, ein kleines Taschenmesser und eine Taschenlampe versteckte. Jahrelang kamen meine Eltern und meine Schwester nicht hinter mein damaliges großes Geheimnis. Michaela hatte Poster der britischen Popgruppe »Smokie«, der Glam-Rock-Band »Slade« und des amerikanischen Sängers David Cassidy, damals das klassische Teenidol, in den sie sehr verliebt war, an ihren Wänden. Die Aufnahmen von Cassidy mit nacktem Oberkörper erregten schon damals meine Aufmerksamkeit.

Unser Wohnzimmer war unterteilt in einen Essbereich und eine Bibliothek mit einer Couch und zwei Fauteuils, alle in schrecklich grünem Samt tapeziert. Zum Esstisch mit acht Sesseln aus dunklem Mahagoni gehörten zwei Vitrinen voll mit alten Döschen aus den verschiedensten Materialien.

Das Garderobenzimmer meiner Eltern, heute würde man begehbarer Kleiderschrank dazu sagen, war das größte in der ganzen Wohnung.

Im Garten war in den Sommermonaten immer ein rundes Plastikbecken für uns Kinder aufgestellt. Im Gegensatz zu meiner Schwester freute ich mich riesig auf die

Zeit, wenn das Schwimmbecken aus dem Keller geholt wurde, das riesig war und fast acht Meter Durchmesser hatte. Es machte richtig Spaß, das Schwimmbecken zusammen mit meiner Mutter gründlich zu reinigen, bis es in der Sonne glänzte. Der schönste Moment war dann, vom Balkon aus zu beobachten, wie der Wasserspiegel langsam anstieg – ein Vorgang, der mindestens zwei Tage dauerte. Selbst in der Nacht ging ich immer wieder mit meiner Schwester nachsehen, wie voll das Becken schon war.

In den ersten Tagen nach dem Einlassen war das Wasser im »Pool« noch so kalt, dass meine Mutter uns verbot, schwimmen zu gehen. Da wir aber ein eingeschworenes Team waren, schlichen wir uns heimlich, wenn die Eltern nicht zu Hause waren, in den Garten und sprangen ins eiskalte Wasser, dass uns fast der Atem wegblieb. Dann rannten wir ins Bad, wo sich jede Menge »Spielzeug« befand: Pinsel und wunderschöne, alte Rasierer unseres Vaters, Lockenwickler, Make-up und Parfum von unserer Mutter. Michaela und ich setzten uns gemeinsam in die Badewanne, drehten das heiße Wasser auf und genossen das kribbelnde Gefühl am ganzen Körper, der durch das kalte Bad im Garten vollkommen unterkühlt war. Und wir schrien so laut vor Freude, dass alle zusammenliefen.

Ich erinnere mich noch an einen Vorfall, der schlecht hätte ausgehen können. Meine Schwester, damals sechs Jahre alt, bekam von unserer »Wiener« Oma einen großen, aufblasbaren Schwan geschenkt, um den ich sie beneidete. Sie hatte aber Angst vor dem »Ungeheuer«. Folglich wehrte sie sich auch, als man sie auf das in unserem »Pool« schwimmende Tier setzen wollte. Warum Michaela daraufhin fast zu ertrinken drohte, weiß ich heute nicht mehr – vielleicht war dem Schwan die Luft ausgegangen, vielleicht war er umgekippt, jedenfalls war das kleine Mädchen plötzlich vollkommen unter Wasser. Meine Oma und die Hausbesitzerin, die sich in der Nähe aufhielt, sprangen beide in das Becken, um sie an ihren Haaren aus dem Wasser zu ziehen. Ich erkannte damals nicht den Ernst der Lage, ich lachte nur über die beiden älteren Damen, wie sie mit hochgehobenen Röcken ins Schwimmbecken stiegen.

Es war eine glückliche Zeit. Obwohl oder gerade weil wir damals noch nicht zur »Society« gehörten. 1957 war Almdudler auf den Markt und damit etwas Geld ins Haus gekommen, aber bei weitem kein Vermögen. Und mit zwei Kindern, die schon nach wenigen Jahren die Familie vergrößerten, konnten sich meine Eltern einfach nicht mehr leisten. Aber wir fühlten uns wohl in unserem Zuhause. Meine Schwester und ich, wir waren ein eingeschworenes Team, wie »Pech und Schwefel«, sagte meine Mutter immer. Wir hielten zusammen und waren füreinander da.

Dass der Alltag in unserer Familie nicht dem herkömmlichen entsprach, wussten wir nicht. Ein gemeinsames Frühstück gab es wenn überhaupt am Wochenende. Zu Mittag waren meine Schwester und ich im Internat, wo wir auch verköstigt wurden, und am Abend kam jedes Familienmitglied zu einem anderen Zeitpunkt nach Hause, so dass wir abends nie zu viert essen konnten. Das sonntägliche Mittagessen, zu dem oft Verwandte zu Besuch kamen, wurde dafür meist richtig zelebriert. Unsere Köchin stammte noch aus der Junggesellenzeit meines Vaters und hatte dementsprechend viel erlebt. Frau Hirsch war speziell für die Wiener Küche zuständig, während meine Mutter, eine sehr gute Köchin, lieber die deutschen Spezialitäten sowie Kuchen und Torten zubereitete.

An gemeinsame Spiele mit beiden Eltern kann ich mich nicht erinnern. Mit unserer Mutter waren wir Kinder aber immer wieder unterwegs, sei es fürs Kinderturnen, für Kinobesuche oder Kasperl-Vorstellungen in der Wiener Urania. Besonders schöne Erinnerungen habe ich an die vorweihnachtliche Zeit, die unsere Mutter jedes Jahr aufs Neue liebevoll zelebrierte. Am 1. Dezember bekamen meine Schwester und ich einen wunderschönen Adventkalender aus Karton, an dem ein Jutesack, gefüllt mit 24 kleinen, in Stanniolpapier eingewickelten und nummerierten Geschenken befestigt war. Gott sei Dank waren nicht alle Packerln voll mit Süßigkeiten, sondern mit Dingen, die uns mehr Freude machten, wie beispielsweise Matchbox-Autos, Taschenmesser, Buntstifte, lustige Radiergummis oder ein wenig Kleingeld. Der Inhalt des Packerls für den 24. Dezember war natürlich etwas Besonderes, denn dieses Geschenk unterschied sich deutlich von allen übrigen: ein schönes Kleidungsstück, ein Paar Schuhe oder ein kleines Radio, ganz unserem Alter entsprechend. Obwohl das Packerl für den 24. Dezember erst als letztes zu öffnen war, hatten wir es am häufigsten in der Hand, um auf alle möglichen Arten herauszufinden, was denn da drinnen sein könnte.

Im Dezember holte unsere Mutter auch jedes Jahr ihren alten Kaufmannsladen, mit dem sie schon als Kind gespielt hatte, für uns aus ihrem Versteck hervor. Dieser lebensgroße Holzladen bestand aus einem Verkaufspult, auf dem man eine Waage, eine Kasse mit Plastikgeld und einen Ständer mit Papierstanitzeln aufbauen konnte, sowie aus einem Regal mit vielen kleinen Laden und offenen Fächern. Unser Sortiment war sehr umfangreich, jedes Mal erstaunte es mich aufs Neue, was meine Mutter wieder alles besorgt hatte. Da gab es Schokolinsen, Kaugummi, Gummibärchen, Gemüse, Obst, Wurst und Käse aus Marzipan, kleine Päckchen Waschmittel, Seifen, Reinigungsmaterial und vieles mehr. Gerne spielte meine Mutter mit uns einkaufen, denn dann wurden auch ihre Kindheitserinnerungen wieder wach.

Anfang Dezember schrieben Michaela und ich unsere Briefe an das Christkind, die wir dann in ein bestimmtes Fenster legen mussten, weil sie nur dort vom Christkind abgeholt wurden. Am nächsten Morgen waren die Briefe verschwunden, an ihrer Stelle lagen Strohsterne und ein Stückchen Schokolade.

So schön und idyllisch das auch klingen mag, die Wahrheit ist: Meist waren unsere Eltern nicht für uns da. Entweder, weil sie arbeiten mussten, mit sich selbst beschäftigt oder einfach irgendwo gesellschaftlich unterwegs waren. Ich kannte es aber nicht anders, so wurde mir das damals nicht so richtig bewusst. Erst im Zuge meiner jahrelangen Therapien habe ich erfahren, dass es mir an emotionaler Sicherheit und Verlässlichkeit seitens meiner Eltern mangelte.

Als Kind spielte ich mit dem Feuer

Feuer hat für mich als Löwe im Sternzeichen längere Zeit etwas Mystisches gehabt. Als Kind war ich sogar pyromanisch veranlagt und habe immer wieder mit großer

Freude Dinge in Brand gesteckt. Was aber hinter meinem pyromanischen Hang stand, habe ich nie in Erfahrung gebracht. Und Gott sei Dank habe ich auch nie ein größeres Unglück verursacht. Geraucht und gequalmt hat es aber schon des Öfteren. Einmal sind meine Schwester und ich auf die sinnige Idee gekommen, Klopapier in eine Plastikschüssel zu stecken und anzuzünden. Unglücklicherweise kamen gerade in diesem Moment unsere Eltern ins Zimmer, wir schoben die Schüssel rasch unters Bett, doch es hat furchtbar gequalmt. Zum Glück fing das Bett nicht Feuer. Ein anderes Mal, ich war damals ungefähr zehn Jahre alt, wollte ich herausfinden, wie gut ein Liegestuhl eigentlich brennt – und das genau am Tag unserer Abreise in den Urlaub. Das Auto stand schon bereit, um uns zum Flughafen zu bringen. Meine Mutter war noch kurz im Badezimmer und wunderte sich, warum ich mit meinem Zahnputzbecher immer wieder hinein und hinaus lief. Als sie mich schließlich fragte, was ich denn da machte, gestand ich ihr: »Ich muss den Liegestuhl löschen, den ich mit Feuerzeugbenzin angezündet habe.«

Ich erinnere mich auch noch an eine andere Geschichte mit meiner Schwester, damals war ich erst drei Jahre alt. Wir hatten Friseur gespielt, und Michaela schnitt mir alle Wimpern mit einer Nagelschere ab. Da ich aber ganz still hielt und im wahrsten Sinne des Wortes mit keiner Wimper zuckte, überstand ich dieses Spiel unverletzt. Am nächsten Morgen wunderte sich meine Mutter beim Frühstück allerdings, warum ich so ganz anders aussah. Kein Wunder, meine Augenlider waren völlig nackt, alle meine dunklen Wimpern waren verschwunden. Später hat man diesen Vorfall immer wieder als Erklärung für meine langen Wimpern angeführt.

Manchmal haben wir die Nerven unserer Mutter zu sehr strapaziert, so dass wir gelegentlich auch eine Ohrfeige verkraften mussten. Einmal ließ uns mein Vater aussuchen, ob Michaela und ich lieber eine »Watsch'n« auf den Popo oder ins Gesicht haben möchten, weil wir wieder einmal etwas angestellt hatten. Wir haben uns für den Po entschieden.

Meine Mutter war strenger als mein Vater, wahrscheinlich auch, weil er ja viel weniger mit uns zu tun hatte als sie. Er war ständig geschäftlich unterwegs und hatte nur wenig Zeit für die Familie. Zu seiner Entschuldigung muss ich sagen, dass ich das heute selbst als Vater erlebe. Wenn man seine Kinder nur selten sieht, bemüht man sich, toleranter und großzügiger zu sein, während die anstrengende erzieherische Arbeit der Mutter vorbehalten bleibt. So war das eben auch bei unseren Eltern. Doch obwohl unsere Mutter einerseits oft wenig nachsichtig war und ihre genauen Vorstellungen hatte, ist sie bis heute eine gütige Person mit dem Herzen auf dem rechten Fleck.

Ich hatte mein Leben lang die engere Beziehung zu unserer Mutter, während meine Schwester unserem Vater näher stand. Daher fiel es mir gar nicht wirklich auf, dass er kaum zu Hause war, und ich litt auch nicht unter diesem Umstand. Was mich aber sehr wohl belastete war sein Alter. Als ich auf die Welt kam, war er schon um die 40 – das war damals für mich schon richtig alt. Im Vergleich zu anderen Vätern war meiner ein »alter Mann«, meine Mutter hingegen, die um elf Jahre jünger als mein Vater war, war für mich eine junge Frau im besten Alter.

Auch wenn Erwin Klein sehr präsent war und ihn viele Menschen kannten: Es hat mich gestört, dass er nicht so jung wie die Väter meiner Freunde war. Gar nicht gestört hat mich hingegen, dass Mutter in unsere Urlaube meistens alleine mit meiner Schwester und mir aufbrach, Vater war nur selten dabei. Gelegentlich haben uns eine Freundin meiner Mutter und deren Kinder begleitet. Im Sommer verbrachten wir in dieser Konstellation regelmäßig zwei Wochen auf der Insel Lopud in Kroatien. Dort habe ich ganz alleine schwimmen gelernt. Anschließend trafen wir Vater für weitere zwei Wochen in Opatija (Abbazia), wo wir ein kleines Motorboot liegen hatten. Im Winter wurde der Skisport sehr gefördert, Weihnachten und Ostern war es ein ungeschriebenes Gesetz, dass wir in den Bergen rund um Kitzbühel, Hopfgarten und Zürs unterwegs waren.

Meine ersten Erfahrungen auf Skiern machte ich im Alter von vier Jahren in Kitzbühel. Meine Mutter schickte mich in einen Kinder-Skikurs. Es machte mir unglaublichen Spaß, im Schneepflug einen »Parcours« zu fahren, der mit überdimensional großen Märchenfiguren aus Pappkarton gesteckt war, durch die man hindurchsausen musste. Vor allem die darauffolgende Belohnung in Form von allen möglichen Süßigkeiten war die beste Motivation, die man sich vorstellen kann. Außerdem zählt Skifahren zu den wenigen Sportarten, die ich jahrelang intensiv und gerne betrieben habe, trotz meiner Tollpatschigkeit à la Mr. Bean, zu der ich stehe und die mir bis heute treu geblieben ist.

Und das, obwohl ich mit etwa acht Jahren einen bösen Skiunfall hatte. Ich fuhr mit meiner Mutter und unserem Skilehrer den Steinbergkogel bei Kitzbühel hinunter – als Schlusslicht, denn die beiden Profis waren für meinen Geschmack und meine Kenntnisse viel zu rasch unterwegs. In meinem Bestreben, die beiden nicht zu verlieren, verlor ich die Kontrolle über meine Skier und rutschte nach meinem Sturz den Hang hinunter, in der Hoffnung, dass mich einer der »Mugel« aufhalten würde. Doch ganz im Gegenteil, ich wurde immer schneller und landete schließlich irgendwo außerhalb der Piste am Waldrand. Meine Ski hatte ich auf meiner Rutschfahrt verloren. Da es schon späterer Nachmittag war und die Lifte ihren Betrieb bald eingestellt hätten, versuchte ich, möglichst rasch aufzustehen, um den Hang wieder hinaufzuklettern. Doch als ich mit meinem linken Bein auftreten wollte, fühlte ich einen höllischen Schmerz im Knie und fiel zurück in den Schnee. Ich fing bitterlich zu weinen an, weil ich Angst hatte, dass mich in der Dunkelheit niemand mehr finden würde. Zuerst begann ich relativ leise um Hilfe zu rufen, bis ich schließlich laut vor mich hin brüllte. Aber es gab keine Antwort, und ich konnte auch niemanden sehen. Erst rund eine halbe Stunde später wurden Leute, die 20 bis 30 Meter ober mir auf der Piste angehalten hatten, durch mein Schreien auf mich aufmerksam. Sie kamen mir wie rettende Engel vor, noch dazu, nachdem sie zu mir herunterkletterten, um mich zu beruhigen. Endlich erblickte ich am Pistenrand auch unseren Skilehrer und meine Mutter, auf die ich in diesem Moment sehr wütend war.

Wie konnte sie nur so schnell davonfahren, wieso hörte sie mein Schreien nicht? Unser Skilehrer schnallte seine Skier ab und stieg den Hang zu mir hinunter. Er hob mich auf, nahm mich auf seine Arme und kletterte mit mir den Abhang wieder hinauf. Da ich über furchtbare Schmerzen klagte und kein Ackja mehr aufzutreiben war, fuhr der Skilehrer ohne Stöcke, dafür aber mit mir auf seinen Armen, hinunter zur Talstation. Von dort brachte man mich mit einer Rettung zu einem Unfallchirurgen. Er diagnostizierte einen Bändereinriss und verpasste mir einen Spaltgips. Dann fuhr meine Mutter mit mir ins Hotel, wo ich die restlichen Ferien verbringen durfte. Doch ganz stillhalten wollte ich nicht, also humpelte ich durch die Gegend und belastete dabei natürlich mehr mein gesundes rechtes Bein als mein eingegipstes linkes. Und das ganze sechs Wochen lang. Offenbar hat mir mein rechtes Bein diesen Übermut nie verziehen, denn seit jener Zeit habe ich immer wieder Schmerzen in beiden Knien.

Meine Eltern fehlten mir – und Zärtlichkeit

Meine Mutter war, so lange ich denken kann, eine begeisterte Skiläuferin. Im Unterschied zu meinem Vater, der – für damals recht außergewöhnlich – ein ausgezeichneter Skibob-Fahrer, ja sogar Obmann des österreichischen Skibob-Vereins war. In unsere Skiurlaube hat uns Vater kaum begleitet, in den Weihnachtsurlauben in Kitzbühel tauchte er meistens erst am Heiligen Abend auf. Die Osterferien und auch den größten Teil des Sommers haben meine Schwester und ich nur mit unserer Mutter verbracht. Wie auch die Besuche im Wiener Eislaufverein, die in der kalten Jahreszeit regelmäßig in Mutters Begleitung auf dem Programm standen.

Mein Vater war überhaupt nur selten für uns Kinder vorhanden, weil er neben seinen Geschäften auch oft gesellschaftlichen Verpflichtungen nachgegangen ist, und das oft gemeinsam mit meiner Mutter. Man kann sagen, das sie ein sehr umtriebiges Society-Paar waren. Es ist kein Vorwurf, aber ein Faktum. In dieser Generation war Repräsentieren wichtig und üblich. Während der Ballsaison etwa war es selbstverständlich, dass jeder einzelne Ball besucht wurde. Wir Kinder sind deswegen aber nie alleine geblieben, zu Hause hat immer jemand auf uns aufgepasst.

Sehr oft haben wir unsere Eltern nicht um uns gehabt. Meine Eltern fehlten mir. Ich kann mich aber nicht daran erinnern, dass sie jemals sehr zärtlich oder liebevoll mit uns umgegangen sind. Zu ihrer Verteidigung muss ich jedoch sagen, dass der Austausch von Zärtlichkeiten zwischen Eltern und Kindern damals, so glaube ich, nicht üblich war. So wie ich es heute mit meinen Kindern mache, dass ich sie in den Arm nehme, ihnen übers Haar streiche, mit ihnen kuschle und sie liebkose, so etwas hat es in meiner Kindheit nicht gegeben. Ich habe aber zumindest meine Bezugspersonen gehabt: meine Schwester, die Oma und die Fanni, unser Kindermädchen. Die Eltern ersetzen kann es aber nicht.

An die Fanni denken wir, meine Schwester Michaela und ich, auch heute noch gerne zurück. Sie war erst Anfang zwanzig und aus dem Burgenland. Da sie bei uns wohnte und uns liebevoll betreute, hatten wir Kinder eine besonders große Zuneigung zu ihr aufgebaut. Sie unternahm alles Mögliche mit uns, wir spielten die verrücktesten Spiele zusammen, und sie half uns auch bei den Hausübungen, sobald wir aus der Schule nach Hause kamen.

Ab und zu war auch meine Großmutter, also eigentlich die Stiefmutter meines Vaters, die mich abgöttisch liebte, bei uns zu Besuch. Meine richtige Großmutter väterlicherseits habe ich nie kennen gelernt, sie war bereits 1944 an einer Lungenentzündung gestorben, weil in der Kriegszeit nicht die nötigen Medikamente für die Behandlung dieser Krankheit zur Verfügung standen. Meine »Wiener Oma« Maria Klein, geborene Kreiller, die meinen Großvater 1950 geheiratet hatte, war eigentlich eine Burgenländerin. Sie hatte oft auf mich aufgepasst, ich war ihr »Tommilein«, ihr Liebkind. Sie lebte in Wien, ich sehe ihre Wohnung noch vor mir, denn ich war ja auch öfters bei ihr auf Besuch. Diese kleine Wohnung mit Klo am Gang war im Haus der Firma A. & S. Klein in der Weißgasse im 17. Bezirk, um die Ecke der heutigen Ottakringer Brauerei. Dort wohnten auch die zwei eigenartigen Tanten meines Vaters. Emmy Klein, verehelichte Synek und Sophie Klein, verehelichte Steiner, beide kinderlos, leiteten ursprünglich die Synek-Steiner Sprachschule, in der sie Englisch und Französisch unterrichteten. Nach dem Tod ihres geliebten Mannes Emil Synek ließ Emmy einige Gedichte, die sie ihm gewidmet hatte, drucken und wurde zu einer anerkannten Mundart-Dichterin und Schriftstellerin. Ein Beweis mehr, dass die künstlerischen Veranlagungen in unserer Familie von der väterlichen Seite stammen.

Meine »Wiener Oma« habe ich auch heute noch ganz tief in meinem Herzen, von ihr träume ich auch jetzt immer wieder. Ich glaube, ich hoffe, dass sie mein Schutzengel ist, denn sie hat mich zeit ihres Lebens auf Händen getragen. Sie starb am 23. Dezember 1993 im 87. Lebensjahr.

Für meine Großmutter mütterlicherseits, die »Deutschland-Oma«, war meine Schwester das Liebkind. Sie lebte alleine in Fürth, in einem eigenen Haus mit Garten. Nach einem schweren Unfall – ein Radfahrer hatte sie mitgerissen, und sie erlitt dabei einen Bruch der Kniescheibe – war sie gehbehindert und brauchte einen Stock, in späteren Jahren sogar eine mobile Gehhilfe zur Fortbewegung. Die »Deutschland-Oma«, eine typische Kölnerin, war eine schräge Person und für jeden Spaß zu haben. Wäre sie nicht körperlich behindert gewesen, hätte sie mit uns Kindern auf den Dächern herumgetanzt. Doch da sie nicht mehr reisen konnte, ja nicht einmal ihr Haus verließ, besuchten wir sie jeden Sommer für zwei bis drei Wochen. Und auch vor Weihnachten schauten wir regelmäßig bei ihr vorbei. Sie starb schon relativ früh, ich war damals erst 16.

7

Meine Volksschulzeit als »Almdudler-Sohn«

Kapitel 7

Meine Volksschulzeit als »Almdudler-Sohn«

Ich bin in Wien-Liesing, am Maurer Hauptplatz, in eine öffentliche Volksschule gegangen, weil meine Schwester als Schülerin von St. Ursula ebenfalls in Liesing zur Schule ging. Damals wohnten wir noch in Penzing, wir übersiedelten erst später, als ich 12 Jahre alt war, nach Ottakring. Nach dem Unterricht ging ich ins Halbinternat, das hieß, wir Kinder wurden von Klosterschwestern abgeholt und blieben dann den ganzen Nachmittag bis 18 Uhr dort. Dann holte mich meine Mutter ab, meistens jedenfalls, so wie sie mich auch sehr oft in der Früh in die Schule chauffierte. Dass ich zumindest am Abend nach Hause kam, war mir wichtig, denn auswärts zu schlafen hätte mich hart getroffen. So aber ist meine Zeit im Volksschul-Halbinternat mit keinen negativen Erinnerungen verbunden.

Ich bin zeit meines Lebens der »Almdudler-Sohn« gewesen, schon im Kindergarten, das war einfach so. Ich bin immer als etwas »Besonderes« behandelt worden, was ich schon damals nicht verstand. In der Volksschule gefiel mir das gut. Ich weiß noch, wie mein Vater jedes Jahr in der Faschingszeit der ganzen Klasse Krapfen und zwei Kisten Almdudler spendiert hat. Alle fanden es aufregend, wenn unser Chauffeur am Faschingsdienstag damit in die Schule kam. Und es freute mich, wenn sich danach alle bei mir bedankten. Ich wäre aber auch ohne solche Geschenke gut mit meinen Freunden ausgekommen. Denn damals hat sich keiner besser gefühlt als die anderen, in der Volksschule gab es keine so krassen Unterschiede wie später im Kollegium in Kalksburg. Meine Freunde kamen aus den unterschiedlichsten Familien, es gab keine Privilegierten, und das war schön.

Schwester Julia schlug mit einem Kleiderbügel auf unsere Hände

Meine Volksschullehrerin war eine sehr sympathische und liebenswerte Frau, an der ich sehr gehangen bin und die mich auch sehr mochte. In der Volksschule war ich immer der »Klassenkasperl«, der Freche, der Vorlaute. Das Halbinternat wurde sehr streng geführt, und wir wurden dort auch gezüchtigt. Schwester Julia schlug mit einem Kleiderbügel auf unsere Hände, wenn wir etwas nicht nach ihren Vorstellungen getan hatten, gerne traf sie dabei auch die Fingernägel. Auch mit Brennnesseln wurden wir bestraft – kniend auf das nackte Hinterteil, was ziemlich wehgetan hat. Doch ich war ja zuvor frech gewesen. Deswegen wäre ich aber nicht auf Idee gekommen, darüber zu Hause zu erzählen. Damals war es üblich, dass Lehrer totale Autoritätspersonen waren, auch für meine Mutter und meinen Vater. Jeder Lehrer und jede Klosterschwester konnte tun, was er oder sie wollte, schuld waren immer die Kinder. Damals gab es keine Widerstände oder auch Gemeinschaften von Eltern, wie sie heute üblich sind.

In der zweiten Lade des Schreibtisches von Schwester Julia war der Kleiderbügel, der den Namen »Hansi« trug. Wenn diese Lade geöffnet wurde, dann war allen klar: Es wird ernst. Wir hatten alle große Angst davor. Wir mussten dann unsere Hände hinhalten, und sie schlug ordentlich darauf, manchmal eben auch auf die Fingerkuppen.

An eines meiner »Vergehen« kann ich mich noch sehr gut erinnern. Im Internat in der Maurer-Lange-Gasse, einem roten Ziegelbau, befand sich auch eine größere Kapelle mit Blumenarrangements, einem Kruzifix und dem roten, ewigen Licht, das, wie der Name schon sagt, immer brannte. Ich war damals in der dritten Klasse, als ich mit einem Freund Nachlaufen gespielt hatte. Ich war ausgerutscht und hatte die Blumen voll abrasiert und das rote Licht gegen die Wand geschleudert. Das war damals ein schlimmes »Verbrechen«, und ich wusste, jetzt kommt der Bügel.

Auch bei den Hausaufgaben wurde besonderer Wert auf Form und Ordnung gelegt. Bei den Mathematikaufgaben mussten wir zum Beispiel Blumentöpfe zeichnen, die dann zusammengezählt wurden. Ich hatte für die Blumentöpfe anstatt eines Bleistifts einen Buntstift verwendet. Ein schlimmer Fehler, der bestraft wurde. Allerdings wurden unsere Verstöße von den Schwestern unterschiedlich bewertet. Meine Lieblingsschwester hieß Magdalena, sie war sehr fürsorglich und sehr sanft, und sie hatte mich sehr gerne. Leider war sie nur kurz im Internat. Aber auch die anderen Schwestern waren nicht alle so streng und brutal wie Schwester Julia.

Obwohl es in der Volksschule auch gemischte Klassen gab, war ich in einer reinen Bubenklasse, und auch das Halbinternat war nur für Burschen. Die großen Fußballplätze und eben auch der prachtvolle Garten mit Kastanien- und Obstbäumen, Schaukeln und Baumhäusern, die wir zusammen mit unseren Schwestern gebaut hatten, waren für uns Kinder etwas sehr Schönes, wo wir uns so richtig austoben konnten. Und jeder, der im Herbst beim Pflücken der reifen Äpfel und Zwetschken mitgeholfen hatte, bekam zur Belohnung ein Eis. Ich war ein unsportliches Kind, sehr schlank und schlaksig, eigentlich dünn, und meine Talente lagen bei Gott nicht im Fußballspielen. Ab und zu haben mich meine Mitschüler deshalb auch gehänselt, trotzdem war ich nie ein Außenseiter. Ich war voll in die Gemeinschaft integriert und hatte meine ganz speziellen Freunde. Wir waren eine richtige Bande, zu der der rothaarige Robert mit seinen vielen Sommersprossen, der fesche, dunkelhaarige Walter, der kleine, etwas rundliche Christian und ich gehörten.

Diese Freunde durfte ich auch immer wieder zum Essen, Spielen und auch zum Übernachten, speziell am Wochenende, zu mir nach Hause mitnehmen. Aber auch ich wurde ab und zu von Freunden eingeladen. An den Wochenenden war also meistens etwas los, entweder bei mir zu Hause oder bei einem meiner Freunde, während ich meinen Geburtstag nie mit meinen Schulfreunden feiern konnte. Er fiel mit Anfang August mitten in die Sommerferien, wo meine Familie nie in Wien war. Und Faschingsfeste gab es auch keine bei uns zu Hause, die haben durchwegs in der Schule stattgefunden.

Es war damals üblich, dass ein Kind ein Instrument erlernen sollte. Ich hatte freie Wahl und entschied mich – freiwillig »gezwungen« – für das Klavier. Ich erhielt Unterricht von einer Klosterschwester und sollte dann bei einem großen Fest in St. Ursula, der Schule meiner Schwester, spielen. Bei der Generalprobe, bei der bereits alle Schüler und auch meine Schwester dabei waren, vergriff ich mich schon beim vierten Ton und traf danach keinen weiteren mehr. Am Ende bedankte sich unser höflicher Direktor zwar bei mir, doch für mich war die Sache gelaufen, und ich verweigerte mein Spiel bei der eigentlichen Aufführung vor den Eltern. Mit der verunglückten Generalprobe endete auch meine einjährige Klavier-Karriere.

Ich liebte schon als Kind die Schauspielerei

Doch eine andere künstlerische Ader war mir in die Wiege gelegt worden, nämlich die Schauspielerei. Schon in ganz jungen Jahren fand ich besonderen Spaß daran. Ich habe gerne zu den verschiedensten Anlässen vorgespielt, zu Hause und in der Schule. In St. Ursula gab es einen riesigen Festsaal, wo auch regelmäßig Aufführungen unserer Volksschule stattfanden. Da war ich immer dabei, meistens bekam ich eine Hauptrolle, einmal beispielsweise als Struwwelpeter. Meine Volksschullehrerin Elisabeth, eine noch sehr junge Frau Mitte zwanzig, hatte mein Talent immer gefördert. Sie war sehr hübsch, dunkelhaarig, nicht zu groß, schlank und mit einem großen Busen, sehr fortschrittlich und in vielen Dingen richtig progressiv. Sie gehörte auch zu jenen, die nicht versuchten, mich vom Links- zum Rechtshänder umzuerziehen, was damals äußerst üblich war. Doch sie erkannte meine Kreativität und wollte diese nicht beeinflussen. Noch heute bin ich daher Linkshänder. Ich hatte damals noch einen kleinen Sprachfehler – ich konnte kein »sch« sprechen –, und es war meine großartige Volksschullehrerin, die sich um eine Logopädin für mich kümmerte. Etwa ein Jahr lang bekam ich einmal pro Woche am Nachmittag Sprachunterricht. Mit dem Ergebnis, dass später niemand mehr auf die Idee gekommen wäre, dass ich einmal Sprachschwierigkeiten hatte.

Einige meiner Freunde aus der Volksschule waren mit mir auch im Nachmittags-Internat und später im Kollegium Kalksburg, darunter mein damaliger bester Freund Walter Amon, dessen Eltern eine Tischlerei im 23. Bezirk besaßen. Als ich bereits bei Almdudler arbeitete, ich war gerade 27 Jahre alt, rief mich Walter eines Tages an. Ich hatte eine Ewigkeit nichts mehr von ihm gehört. Er war Pilot geworden und meinte, wir sollten doch einmal unsere Volksschullehrerin besuchen. Er würde versuchen, ihre Privatadresse herauszufinden. Das ist ihm dann auch gelungen, und unsere Lehrerin, mit der er schon telefoniert hatte, freute sich sehr über unseren bevorstehenden Besuch. Wir fuhren also zu ihrem Haus in Liesing. Sie war optisch ein wenig gealtert, aber sonst immer noch dieselbe, und umarmte uns herzlich. Trotzdem verspürte ich ein wenig Unbehagen, obwohl sie sehr nett war, weil sie für mich immer noch eine Autoritätsperson war und mich diese körperliche Nähe der Umarmung ein wenig verunsicherte. Ich schaute zu Walter und erkannte auch in seinen Augen ein Gefühl von Beklommenheit. Beide waren wir nervös – und wussten anfänglich gar nicht, worüber wir reden sollten. Glücklicherweise übernahm Elisabeth die Konversation: »Ihr seid aber fesche Burschen geworden!« Unsere leicht eingeschüchterte Antwort lautete: »Es ist ja inzwischen viel Zeit vergangen.«

Auf einen Doppler bei meiner Volksschullehrerin

Nachdem wir im Wohnzimmer Platz genommen hatten, bot sie uns eine Schale Kaffee an. »Elisabeth, was tust du da unten«, tönte plötzlich eine Stimme aus dem oberen Stockwerk.

»Wer ist denn da bei dir?«

Walter und ich erschraken, aber unsere ehemalige Lehrerin beschwichtigte uns: »Das ist nur mein Mann. Er ist krank und muss im Bett bleiben.« Und so, als ob sie sich dafür entschuldigen wollte, bot sie uns rasch den ersten Spritzer an. Und wieder schallte es von oben: »Elisabeth, was ist da unten los?«

»Alles in Ordnung, ich habe ehemalige Schüler zu Besuch, und wir unterhalten uns über früher«, war ihre Antwort, und sie machte einen großen Schluck. Sie schenkte nicht nur sich selbst, sondern auch uns regelmäßig nach. Plötzlich fühlten sich Walter und ich wieder wie in der Schule. Wir sahen einander an, versuchten krampfhaft, das Lachen zu vermeiden und wunderten uns ob der skurrilen Situation, in der wir uns befanden. Aber es war die Realität. Zwei erwachsene Männer saßen mit ihrer ehemaligen Volksschullehrerin zusammen und tranken Wein.

Als der letzte Tropfen des am Tisch stehenden Dopplers ausgeschenkt war, wollten wir uns verabschieden. Falsch gedacht. Jetzt bat uns Frau Lehrerin, sie in den Keller zu begleiten, weil es dort so dunkel war. Gehorsam folgten wir ihr in den, wie sich herausstellte, gar nicht dunklen Keller. Doch da wir alle drei schon ein wenig angeheitert waren, fiel unser Kellergang nicht gerade leise aus. Mit dem Ergebnis, dass erneut »Her Master's Voice« von oben ertönte: »Elisabeth, was macht ihr denn da unten? Seid ihr jetzt gar im Keller?« Walter und ich fühlten uns wie ertappt, möglicherweise auch Elisabeth, und wir alle drei marschierten in Windeseile ins Wohnzimmer zurück. Dort wurde der neue Doppler geöffnet, und schon waren auch unsere Gläser wieder bis zum Rand voll. Und während wir auch diesen leerten, bekamen wir von Elisabeth ein Busserl auf die linke und rechte Wange. Sie schenkte uns immer wieder nach und kam auch immer näher. Da kam mir der rettende Gedanke: »Walter, wollten wir nicht noch bei deinen Eltern vorbeifahren, die ich schon so lange nicht mehr gesehen habe?«

»Aber bleibt doch noch ein bisschen«, versuchte Elisabeth uns am Gehen zu hindern, »es ist doch gerade so gemütlich.« Der erneute Ruf von oben war diesmal sehr bestimmend, fast bedrohlich: »Elisabeth, macht's da unten jetzt Schluss und komm' sofort herauf zu mir!« Das bedeutete natürlich den abrupten Aufbruch für uns. Raus aus dem Haus und rein ins Auto, ohne ein Wort zu sagen. Als wir endlich im Wagen saßen, bekamen wir beide einen Lachkrampf. Alles war derart verrückt, und wir dachten in diesem Moment an dasselbe: den Film »Die Reifeprüfung« mit Anne Bancroft als Mrs. Robinson und Dustin Hoffman als Benjamin Braddock.

8

Mein erster sexueller Kontakt mit einem Jungen im Kollegium Kalksburg

Kapitel 8

Mein erster sexueller Kontakt mit einem Jungen im Kollegium Kalksburg

Für meinen weiteren schulischen Fortgang mussten sich meine Eltern nach der Volksschule zwischen dem Gymnasium in der Maroltingergasse und dem Kollegium in Kalksburg entscheiden. Rückblickend weiß ich, dass das Halbinternat in Kalksburg nicht die richtige Entscheidung war, da ich für humanistische Gegenstände wie Latein und Griechisch nicht geeignet bin. Und schon allein der Schulweg war immens weit. Doch da die Schüler in Kalksburg meist aus privilegierten Familien kamen, war das möglicherweise auch ein Grund für die Wahl meiner Eltern, sozusagen eine Prestigesache.

Damals war das Kollegium nur für Burschen zugelassen und noch von Jesuiten-Patern geführt. Wir waren 36 Schüler in der Klasse. Auch in Kalksburg ging ich ins Halbinternat. Das bedeutete: Ich wurde erst am frühen Abend, meist so gegen 18.30 Uhr, von meiner Mutter, gelegentlich auch vom Chauffeur meines Vaters oder einer Hausangestellten abgeholt. Da kam es schon hin und wieder vor, dass ich einige Zeit auf der Straße warten musste, denn mit der Pünktlichkeit nahm es in meinem Umfeld niemand so genau. Zumindest in der Früh kam ich immer pünktlich zum Unterrichtsbeginn um acht Uhr. Da es ein weiter Weg in die Schule war, musste ich immer schon um sechs Uhr aufstehen und um 7.15 Uhr mit meinem jeweiligen Chauffeur, sehr oft war das meine Mutter, das Haus verlassen.

Wie schon in der Volksschule fühlte ich mich wohl in der Klasse und hatte viele Freunde, darunter auch den Sohn des späteren Bundespräsidenten Thomas Klestil oder jenen des Juweliers Heldwein. Mit wenigen Ausnahmen mochte ich auch meine Lehrer und ganz besonders den Herrn Direktor, einen seriösen, kultivierten, älteren Herrn, der gar nicht so streng und meistens auf meiner Seite war.

Der ganz normale Wahnsinn war aber mein Turnlehrer Harald T., der mir des Öfteren während des Unterrichts eine so heftige Ohrfeige verpasste, dass ich umfiel. Er war überhaupt ein besonderer Pädagoge: Er äffte mich nach und machte sich über mich lustig. Ich war zwar in der Leichtathletik gut, aber im Fußballspielen eine echte Niederlage. Dieser Sport ist mir nicht gelegen, und er interessiert mich auch bis heute nicht, weder aktiv noch passiv. Immer dann, wenn zwei Mannschaften für ein Match ausgewählt wurden, war ich der Letzte, der übrig blieb, weil mich eigentlich niemand in seinem Team haben wollte. Nur aus Mitleid wurde ich schließlich genommen – und musste immer ins Tor. Geräteturnen wie Kastenspringen oder Trampolin war ebenfalls ein Albtraum für mich. Vor jeder Turnstunde hatte ich Panik, was diesmal am Programm stehen würde. Die Gunst des Turnlehrers habe ich mir schließlich aber erkauft. Neben seiner Lehrtätigkeit hatte er sich dank seiner guten Kontakte einen Handel mit Skiern, Stöcken und Schuhen aufgebaut und auch eine Neigungsgruppe Skilaufen ins Leben gerufen, mit der er viel unternahm. Also erstand ich bei ihm meine Skiausrüstung und verbesserte so meinen Status als Schüler. Doch der Turnlehrer war nicht der Einzige in Kalksburg, dem gerne die Hand auskam. Auch andere Lehrer oder Erzieher waren gar nicht zimperlich. Immer wieder wurden wir geschlagen, beispielsweise mit einem Stock auf den Kopf. Mein Musik- und der katholische Religionslehrer, der auch Physik unterrichtete, beide übrigens Jesuiten-Pater, taten das besonders gerne. Wenigstens wurde keiner von uns sexuell missbraucht. Am Nachmittag hatten wir einen Erzieher, der sich auch nicht im Griff hatte. Bei ihm bekam ich Nachhilfe in Mathematik. Immer, wenn ich etwas nicht verstand, riss er mich an den Haaren und verdrehte mir die Ohren. Brutalität war an der Tagesordnung, sogar von den weiblichen Erzieherinnen.

Für die älteren Jungen war ich das »Schönauge«

Im Kollegium Kalksburg, einem reinen Burscheninternat, war es ganz normal, es gehörte sozusagen zur Tagesordnung, dass man erste sexuelle Kontakte mit anderen Burschen hatte. Dabei ging es aber nicht um den tatsächlichen Akt, sondern lediglich um harmloses Berühren. Ich fand nichts dabei, im Gegenteil, ich fand es eigentlich ganz schön. Für die Älteren war ich begehrtes »Frischfleisch« mit meinem weiblichen Aussehen, dem noch fehlenden Bart und den großen Augen mit den langen Wimpern. Die Älteren, die 16- bis 17-Jährigen, gaben mir den Namen »Schönauge«, mit dem ich nicht wirklich etwas anzufangen wusste, obwohl mir der eine oder andere Junge schon gefiel. Ich war damals aber der Meinung, dass solche Gedanken, Vorstellungen, ja vielleicht sogar Wünsche für mein Alter normal waren, mir war absolut nicht bewusst, dass man später solche Gefühle als »homophile Neigung« interpretieren wird. Eigentlich empfand ich es als Kompliment, so begehrt zu sein. Doch außer einem Zungenkuss, meinen ersten mit einem männlichen Wesen, kam für mich damals nichts in Frage. Außerdem waren die anderen wahrscheinlich sowieso alle hetero und befanden sich lediglich in einer Phase, wo sie alles ausprobieren wollten.

Mein Lateinprofessor, der zwar sehr streng, aber auch gerecht und fair war, hatte meiner Mutter schließlich empfohlen, mich nach der vierten Klasse aus der Schule zu nehmen, da ich in seinen Augen für diese Institution nicht länger geeignet war. Der humanistische Zweig lag mir nicht, Latein war nicht meins, und mit Griechisch hätte ich dann noch mehr Probleme bekommen. Oder ich hätte mich für den realistischen Zweig mit Mathematik entschieden, wo ich aber auch ein schlechter Schüler war. Was das Lernen betraf, tat ich mir also ziemlich schwer. Trotzdem hat mich die Zeit geprägt, und ich habe diese vier Jahre deshalb in guter Erinnerung, weil ich dort viele, sehr intensive Freundschaften pflegte.

9

Die unbeschwerteste Zeit meines Lebens

Kapitel 9

Die unbeschwerteste Zeit meines Lebens

Nach vier Jahren Kollegium Kalksburg war sich die Familie schließlich einig, dass die Hotelfachschule »Modul« die Fortsetzung meiner Ausbildung sein sollte. Da mein Vater in vielen Gremien saß und viele Ämter innehatte, empfahl man ihm immer wieder das »Modul« als geeignete Schule für mich. Und weil meine Mutter wusste, dass ich sehr gerne kochte, war sie ebenfalls für diese Wahl. Obwohl mein Vater auch nichts gegen einen Besuch des Max-Reinhardt-Seminars einzuwenden gehabt hätte, die wohl beste Schauspielschule im deutschen Sprachraum. Doch nach einem Gespräch mit dem Direktor des »Modul« war alles klar. Die Aufnahmeprüfung war simpel, meine Punktezahl lag weit über der geforderten, und so begann ich als Hotelfachschüler.

In anderer Hinsicht stellte die Aufnahmeprüfung aber eine richtige Herausforderung dar. Meine Haut war damals sehr heikel, sehr schnell empfand ich etwas als kratzend oder bekam eine Allergie. Ich konnte kein Hemd tragen, nicht einmal mit Unterleibchen. Schafwollpullover waren ganz unmöglich, und meine Flanellhosen mussten bis zum Boden gefüttert sein. Zur Aufnahmeprüfung zog ich deshalb eine lange Pyjamahose unter die kratzende Anzugshose an. Irgendwie schnappte ich zum Glück kurz vor der Prüfung auf, dass danach eine ärztliche Untersuchung stattfinden würde. Ich rannte daher unmittelbar nach Ende der Prüfung in das an das Schulgebäude angeschlossene Hotel hinüber, um mich dort meiner Pyjamahose zu entledigen – ich ließ sie einfach am Klo zurück –, und eilte zur Untersuchung zurück.

Ich trug damals lange Haare, den typischen Afrolook, und kam braungebrannt zur Aufnahmeprüfung, da ich kurz zuvor mit meiner Familie auf den Seychellen Urlaub gemacht hatte. Ich sah also wahrscheinlich nicht sehr wienerisch aus, so dass sich einer meiner späteren Klassenkameraden dachte, welch internationale Schule das »Modul« doch sein musste, wenn auch Ausländer wie ich dorthin gehen wollten.

In meiner Klasse waren 36 Schüler, 12 Burschen und der Rest Mädchen. Ich war damals schon recht eitel und legte großen Wert auf gute Kleidung. Meine Extravaganz unterstrich ich beispielsweise gerne mit Sakkos und einer Blume im Knopfloch. Ich hatte auch schon begonnen, mich zu rasieren und Aftershave oder Eau de Toilette zu verwenden. Mein starkes Modebewusstsein fanden etliche Lehrer gar nicht gut, sie wünschten sich, dass ich mich »normal« und nicht so verrückt kleiden sollte. Es war die Zeit der Popper mit College-Schuhen, Burlington-Socken, Locken und Burberry-Mänteln. Viele meiner Klassenkameraden sind damals mit Vespas gefahren, ich besaß zu meinem Leidwesen aber nur ein Mofa.

Abgesehen von meinem extravaganten Look hatte ich mit manchen Professoren auch so meine Schwierigkeiten. Einige Lehrer waren äußerst streng, und ich musste unglaublich oft an die Tafel, um mein – manchmal wirklich nicht vorhandenes – Wissen unter Beweis zu stellen. Manchen Lehrkräften machte es direkt Spaß, mich vor der gesamten Klasse zu blamieren, zumindest empfand ich es so. Was das Lernen betraf, fielen mir Fächer wie Mathematik und Buchhaltung schwer, ich hatte jedoch während der ganzen fünf Jahre nie eine Nachprüfung. Das Kochen und Servieren hat mir immer großen Spaß gemacht, und zum Geschirrabwaschen nach dem Kochen konnte ich meine Mitschülerinnen meistens mit meinem Augenaufschlag bewegen.

Meine beiden Kochlehrer, übrigens zwei bekannte Persönlichkeiten – einer war der ehemalige Fernsehkoch Ernst Faseth, der andere Franz Zodl, Weltpräsident des Kochverbandes, Ausbildner aller österreichischen Spitzenköche und Direktor der Gastgewerbe-Fachschule am Wiener Judenplatz –, wunderten sich nur: »Der Klein, der schafft das immer. Da hat er einen riesigen Haufen Geschirr, und plötzlich ist dieser von irgendwelchen Mitschülerinnen abgewaschen.«

Liebestechnisch fühlte ich mich hingegen ziemlich überfordert, da ich ständig von drei feschen Mädchen umgeben war, die mir irgendwann einmal gestanden, sie hätten sich alle drei in mich verliebt, ich müsse mich nun entscheiden. Also hab' ich mich dann eben für eine entschieden – obwohl ich mir ganz komisch dabei vorkam.

Als ich Sonja zum ersten Mal küsste

Wir wohnten damals bereits in der Gallitzinstraße in Wien-Ottakring, wo meine Mutter private Feste erlaubte, auf denen auch geschmust und den Mädchen auf den Busen gegriffen wurde. Ich lud manchmal die ganze Klasse in unser Haus ein. Bei einer dieser Partys küsste ich dann auch Sonja, die von mir Auserwählte, zum ersten Mal, und ich kam mir dabei wie ein richtiger Held vor. Obwohl ich gestehen muss: Da war kein großer Unterschied zwischen meinem ersten Zungenkuss mit einem Jungen im Kollegium Kalksburg und jenem mit Sonja. Später erregten mich die Küsse, die ich mit Mädchen austauschte, allerdings deutlich mehr, so dass ich sexuellen Annäherungen nicht abgeneigt war. Doch mehr als Petting zwischen den Mädchen und mir passierte damals, als ich 15 oder 16 war, nicht.

Noch heute, nach so vielen Jahren, träume ich noch hin und wieder von meinen Klassenkameraden und Kameradinnen, wie sie damals alle aussahen, von unseren gemeinsamen Erlebnissen, Ausflügen mit der Vespa, Kinobesuchen und vielem mehr. Ich träume aber auch hin und wieder davon, dass ich die Matura nicht schaffe. Seinerzeit hatte ich nämlich große Prüfungsängste, ich war überzeugt, dass ich die Matura nervlich nicht durchstehen würde.

Trotzdem waren jene fünf Jahre zwischen meinem 14. und 19. Lebensjahr für mich auch bewusst die unbeschwerteste Zeit meines Lebens. Wahrscheinlich durchlebe ich sie auch deshalb nach so vielen Jahren immer wieder in meinen Träumen. Denn auch die Matura – obwohl ich da einen Zusatz in Deutsch hatte – ging schließlich im Mai 1982 erfolgreich über die Bühne.

10

Meine ersten Freundinnen

Kapitel 10

Meine ersten Freundinnen

Im »Modul« lernte ich im September 1978 Gabriela B. – heute eine bekannte Künstlerin, damals meine erste richtige Freundin – kennen. Gabi war damals eher klein, aber sehr hübsch, sie hatte schulterlanges blondes Haar und blaue Augen. Sie war eine sehr lebhafte, lustige und vollkommen natürliche Person. Ich hatte viel Spaß mit ihr, konnte mich aber auch über ernste Themen ausgezeichnet mit ihr unterhalten. Zum ersten Mal begegnete ich Gabi am Gang der Hotelfachschule, doch es dauerte fast ein Jahr, bis wir einander näher kamen.

Nach Gabis erstem Schuljahr machte sie ihre Praxis im Café des Hotel Imperial, wo ich sie immer wieder besuchen ging und sich so unsere Beziehung langsam entwickelte. Sie machte die dreijährige Ausbildung an der Hotelfachschule und ging in eine Klasse unter mir. Im Schuljahr 1979/1980 waren Gabi und ich oft gemeinsam zu Partys eingeladen, und so sind wir irgendwann miteinander »gegangen«, ohne jedoch Sex zu haben. In der Schule begrüßte sie mich oft mit »Hallo Mäuschen«, was mir damals total unangenehm war.

1980, in den Sommerferien nach Gabis zweitem Ausbildungsjahr, begleitete sie mich nach Kroatien. Mein Vater hatte sie wie auch meinen besten Freund Wolfgang Roth und dessen Freundin nach Opatija, wo wir jedes Jahr einige Wochen mit unserem Boot verbrachten, eingeladen. Dieser gemeinsame Sommerurlaub war von Gabis Mutter und meinem Vater sanktioniert worden, alles war schon darauf ausgerichtet, dass wir in diesen Wochen beide zum ersten Mal Sex haben würden. Gabis Mutter hatte ihrer Tochter sogar noch Tipps mit auf die Reise gegeben. Es ergab sich dann auch eine traumhaft schöne Nacht. Mein Freund Wolfgang hatte bereits sexuelle Erfahrung und wies mich ein wenig in die Materie ein, so dass das erste Mal zu einem wunderschönen, romantischen Erlebnis im Hotel wurde. Von da an waren Gabi und ich ein Paar. Wie lange, weiß ich heute gar nicht mehr. Ich weiß nur, dass mein sexuelles Interesse an Gabi bald nachließ. Ob das vielleicht schon an meiner anderen sexuellen Ausrichtung lag, kann ich heute nicht mehr sagen. Jedenfalls ging unsere Beziehung nach einem Jahr, vielleicht auch etwas mehr oder weniger, auseinander, weil sie sich mit einem älteren, sehr attraktiven Kolleg-Absolventen eingelassen hatte.

Nach Gabi hatte ich ein paar Affären mit gleichaltrigen Mädchen. Im Sommer 1981 unternahm einer meiner besten Freunde, Wolfgang Roth, mit unserer gemeinsamen Freundin Marina und mir eine Autoreise in das damalige Jugoslawien. Wir wechselten uns nicht nur beim Fahren ab, sondern auch beim Sex mit Marina auf der Rückbank des Autos. Und das, während ihr damaliger Freund ahnungslos mit Wolfgang Glotz, dem dritten aus unserer Musketier-Runde, vor uns in dessen Sportwagen mitfuhr. In den Kornaten waren wir dann sehr »anständig«, doch auf der Rückfahrt nach Wien wiederholte sich unser Wechselspiel. Von da an war Marina für Wolfgang und mich immer ein williges Objekt der Begierde und zu jedem süßen Sexspiel bereit, sei es mit Schokolade, Schlagobers oder Honig. Sehr oft hatten wir auch im Büro meines Vaters Sex, was den Reiz noch erhöhte.

Damals machte mir die Liebe mit Frauen Spaß und verschaffte mir Befriedigung. Ich konnte mir auch gar nichts anderes vorstellen. In meinem letzten Ausbildungsjahr entdeckte ich allerdings, dass der Sex mit Marina langsam seinen Reiz verlor und ich irgendwann begann, dem ein oder anderen feschen Burschen in meiner Gesellschaft ein neues Gefühl entgegenzubringen.

Ich wusste nicht genau, was mit mir los war, irgendwie fühlte ich mich körperlich angezogen, gleichzeitig aber auch schuldig. In meiner Phantasie malte ich mir aus, wie es wäre, Sex mit einem Mann zu haben. Eines Abends, auf der privaten Party eines Freundes – wir hatten alle schon sehr viel getrunken –, begann ich mit einem Burschen aus dem Kolleg zu sprechen, zu flirten und ihn dann sogar zu küssen. Natürlich starrten mich alle meinen Schulkollegen und Freunde irritiert an. Was mir in diesem Moment aber völlig egal war, wahrscheinlich auch wegen meines fortgeschrittenen Alkoholgenusses. Erst mit der körperlichen Ernüchterung kam irgendwann auch die seelische. Was hatte ich da getan? Und warum? Ich schämte mich für mein Handeln und war vollkommen verwirrt. Wer war ich?

Ich hatte diesen Vorfall seinerzeit nicht hinterfragt. Ich war daraufhin nur keinem einzigen Burschen mehr näher gekommen. Und ich sprach auch mit niemandem über meine sexuellen Fantasien mit Männern. Ich stand ganz alleine da mit meinen Gefühlsirritationen, denn ich konnte mich gar niemandem anvertrauen. Mir war ja, so lange ich denken kann, eingetrichtert worden, Gefühle grundsätzlich nicht zu zeigen. Denn das hatte in unserer Familie auch sonst niemand getan.

Ein schwuler Sohn hätte nicht in das »Heile-Welt-Bild« gepasst

Dafür waren wir eine sehr gesellschaftsorientierte Familie, in der man auf den guten Ruf äußerst bedacht war. Ein schwuler Sohn hätte nicht in das »Heile-Welt-Bild« gepasst. Noch dazu, wo man mit dem Thema Homosexualität früher noch viel kritischer umging als heute. Mein Vater war ein richtiger »Frauenheld«, heute würde man ihn Womanizer nennen, Er wäre aus allen Wolken gefallen, hätte er erfahren, dass sich sein Sohn zu Männern hingezogen fühlte. Obwohl mein Vater auf der einen Seite sehr großzügig und auch tolerant war, war er auf der anderen in seinem Verhalten oft auch sehr unberechenbar. Es gab in meiner Kindheit und Jugend immer wieder Situationen, in denen ich Angst vor meinem Vater hatte. Es konnte schon passieren, dass er wegen einer Kleinigkeit seine Beherrschung verlor und laut herumschrie. Andererseits bekam er bei schlechten Nachrichten womöglich einen Lachanfall. Man konnte seine Reaktionen auf bestimmte Vorfälle oder Situationen niemals voraussehen. Als ich einmal seinen neuen VW-Käfer – das einzig atypische Auto, das sich mein Vater in den Siebzigern zulegte und nach langer Zeit wieder ohne Chauffeur fuhr –, kurz nachdem ich den Führerschein gemacht hatte, ausborgte und bei der Einfahrt in die Garage ziemlich beschädigte, begann er herzhaft zu lachen. Und das, nachdem ich mir zuvor eine ganze Nacht lang überlegt hatte, wie ich dieses Drama meinem Vater überhaupt beibringen sollte. Ich kann also nicht mit Sicherheit sagen, wie er auf meine Gefühle Männern gegenüber reagiert hätte.

In jungen Jahren wirkte ich durch mein Aussehen eigentlich eher wie ein Mädchen. Meine ziemlich femininen Züge, meine besonders glatte Haut und meine großen blauen Augen mit den langen Wimpern machten mir gar keine Freude, denn es war furchtbar unangenehm, wenn Leute zu mir sagten: »Du siehst ja fast wie ein Mädchen aus.« Zu meinem Leidwesen ist das ziemlich oft passiert, und nicht nur in Wien.

In unseren Urlauben in Opatija, wo auch meine Schwester Michaela immer dabei war, haben die Kroaten regelmäßig mich zum Tanzen aufgefordert, nicht sie. Ich, ein junger Bursche, sitze neben meiner älteren Schwester – und die jungen Männer kommen zu mir. Anfangs dachte ich, sie wollen mich fragen, ob sie mit ihr tanzen dürfen. Doch sie wollten ganz anderes, nämlich mich auf das Tanzparkett führen. Sie hielten mich für ein Mädchen mit meinem feinen Teint, meinem lockigen Haar und den großen blauen Augen. Ich sah aus wie der junge Mann aus dem Film »Tod in Venedig«. Es waren nicht schwule Männer, denen ich gefiel, denn sie waren überzeugt, ein Mädchen vor sich zu haben. Für mich war das demütigend. Ich habe mich schrecklich aufgeregt, aber innerlich war ich zutiefst gekränkt.

Interessant war, dass ich den seinerzeit feschesten Burschen aus unserer Schule, bildhübsch mit einer tollen Figur, Jahre später in einem Schwulenlokal wiedertraf. Damals war ich schon verheiratet. Er sprach mich an, und ich fragte ihn, was er in einem solchen Etablissement machte. Sofort gestand er mir seine Homosexualität. Da konnte ich nur seufzen: »Wenn ich das damals gewusst hätte …« Er war in der Schulzeit ein Frauenheld gewesen, immer mit tollen Mädchen unterwegs, und auch ich war immer von vielen Mädels umgeben. Auch meine besten Freunde haben von meiner sexuellen Ausrichtung erst lange nach der Matura erfahren. Viele Jahre behielt ich dieses Geheimnis für mich.

Und noch viel mehr Jahre hat es gedauert, bis ich mich für meine Homosexualität nicht mehr schuldig fühlte. Obwohl es mir auch heute noch passiert, dass kurz das Gefühl aufkommt, ich habe bei Kontakten mit Männern etwas getan, was nicht in Ordnung ist. Das ist ganz stark in mir eingeprägt. Sicherlich hat das auch mit der jahrelangen Unterdrückung meiner sexuellen Orientierung zu tun.

11

Mein Vater, der Womanizer

Kapitel 11

Mein Vater, der Womanizer

Mein Vater liebte es so wie ich, Feste zu organisieren und zu feiern. Er legte dabei großen Wert auf Details. Nur allzu oft standen seine Veranstaltungen, meist für einige hundert geladene Gäste, unter einem bestimmten Motto, wo alles zusammenpassen musste: die Dekoration, die Speisen und Getränke, die Bekleidung der Mitarbeiter, die Musik und natürlich auch das Outfit meiner Eltern. So war es kein Wunder, dass Herr Kommerzialrat Erwin Klein bald zum Liebling der Wiener Gesellschaft wurde.

Mein Vater war ein äußerst großzügiger Mensch, sowohl zu uns Kindern und unserer Mutter wie auch zu allen anderen Menschen. Bei uns war immer »open house« und alle Gäste wurden fürstlich bewirtet. In unseren gemeinsamen Urlauben waren jedes Mal auch Freunde meiner Schwester oder von mir eingeladen. Von seinen Reisen, auf denen er oft alleine unterwegs war wie etwa auf die Seychellen, die Bahamas oder nach Thailand, brachte Papa stets eine ganze Menge Geschenke mit. Und wann immer wir einen realistischen Wunsch hatten, konnte er uns diesen nicht abschlagen. Auch unsere Mutter ist bis heute sehr spendabel. Bei den Dingen des täglichen Lebens wurde nicht gespart, gutes Essen war selbstverständlich, unsere Kleidung durften wir uns ganz nach unserem Geschmack aussuchen, und es gehörte zur Tagesordnung, dass wir alle möglichen Zeitungen und Magazine bekamen. Umso mehr wunderte es uns, als Vater von einem Tag auf den anderen begann, uns beim Frühstück zur Rede zu stellen, wie viel Geld wir für all die Zeitschriften verschwendeten – die im Übrigen primär er gelesen hatte. Möglicherweise waren das bereits die ersten Anzeichen seiner Depression. Als Jungfrau im Sternzeichen war er aber auch ein Pedant. So hatte er zum Beispiel zehn Nagelscheren in einer Lade ordentlich aufgereiht nebeneinander liegen, und es war ihm gar nicht recht, wenn man sich auch nur eine für kurze Zeit ausborgen wollte.

Mein Vater war ein spendabler Gastgeber, und er gab auch immer sehr viel Trinkgeld. Er machte gerne Geschenke an Geschäftspartner und Freunde – skurrile etwa wie goldene Zahnstocher, goldene Almdudler-Siegelringe, zwei Zentimeter große Almdudler-Glasfläschchen mit Original-Logo, gefüllt mit winzigen Goldklumpen, goldene und silberne Almdudler-Geldspangen und ähnliche Verrücktheiten. Dahinter stand aber keinerlei Berechnung, er wollte einfach Menschen Freude bereiten. Das gelang ihm auch, immer wieder und auf die unterschiedlichste Art und Weise. Er war eine unglaublich charismatische Persönlichkeit, deren Charme niemand widerstehen konnte. Trotzdem ist er von menschlichen Enttäuschungen, die meistens finanzielle Folgen hatten, nicht verschont geblieben. Er wurde von manchen seiner so genannten besten Freunde enttäuscht.

Ende der Fünfziger fuhr mein Vater ein graues Mercedes 190 SL Cabrio, ein faszinierendes Auto, das damals überall Aufsehen erregte, wenn er damit auftauchte. Denn eigentlich kannte man solche Prachtkarossen nur von den Filmstars aus Hollywood.

Mein Vater war sehr gut mit dem legendären österreichischen Filmregisseur Franz Antel befreundet, so dass er bei den Castings für Antels Filme, natürlich »rein zufällig«, immer vor Ort war. Dort gab es jedes Mal eine Menge zu bestaunen, nicht nur schöne Frauen. Antel wiederum versuchte regelmäßig, seinen Freund in fast allen Lebenslagen zu übertrumpfen, speziell im Sommer am Wörthersee, wo meine Mutter nur selten dabei war. Denn meistens war der damalige Almdudler-Boss da in »geschäftlichen Dingen« unterwegs. Seine bevorzugte Unterkunft war das Schlosshotel Velden, wo er stets besonders hoffiert wurde. 1977 absolvierte ich ebendort, wo jeder meinen Vater kannte, meine Praxis für die Hotelfachschule. Eigenartigerweise war Papa genau in jenem Sommer nicht Gast des Schlosshotels.

Mein Vater liebte schnelle Autos. Schon als ich ein kleines Kind war, war mein Vater stolzer Besitzer eines weißen Jaguar E-Cabrios mit roten Ledersitzen und einem 24-Karat-Schlüsselanhänger in Form eines Pudels – in Anlehnung an unser damaliges Haustier, einen schwarzen Pudel namens Sokrates. Da die Straßenlage des Autos sehr schlecht war, schleuderte es oftmals bei unseren Ausfahrten, egal ob Vater oder Mutter am Steuer saßen. Mir wurde so gut wie immer schlecht, damals, als ich vier oder fünf Jahre alt war. Ich war dann auch richtig froh, als das Auto endlich verkauft wurde, was mir heute leid tut.

Ab dieser Zeit bzw. diesem Auto wurde mir übrigens regelmäßig schlecht, wenn ich hinten sitzend mitfuhr. Denn die nachfolgenden Fahrzeuge waren immer große amerikanische Schlitten, die extrem gefedert und für unsere Straßen nicht wirklich geeignet waren. Immer, wenn die gesamte Familie verreiste, mussten meine Schwester und ich schon vor Antritt einer Reise ein Mittel gegen Übelkeit einnehmen, um das Auto nicht zu »beschmutzen», allerdings mit nur wenig Erfolg. Ich musste mich mehr als nur einmal übergeben.

Alle Chauffeure meines Vaters waren skurrile Personen. Einer von ihnen, ein gewisser Herr Janda, schaffte es sogar einmal, frontal ins Café Sperl in der Wiener Gumpendorfer Straße zu fahren. Zum Glück entstand nur Sachschaden, wenn auch ein beträchtlicher.

Auf längeren Reisen hatte mein Vater die Angewohnheit, sich ein zu kurzes Pyjama-Oberteil ohne dazugehörige Hose anzuziehen und sich mit einer Decke auf die Rückbank zum Schlafen zu legen. Diese Angewohnheit hatte ich eine Zeitlang übernommen, allerdings in komplett angekleidetem Zustand, nicht »unten ohne« wie er.

Bei einer seiner Geschäftsreisen, als er im Winter gerade in den Bergen unterwegs war, kam ihm diese Angewohnheit ziemlich ungelegen. Da er wegen seiner ständigen Obstipation zeit seines Lebens Abführmittel für eine bessere Verdauung nahm,

Mein Vater mit Bundeskanzler Bruno Kreisky, Schauspieler Curd Jürgens und seiner Frau Margie

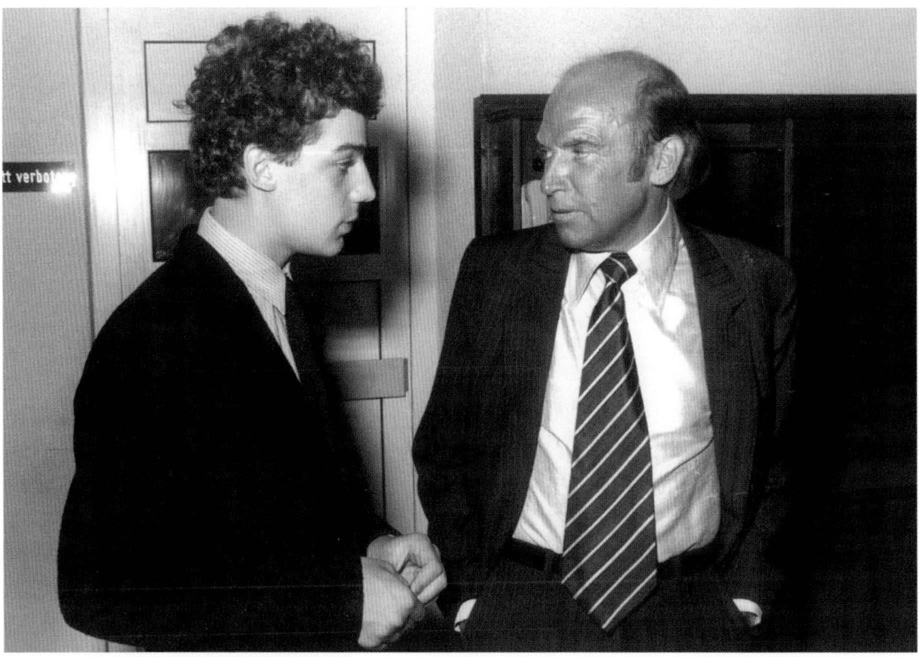

Zwei Generationen Klein: ein Bild von meinem Vater Erwin und mir in der »Pawlatschen«

musste er seinen Chauffeur immer wieder einmal bitten, abrupt anzuhalten. Doch leider sahen diesmal weder Herr Janda noch mein Vater, der mit einer Klopapierrolle in der Hand bewaffnet war, wohin er beim Verlassen des Wagens stieg. Ein kleiner Fehltritt auf eine Schneewächte, und er rutschte den Hang hinunter. In seiner kurzen Pyjamajacke, mit nacktem Po und dem Klopapier in einer Hand. Alles, was der Chauffeur sehen konnte, war der immer länger werdende Streifen des Klopapiers, der sich vom Auto weg den Hang hinunter drehte. Gott sei Dank wurde mein Vater nicht verletzt, nur das, was er eigentlich tun wollte, wurde durch den Schock verhindert.

Ein anderes Mal war ich dabei, als mein Vater zusammen mit meinem Onkel seine Liebe zur Komik auslebte. Mein Vater hatte die Familie, also meine Mutter, meine Schwester, meinen Onkel und mich, zum Abendessen ins Restaurant Prinz Eugen im Hotel Hilton ausgeführt. Wir genossen die kulinarischen Köstlichkeiten, nicht wissend, was noch kommen sollte. Denn nachdem mein Vater die Rechnung verlangt hatte, empfand er große Müdigkeit und wollte unbedingt sofort schlafen gehen. Zu diesem Zweck legte er sich mitten im Restaurant auf den Fußboden und war nicht mehr zum Aufstehen zu bewegen. Meine Mutter wäre am liebsten unsichtbar geworden und drohte uns allen an, nie wieder mit uns auszugehen. Meinem Onkel, meiner Schwester und mir blieb schließlich nichts anderes übrig, als meinen Vater an Händen und Füßen aus dem Lokal zu schleppen. Keine einfache Aufgabe, vor allem für uns Teenager, da uns die nötige Kraft fehlte. Der einstige »Billa«-Eigentümer und somit einer unserer Großkunden, Karl Wlaschek, beobachtete das Schauspiel mit großem Amüsement.

Nachdem sich mein Vater dann in der Halle endlich wieder erhoben und meine Mutter sich nervlich halbwegs regeneriert hatte, musste mein Onkel noch eins draufsetzen, indem er zur Drehtür des Hotels rannte, um sich in dieser minutenlang wie ein Verrückter laut schreiend zu drehen.

Das Restaurant Prinz Eugen sah uns daraufhin lange nicht wieder – auch weil »ganz zufällig« immer schon alle Tische reserviert waren, wenn wir dort speisen wollten.

Eine andere Geschichte kenne ich nur aus Erzählungen. Nachdem sich mein Vater endlich entschieden hatte, für unsere Sommerurlaube in Opatija ein kleines Motorboot, die »Almdudler 1«, zu kaufen, wollte er demonstrieren, wie gut er seine neue Errungenschaft im Griff hatte. Ehrlich gesagt hätte er sich aber am besten nie hinter ein Lenkrad setzen sollen, denn er war ein miserabler Autofahrer, der auch fürs Motorboot einen Chauffeur gebraucht hätte. Es war ein wunderschöner Sommertag, das Meer war spiegelglatt und nach der Ausfahrt aus dem Hafen gab es eigentlich kein Hindernis, einzig und allein ein kleiner Felsen mit einer menschengroßen Frauenstatue ragte aus dem Wasser. Leider fühlte sich mein Vater in seinem Motorboot magisch von dieser Figur angezogen und kam ihr dabei viel zu nahe. Die Statue überlebte den Unfall mit ein paar Schrammen, mein Vater blieb gottlob unverletzt, nur das Motorboot segnete das Zeitliche.

12

Der Suizid meines Vaters

Kapitel 12

Der Suizid meines Vaters

Die Schwermütigkeit und Depression meines Vaters kam für mich völlig überraschend und ist für mich auch heute noch nicht nachvollziehbar. Mein Vater war immer ein Lebemann gewesen, der in der Öffentlichkeit stand, ein attraktiver Mann, der hoffiert und von allen angehimmelt wurde. Oft benahm er sich so übermütig, dass sich meine Mutter richtig für ihn genierte.

Erst viel später erfuhr ich, dass er mit 17 oder 18 Jahren während der Nazizeit im Widerstand gewesen war. Die Bewegung traf sich regelmäßig im Schulhof in der Inneren Stadt in Wien, wo heute das Puppen- und Spielzeugmuseum beheimatet ist. Eines Tages tauchte dort unerwartet die Gestapo auf. Mein Vater lief in den vierten Stock hinauf, um sich zu verstecken, aber man fand ihn dort und nahm ihn ins Gestapo-Hauptquartier am Morzinplatz mit. Glücklicherweise ließ man ihn nach einiger Zeit wieder frei, als gerade ein Luftangriff war, und ein Wärter mit Herz verabschiedete sie mit den Worten »Buam, lauft's«.

Kurz vor Kriegsende soll mein Vater auch verschüttet worden sein, und zwar bei alliierten Bombenangriffen auf den damaligen Heinrichshof, an dessen Stelle zehn Jahre später der Opernringhof errichtet wurde. Ab diesem Zeitpunkt hatte mein Vater Probleme mit engen Räumen, das weiß ich.

Ob die Kriegserlebnisse mit den viel später aufgetretenen Depressionen meines Vaters zu tun hatten, kann ich nicht sagen. Mit mir hatte er darüber nie gesprochen. Aber auch über seine plötzlichen Gefühlsveränderungen sprach er nicht mit mir. Dennoch blieben sie selbst mir nicht verborgen.

Wie konnte eine Frohnatur plötzlich so schwermütig werden?

Ich war damals 17 Jahre alt und konnte überhaupt nicht damit umgehen. Ich fragte mich nur, was mit ihm los war, wieso eine solche Frohnatur plötzlich so schwermütig werden konnte. Da sich mein Vater aber immer meiner Schwester gegenüber viel mehr geöffnet hatte als mir, wunderte es mich nicht, dass er mit mir nicht über seine Gefühle sprach. Ich war nur erstaunt, dass sich der typische Patriarch, der gelegentlich auch sehr cholerisch werden konnte, in den letzten Jahren seines Lebens völlig atypisch an meine Mutter klammerte. Er ging dann kaum noch außer Haus und fing auch öfters ohne ersichtlichen Grund zu weinen an. Offensichtlich hatte er sich längere Zeit bemüht, seine Gefühle vor allem vor meiner Schwester und mir zu verbergen, doch irgendwann übermannten ihn seine Stimmungen.

Nur wer eine Depression selbst erlebt hat, kann diesen Zustand wirklich nachvollziehen. Später musste ich am eigenen Körper erfahren, was in solchen Situationen in meinem Vater vorgegangen sein muss. Doch damals war ich sprachlos, meinen Vater, diese »Heldenfigur«, in einem derart erbarmungswürdigen Zustand vor mir zu sehen. Jede Frage zu den möglichen Gründen seines Befindens wäre mir absurd vorgekommen. Noch dazu hatte er sich ausschließlich meiner Mutter zugewandt, die mit dieser »Vereinnahmung« ihre Probleme hatte.

Einmal hatte sich mein Vater zu dieser Zeit doch überwunden, für eine Einladung im engsten Freundeskreis das Haus zu verlassen. Es fiel mir deutlich auf, welche Kraftanstrengung und Überwindung ihn dieser Abend außer Haus in Begleitung meiner Mutter kostete. Damals hatte er aufgrund seiner seelischen Erkrankung bereits stark an Gewicht verloren, so dass ihm Hemd und Anzug eine Nummer zu groß waren. Auf mich wirkte er beim Weggehen sehr verloren, und ich hatte richtig Mitleid mit ihm. Bei seiner baldigen Rückkehr nach Hause war er noch verstörter. Natürlich wollten meine Schwester und ich wissen, was passiert war. Daraufhin erzählte uns unsere Mutter, dass selbst seine so genannten besten Freunde völlig unpassende, geradezu dumme Bemerkungen über seinen Gewichtsverlust gemacht hatten.

Eine weitere große Enttäuschung musste mein Vater erfahren, als man ihm ein großes, schon in den Startlöchern stehendes Projekt unvermutet »abschoss«. Er hatte geplant, das bekannte Nestroy-Stück »Die schlimmen Buben in der Schule« mit bekannten Politikern in den Hauptrollen, wie zum Beispiel dem damaligen Innenminister Karl Blecha, in der Stadthalle als Benefiz-Veranstaltung für kranke Kinder aufzuführen. Sämtliche Rollen waren bereits vergeben, und mein Vater hatte schon die Dialoge, passend zur damaligen Zeit, umgeschrieben. In letzter Minute wurde das Projekt dann aber boykottiert, und zwar von jemandem, der sich in der Öffentlichkeit gerne als sein wahrer Freund brüstete. Dieser Vertrauensbruch machte ihm schwer zu schaffen.

Als mein Vater meine Mutter kennen lernte, soll er an die 100 Kilo gewogen haben. Er war ein stattlicher Mann mit einer ebensolchen Statur. Aufgrund einer Gelbsucht nahm er ziemlich stark ab und verfiel dann fast schon in einen Schlankheitswahn. Er nahm regelmäßig eine Hand voll Tabletten, damit seine Verdauung funktionierte. So lange ich mich erinnern konnte, hatte er damit Probleme, weil sein Darm viel zu lange gewesen sein soll. Und damals meinten die Ärzte, seine Depressionen wären vielleicht aus diesem Grund entstanden. Also ließ er sich auch noch kurz vor seinem Tod – etwa zwei bis drei Wochen davor – operieren. Die Verkürzung seines Darmes brachte aber keine extreme Veränderung, vor allem psychisch gab es keinerlei Verbesserung. Er lag in der Rudolfstiftung im Wien-Landstraße und war depressiv.

Vor diesem Spitalsaufenthalt meines Vaters hatte die Familie, meine Mutter, meine Schwester, mein Halbonkel und ich, noch einen gemeinsamen Club-Urlaub in Italien verbracht. Da ging es meinem Vater phasenweise gut, manchmal war er richtig übermütig und kindisch wie ein Lausbub. Nachdem er sehr pedantisch war, organisierte er bis ins kleinste Detail einen Kirschenkern-Spuckwettbewerb in jenem

Restaurant, wo wir immer zu Mittag und Abend aßen. Teilnehmer waren mein Vater, mein Onkel, meine Schwester und ich – meine Mutter war für so einen Unsinn nicht zu haben. Wir warteten, bis alle Besucher gespeist hatten, dann platzierten wir vier Sektkübel auf einem Tisch. In eineinhalb Metern Entfernung stand ein weiterer Tisch mit vier Tellern voll mit Kirschen. Wir mussten die Kirschen so rasch wie möglich essen und die verbliebenen Kerne in die gegenüber stehenden Kübel spucken. Sieger war, wer in kürzester Zeit die meisten Kerne in den Kübel brachte: meine Schwester. Ihr Preis war ein Pokal, der von meinem Vater vollkommen unerwartet aus Wien mitgebracht worden war. Eine kleine Fangemeinde, die sich um uns gruppiert hatte, schloss sogar Wetten auf uns ab.

Ein paar Tage lang war Papa also bester Stimmung, er sah sogar wieder der einen oder anderen attraktiven Frau nach, so dass wir alle hofften, er hätte sein seelisches Tief überwunden. Leider war das aber nur ein kurzes Aufflackern.

Einige Zeit vor seinem Tod hatte er zwar Antidepressiva, Anafranil, ein Medikament aus den Sechzigerjahren, genommen, wollte sich aber auf keine Gesprächstherapie einlassen. Zudem wurde er mit Elektroschocks in der Privatordination eines bekannten Psychiaters behandelt. Ein Gedankenaustausch mit Freunden, ja selbst mit Ärzten war damals jedoch kaum möglich, da das Thema Depressionen noch absolut tabu war. Davon abgesehen wollte mein Vater mit gar niemandem über seine Krankheit sprechen. Meiner Meinung nach macht aber die Gesprächstherapie den größten Teil einer Heilung aus, Medikamente allein sind sicherlich nicht genug, obwohl Antidepressiva dem Körper die nötige Kraft und Energie zur Aufarbeitung und zum Weitermachen geben und so gesehen auch notwendig sind.

Mein Vater hat mit meiner Schwester und mir nie darüber gesprochen, dass er nicht mehr leben wollte. Wir hatten vielleicht die eine oder andere Andeutung mitbekommen, diese aber nie ernst genommen. Und niemals erwartet, was dann am Morgen des 17. September 1983, es war ein Samstag, passierte.

Samstag, der 17. September 1983

Irgendwann zwischen sieben Uhr und acht Uhr Früh geht meine Schlafzimmertüre auf. Michaela, meine Schwester, steht vor mir. Sie wirkt vollkommen verstört, so dass mir augenblicklich bewusst wird, dass etwas passiert sein muss. »Thomas, komm sofort mit in Papas Schlafzimmer. Die Polizei steht vor der Tür«, stammelt sie.

»Was ist denn los?«

Sie gibt mir keine Antwort, nimmt mich nur bei der Hand und zieht mich zu Papas Zimmer hinüber.

Michaela öffnet die Türe, und ich sehe meinen Vater mit geschlossenen Augen friedlich im Bett liegen – mit einem Polster auf seiner Brust. Nichts erscheint außergewöhnlich. Bis Michi weinend sagt: »Thomas, ich glaube, Papa ist tot.«

»Das kann nicht sein, red' keinen Blödsinn, wieso soll er tot sein?«, schreie ich sie an. Langsam nähern wir uns dem Bett unseres Vaters und sehen, dass seine rechte Hand auf den Boden hängt und daneben ein Revolver liegt.

Mein Blut stockt in meinen Adern, alles Weitere läuft wie im Zeitraffer ab, und ich stehe völlig neben mir. In diesem bisher schlimmsten Moment meines Lebens höre ich eine männliche Stimme rufen: »Polizei! Wo sind Sie?« Michi ruft zurück, ich aber möchte nur weg aus diesem Albtraum und laufe in mein Zimmer.

Mir ist, als würde der Boden unter meinen Füßen weggezogen werden. Ich halte meinen Kopf unter das kalte Wasser im Badezimmer und versuche mich zu fassen. Schließlich überwinde ich mich und gehe in Papas Schlafzimmer zurück.

Davor stehen zwei Polizisten, meine Mutter und meine Schwester. Einer der Polizisten erzählt, dass sie aufgrund eines Notrufes von Karl Blecha, Innenminister und der beste Freund meines Vaters, in der Wachstube angewiesen wurden, sofort in die Gallitzinstraße 72 zu unserem Haus zu fahren. Michi hat schließlich das nicht enden wollende Läuten gehört und den Polizisten die Tür geöffnet. Danach ist sie sofort in Papas Schlafzimmer gelaufen und hat als Erste gesehen, was passiert ist.

Ich bin fassungslos, wir alle sind fassungslos. Die Polizisten bitten uns, hinunter ins Wohnzimmer zu gehen, um mit dem Geschehenen klarzukommen. Während ein Protokoll aufgenommen wird, gehe ich noch einmal zurück zu meinem Vater. Denn ich will noch ein letztes Mal bei ihm sein.

Er liegt tot im Bett, und inzwischen ist durch den Schuss in sein Herz Blut vom Bett auf den hellen Spannteppich geronnen. Ich bin schockiert, erstarrt. Überall das viele Blut. Ich fühle mich wie ein Tier, das sich tot stellt im Scheinwerferlicht eines Autos, vollkommen starr und ohne jegliche Emotion.

Dieses Bild hat sich bei mir für immer eingeprägt. Ich träume heute noch von meinem Vater, zum Glück aber von Zeiten, in denen es ihm gut ging, nicht als er in seinem Blut vor mir lag.

Ich bleibe noch einige Zeit bei meinem Vater, weil ich nicht akzeptieren möchte, was er getan hat. Wie kann so ein starker, erfolgreicher Mensch seinem Leben ein Ende setzen? Wie kann er uns verlassen?

Ich finde keine Antworten. Ich weiß nur, ich muss jetzt stark sein. Vor meinem toten Vater verliere ich keine Träne. Tausend Gedanken gehen mir durch den Kopf, mein Blick schweift durch das Zimmer. Noch sind die schweren, dunkelbraunen Samtvorhänge zugezogen, so dass der Raum nur mit zwei großen Messing-Stehlampen links und rechts vom Bett erleuchtet wird.

Erst jetzt fällt mir auf, dass der Hörer des Telefons, das auf dem rechten Mahagoni-Nachtkästchen steht, nicht aufgelegt ist. Über der Kopfseite des Bettes hängt ein zirka ein mal ein Meter großes Porträt meiner Mutter aus jungen Jahren, auf dem sie ein gütiges Lächeln zeigt. Dieser extreme Gegensatz zu meinem toten Vater irritiert mich so stark, dass mir ein kalter Schauer über den Rücken läuft. Immer schon ist mir dieses Zimmer zu düster und unheimlich erschienen. Jetzt aber halte ich diese negativen Schwingungen nicht mehr länger aus. Ich flüchte zurück in mein Zimmer. Nun bricht der ganze Schmerz aus mir heraus, und ich beginne bitterlich zu weinen.

Nach einiger Zeit höre ich laute Geräusche aus dem Erdgeschoß. Als ich mein Zimmer verlasse, sehe ich gerade, wie zwei Männer mit einem Blechsarg aus Papas Schlafzimmer kommen. Bevor ich noch näher treten kann, kommt mir ein Polizist entgegen und bittet mich, zurück in mein Zimmer zu gehen, um mir diesen Anblick zu ersparen. Wie kann ich diesen Schmerz ertragen?

Sehr bald kommen dann auch schon die ersten Anrufe von Journalisten, eine Stunde später wird die Nachricht über den Tod meines Vaters bereits im Radio bekannt gegeben. Schließlich läutet es auch an der Türe, und als ich diese öffne, stehen einige Fotografen vor mir. Sie rufen laut durcheinander, wollen wissen, ob ich Klein Junior bin, andere wollen sogar ins Haus kommen und das Schlafzimmer meines Vaters fotografieren. Ich bin am Ende meiner Kräfte. Trotzdem fordere ich diese sensationslüsternen Journalisten auf, unser Grundstück zu verlassen. Jetzt bemerke ich auch einige Schaulustige, die sich in der Nähe postiert haben.

Ich gehe zurück ins Haus, wo unsere drei Telefonapparate ohne Unterbrechung läuten. Wie ferngesteuert greifen meine Mutter, meine Schwester und ich immer wieder zum Hörer. Unter den beiden Geheimnummern melden sich Freunde und Verwandte sowie Mitarbeiter meines Vaters. Die meisten können oder wollen nicht glauben, was passiert ist. Einigen gelingt es, meiner Mutter ein wenig Trost zu spenden, während meine Schwester und ich schon nach kurzer Zeit nicht mehr zum Telefon gehen, weil wir sowohl die Fragen als auch die sicher gut gemeinten tröstenden Worte einfach nicht mehr hören wollen.

Ich spüre, dass ich dringend jemanden brauche, der mir in diesen schweren Stunden zur Seite steht. Jetzt wäre professionelle Hilfe für uns Hinterbliebene unbedingt nötig. Doch nicht einmal innerhalb unserer Familie gibt es längere Gespräche, jeder versucht für sich alleine mit seiner Trauer fertig zu werden. Trauer über die grausame Tatsache, dass sich ein 59-jähriger Ehemann und Vater im Haus der Familie das Leben genommen hat.

Immer noch können wir nicht fassen, dass er sich mit einem Revolver, den er sich eigens dafür gekauft hat, mitten ins Herz geschossen hat. Dieses Ziel muss auch eine besondere Bedeutung haben, denn mein Vater ist zeit seines Lebens ein Ästhet gewesen, der sich nicht verstümmeln wollte. Andererseits spiegelt diese Tat auch eine besondere Härte wider. Wie wir erst später erfahren, hat sich zuvor mein Vater im Spital von einer Krankenschwester die genaue Lage des Herzens zeigen lassen, also die Stelle, wohin er zielen musste, um sofort tot zu sein.

Die Tage danach

Am nächsten Morgen, es war Sonntag, der 18. September, wachte ich bereits sehr zeitig auf. Ich war mir nicht sicher, ob ich alles nur geträumt oder ob sich mein Vater am Tag davor tatsächlich das Leben genommen hatte. In der Nacht war ich immer wieder aus dem Schlaf aufgeschreckt, um danach in den nächsten Albtraum zu verfallen. Kraftlos und tief unglücklich, wie ich es zuvor noch nie gewesen war, stand ich auf, zog mich leise an, steckte ein paar Schillinge ein und schlich mich zur Haustür. Vorsichtig öffnete ich diese, da ich nicht wusste, was mich davor erwarten würde. Gott sei Dank war keine Menschenseele zu sehen.

Also ging ich unbemerkt zu den verschiedenen Zeitungsständern, wo mir schon auf der ersten Titelseite die Headline ins Auge sprang: »Rätsel um Tod eines Wiener Millionärs«. Noch auf der Straße überflog ich die Berichte über den Suizid von »Kommerzialrat Erwin Klein«, dem Almdudler-Chef, mit Außenaufnahmen von unserem Haus. Ich ging langsam zurück. Meine Mutter und meine Schwester warteten bereits in der Küche auf mich. Wortlos legte ich ihnen die Zeitungen auf den Tisch. Beide mussten eine sehr schlimme Nacht hinter sich haben, weil sie kaum ansprechbar waren.

Wie schon in viel weniger schlimmen Situationen davor kam es auch diesmal zu keinerlei offenem Gespräch, niemand konnte oder wollte sich etwas von der Seele reden. Um etwa neun Uhr läutete es dann, und meine »Wiener Oma«, deren Tochter Grete, die Halbschwester meines Vaters und ihr Mann Kurt standen fassungslos vor der Tür.

Erst als ich meine geliebte Oma, sie muss damals Mitte 70 gewesen sein, sah, brach alles Leid aus mir heraus. Ich bekam einen richtigen Weinkrampf, wollte mich aber von meiner Tante, die auf mich zueilte, nicht trösten lassen. Neben dem Schmerz über den Tod meines Vaters fühlte ich nun auch noch großes Mitleid für meine Oma. Denn die tapfere Frau hatte schon ihren ersten Mann und ihren leiblichen Sohn verloren. Ihr Ehemann war im Alter von 43 Jahren bei einem Autounfall ums Leben gekommen, als er gerade auf dem Weg zur Hochzeit seines Bruders war. Und ihr Sohn Josef starb völlig unerwartet mit nur 34 Jahren, weil man bei dem vierfachen Vater die Zuckerkrankheit nicht rechtzeitig erkannte. Jetzt musste meine arme Oma mit dem Tod meines Vaters ihren dritten schweren Schicksalsschlag verkraften. Obwohl Erwin Klein nicht ihr leiblicher Sohn war, hatten die beiden eine ganz besondere Beziehung zueinander, so dass er sie auch in seinem Testament bedachte. Und auch für mich war die »Wiener Oma« in meiner Kindheit eine ganz wichtige Bezugsperson gewesen.

Warum sich mein Vater das Leben nahm, weiß ich bis heute nicht

Warum sich mein Vater das Leben nahm, weiß ich bis heute nicht. Ich kann darüber nur Spekulationen anstellen. Vielleicht kamen mehrere Gründe für den Suizid zusammen. Auch meine Mutter kann sich bis heute nicht erklären, warum ihr Mann so früh freiwillig aus dem Leben schied. War es sein schlechter Gesundheitszustand, war es ein dramatisches Erlebnis aus seiner Kindheit oder die Nachwehen des Krieges? War es die Tatsache, dass es Almdudler wirtschaftlich nicht mehr so gut ging, denn der Höhepunkt war damals überschritten? Oder war es das bewusste Abtreten eines Mannes, der mit seinen 59 Jahren wirklich alles erlebt hatte? Meine Schwester nimmt an, dass unser Vater nicht mehr an seine psychische Genesung glaubte. Denn da es ihm nach manch besseren Tagen wieder ganz besonders schlecht ging, hatte er möglicherweise jede Hoffnung auf eine Heilung ohne Rückfälle verloren.

Vielleicht gab es aber auch irgendein einschneidendes Erlebnis, von dem niemand etwas wusste. Denn auch in den Briefen, die er uns hinterlassen hatte, nannte er keinen Grund für seine Tat. Es waren reine Verabschiedungsbriefe, in denen er schrieb, dass es ihm leid tat und dass er meine Schwester und mich liebte. Aber es gab keine Begründung, keine Erklärung für seinen selbst gewählten Tod.

Manche Menschen und Ärzte empfinden den Suizid eines Angehörigen oder Freundes als etwas Egoistisches. Auch mir hat man oft vorgeworfen, dass ich im Falle eines Freitodes eine feige, egoistische Tat setzen würde. Das finde ich nicht.

Es ist das Privileg eines jeden einzelnen Menschen, den Zeitpunkt seines Todes selbst zu bestimmen. Daran glaube ich. Aber auch bei schweren Depressionen würde ich niemandem dazu raten.

Ich habe dieses schmerzhafte Erlebnis – den Verlust meines Vaters – bis heute nicht völlig verarbeitet, und es war vielleicht mit ein Grund für meine später aufgetretenen Depressionen. Heute weiß man nämlich, dass unterdrückte Trauer auch Depressionen auslösen kann. Ich konnte damals aber überhaupt keine Trauerarbeit leisten. Denn die Verantwortung für alles wurde sofort auf mich übertragen, oder besser gesagt: Es war selbstverständlich für mich, dass ich meinen Mann stehen und mich beweisen musste. Ich weiß heute nicht mehr, ob ich das wirklich wollte, aber mein Pflichtgefühl verlangte es von mir.

Meine Schauspielerkarriere war durch Vaters Tod zu Ende, bevor sie begonnen hatte

Was ich vor dem Tod meines Vaters wirklich wollte, war, Schauspieler zu werden. Mein Vater, der ja selbst künstlerisch talentiert war, unterstützte meinen Wunsch total, meine Mutter eher nicht. Da ich nach dem Kollegium in Kalksburg aber noch zu jung fürs Max-Reinhardt-Seminar war, suchten wir nach einer Zweitausbildung für mich, die wir in der fünfjährigen Hotelfachschule »Modul« fanden. Mit 19 wollte ich mich dann nach abgeschlossener Berufsausbildung für die Aufnahmeprüfung für das Schauspielinstitut vorbereiten.

Doch da meldete sich das Bundesheer bei mir und brachte mich zeitlich in Bedrängnis, denn ich fürchtete, dass ich mich nicht mehr richtig für die drei verlangten Rollen bei der Aufnahmeprüfung vorbereiten könnte. Und so bot ich meinem Vater an, für ein Jahr als Verkaufsassistent im Unternehmen zu arbeiten und dieses Jahr gleichzeitig für meine Vorbereitung fürs Max-Reinhardt-Seminar zu nützen. Danach wollte ich sofort meinen Bundesheer-Dienst absolvieren. Meinem Vater gefiel diese Idee sehr gut, natürlich auch mit dem Hintergedanken, ich würde dem Betrieb womöglich länger erhalten bleiben. Ich war im September 1982 in die Firma eingetreten und hatte daneben ein Jahr lang Schauspiel- und Rhetorik-Unterricht bei den Burgschauspielerinnen Dorothea Neff und Eva Zilcher genommen, nach dem Tod meines Vaters aber den Gedanken an eine Schauspielerkarriere augenblicklich verworfen. Und auch meine beiden Lehrerinnen rieten mir nach diesem schweren Schicksalsschlag von einer weiteren Ausbildung ab.

Mein Halbonkel Harald Messner, der Halbbruder meines Vaters, hatte 1981 wieder in unserem Unternehmen zu arbeiten begonnen. Mein Vater hatte ihn zurück in die Firma geholt, weil er vermutete, dass es Unregelmäßigkeiten im Betrieb gab. Wie sich dann auch herausstellte, hatten sich führende Mitarbeiter meines Vaters, auf die er sich zu hundert Prozent verlassen hatte, bereichert. Das war natürlich nur möglich, weil sich mein Vater zu wenig um Almdudler gekümmert hatte, da er sich sehr leidenschaftlich für die »Spitzbuam«, eine Heurigen-Kabarettgruppe, begeisterte und immer wieder für den ORF Programme erarbeitete. Die meisten ehemaligen Mitarbeiter sind inzwischen übrigens auf seltsame Weise umgebracht worden oder haben sich selbst das Leben genommen. Dem damaligen Geschäftsführer, einen Jugendfreund meines Vaters, konnte man Betrügereien nachweisen, und er wurde freigestellt. Jahre später nahmen er und seine Frau sich wegen Spielschulden das Leben. Es gab zu jener Zeit eine sehr eigene Energie in der Firma.

Unserem Prokuristen wurde in den Kopf geschossen

Einer der Prokuristen, der ab 1986, als ich unser Heurigenlokal »Pawlatschen« wieder eröffnete, den »Spitzbuam«-Betrieb führte, wurde eines Abends vom Schankburschen ermordet. Eigentlich wollte der Täter den Prokuristen »nur« zur Herausgabe von mehreren Tageslosungen zwingen. Dafür bedrohte der mit einer Skimütze Maskierte das Opfer mit einer Schrotflinte. Als der Bedrohte jedoch dem Angreifer die Mütze vom Kopf zog und ihn als Schankburschen erkannte, bekam er eine volle Ladung Schrot in den Kopf geschossen. Andere Mitarbeiter starben eines natürlichen Todes, die Chefin der Buchhaltung an einem Kopftumor und die langjährige Sekretärin und Vertraute meines Vaters an Darmkrebs.

Erst beim Schreiben dieses Buches fällt mir auf, dass ich in meinen Jugendjahren ständig mit dem Tod konfrontiert war. Doch nur der Freitod meines Vaters veränderte mein weiteres Leben völlig.

Das Begräbnis

Nach dem Suizid meines Vaters stand ich unter Schock, wie wahrscheinlich auch meine Mutter und meine Schwester. Dennoch kümmerten wir uns gemeinsam akribisch um alles, was für das Begräbnis notwendig war. So auch um die Parte, die an einige hundert Leute verschickt wurde. Dass dann tatsächlich mehr als tausend Menschen beim Begräbnis erschienen, rührte uns sehr, denn sie alle waren der Beweis dafür, wie anerkannt, hoch geschätzt und geliebt mein Vater zeit seines viel zu kurzen Lebens gewesen war.

Der 26. September 1983 war ein kühler, aber sonniger Tag. Zum Abschied meines Vaters schien noch mal die Sonne, die er so sehr geliebt hatte. Vor der Beisetzung um 11 Uhr traf sich die engere Familie in unserem Haus in der Gallitzinstraße, dort, wo mein Papa seinem Leben ein Ende gesetzt hatte. Wir waren alle sehr angespannt, die Stille war kaum zu ertragen.

Trotz eines leichten Beruhigungsmittels sah ich ständig den Ablauf der Begräbnisfeierlichkeiten vor mir. Ich hatte große Mühe, diesen Film abzustellen und mich irgendwie abzulenken. Meine Schwester redete auf mich ein und versuchte mir Mut zuzusprechen. Schließlich wurden meine Mutter, meine Großmutter, meine Schwester und ich vom Chauffeur des Vaters in einer schwarzen amerikanischen Limousine abgeholt und direkt zum Eingang des Ottakringer Friedhofes gebracht. Dort hatte sich bereits eine riesige Menschenmenge versammelt, darunter auch viele Journalisten und Fotografen.

Beim Verlassen des Wagens wurden wir von einem Blitzlichtgewitter empfangen, und ich senkte sofort meinen Kopf. Mein Herz schlug wie wild, und mir wurde unerträglich heiß. »Nur nicht aufschauen«, dachte ich mir. Die einzigen Personen, die ich wahrnahm, waren meine Freunde aus der Hotelfachschule »Modul«, darunter auch Wolfgang Glotz und Wolfgang Roth, mit denen ich bis heute aufs Engste befreundet bin.

Unsere Familie ging auf direktem Weg in die Aufbahrungshalle. Als ich dort den Mahagoni-Sarg mit unserem Kranz aus roten Rosen und einem großen Schwarz-Weiß-Foto meines Vaters sah, konnte ich meine Tränen nicht mehr zurückhalten. Einige Minuten verweilten wir stehend in stiller Andacht, dann nahmen wir in der ersten Sitzreihe Platz. Zu beiden Seiten des Sarges waren bunte Kränze, Buketts und Blumengrüße arrangiert. Wir hatten die Halle mit Absicht relativ spät betreten, da wir mit den unzähligen Beileidsbezeugungen schon vor der Messe überfordert gewesen wären. Nach den Abschiedsworten eines evangelischen Priesters und einiger engster Freunde wurde der Sarg aus der Aufbahrungshalle zum offenen Grab getragen.

Uns folgte eine unglaublich große Menschenmenge, die sich nur schwer ihren Weg zur Grabstätte der Familie Klein, in der damals nur mein Großvater Adalbert begraben war, bahnen konnte. Das Kondolieren dieser unzähligen Menschen, deren Schlange kein Ende nehmen wollte, raubte mir und auch meinen Angehörigen die letzten Kräfte. Unmittelbar nach dem Begräbnis fuhren wir sofort wieder in unser Haus zurück. Dort verbrachten wir die anschließenden Stunden in aller Stille im engsten Kreis der Familie.

13 Mein erster Tag nach der Testamentseröffnung

Kapitel 13

Mein erster Tag nach der Testamentseröffnung

Eine Woche nach dem Begräbnis meines Vaters wurde sein Testament in Anwesenheit unseres Firmenanwaltes Gerhard Engin-Denitz, meiner Mutter, meiner Schwester, meines Onkels und mir in unserem Haus in der Gallitzinstraße eröffnet. Mein Vater hatte seine Abschiedsbriefe wie auch sein Testament sehr kurz und einfach gehalten. In seinem Testament bestimmte er, dass die Firma im Besitz der Familie blieb: 50 Prozent sollten an meine Mutter und je 25 Prozent an meine Schwester und mich gehen.

Zu diesem Zeitpunkt stand noch die gesamte Familie unter Schock. Niemand wollte darüber nachdenken, wie es mit der Firma weitergehen sollte. Doch schon wenige Tage später standen die Anwälte und der Geschäftsführer vor der Tür. Jeder hatte eine andere Idee, was mit dem Unternehmen zu geschehen hätte. Die einen meinten verkaufen, die anderen waren dagegen, mein Halbonkel war neutral und schließlich mit ausschlaggebend, dass wir den Betrieb nicht verkauften, sondern mit ihm und mir an der Spitze weiterführten. Später erwies sich das als ideale Entscheidung. Obwohl wir damals Verluste machten, weil wir den Heurigen in der Hackhofergasse, dort, wo die »Spitzbuam« auftraten, um sehr viel Geld umgebaut hatten.

Nach einigen Tagen Bedenkzeit fuhr ich aufgrund der vielen unterschiedlichen Meinungen mit einem sehr mulmigen und ängstlichen Gefühl in die Büros der Firma Almdudler Limonade A. & S. Klein, wo eine schwarze Fahne über dem Dach wehte. Wie gewohnt ging ich die Stufen hinauf und dann automatisch nach links, wo sich die Buchhaltung, die Büros des Verkaufsleiters und jener Mitarbeiter, die für den Verkauf zuständig waren, sowie mein bisheriges kleines Office befanden. Auf der rechten Seite des Stiegenaufgangs waren die Büroräume meines Vaters und seiner Assistentin, des Geschäftsführers und die meines Onkels, der zu jener Zeit Einzelprokurist war.

Ich blieb stundenlang in meinem kleinen Büro sitzen, dachte über tausend Dinge nach und fühlte mich sehr alleine. Schlussendlich raffte ich mich aber doch auf und ging zur ehemaligen Arbeitsstätte meines Vaters, die eher einer Wohnung als einem Arbeitszimmer glich, hinüber. Ganz vorsichtig betrat ich den Raum, in dem ich mich schon so oft davor ohne Bedenken aufgehalten hatte. Damals saß mein Vater, der Firmenboss, an einem großen Mahagoni-Schreibtisch, um den er regelmäßig alle seine führenden Mitarbeiter versammelte. Sollte ich mich jetzt wirklich an diesem »heiligen« Ort niederlassen, an dem noch alles an ihn erinnerte? Da lagen alle möglichen geschäftlichen Unterlagen und seine geliebten goldenen Kugelschreiber, da standen eine äußerst moderne Freisprech-Telefonanlage und einer der schönsten Stein-Buddhas, die ich je gesehen hatte und die mein Vater aus einem seiner Urlaube mitgebracht hatte. Nein, ich wollte mich nicht sofort setzen. Zuerst entschied ich mich einmal dafür, den etwa 100 Quadratmeter großen väterlichen Arbeitsbereich, der aus zwei großen Zimmern und einem Badezimmer bestand, genauer zu begutachten.

Die Decke des drei Meter hohen und rund 40 Quadratmeter großen rechteckigen Raumes, in dem der Schreibtisch mit einem überhohen, drehbaren Ledersessel in einer Ecke stand, war mit dunklem Holz getäfelt. Eine der längeren Wände war mit einer Korktapete bedeckt, die gegenüberliegende Wand mit Durchgang zum Nebenzimmer war mit Mahagoni-Schränken bis zum Plafond verbaut. In der Wand hinter dem Schreibtisch schauten zwei große Fenster mit schweren braunen Samtvorhängen in einen Hof. Das Zimmer wurde mit Hilfe von zwei Stehlampen, einer Schreibtischlampe und zwei kleinen Deckenstrahlern beleuchtet. In der Ecke gegenüber dem Schreibtisch gab es einen Holztisch und drei kleine Sessel mit braunem Lederbezug. Ein beiger Spannteppich bedeckte den Fußboden in beiden Räumen.

Das zweite, zirka 60 Quadratmeter große Zimmer war in den Farben ähnlich gehalten, wirkte aber durch drei große Fenster an einer Längsseite und zwei weitere an einer Breitseite bedeutend heller. Es diente vornehmlich für größere Besprechungen wie auch für kleine Empfänge. Dort gab es eine Stehbar mit drei Hockern, eine Eck-Sitzbank aus braunem Samt mit einem großen Glastisch und einen runden Esstisch mit sechs Sesseln, ebenfalls mit braunem Lederbezug. In der Ecke neben der Bar waren eine große Stereoanlage und ein großer Fernsehapparat angeschlossen.

Die Dunkelheit vor allem des kleineren Zimmers deprimierte mich. Ich fragte mich, wie man so arbeiten konnte. Doch mein Vater hatte sich darin offenbar wohl gefühlt, denn auch sein Schlafzimmer in unserem Haus war ähnlich düster. Nach langem Zögern setzte ich mich schließlich doch in den Chefsessel meines Vaters. Doch ich fühlte mich nicht wie der Almdudler-Erbe, sondern wie ein junger, schüchterner und sehr trauriger Mensch. Alleine gelassen und in diesem Moment ohne jegliche Ansprechperson.

Mein erster Tag als neuer Almdudler-Chef war nur eines: deprimierend. Noch ahnte ich aber nicht im Entferntesten, was mir in den kommenden Jahren alles bevorstehen sollte.

Die Geschichte des Familienunternehmens A. und S. Klein

In meiner Familie hat es seit Generationen Höhen und Tiefen gegeben, nicht zuletzt auch deshalb, weil die Familie zum Teil jüdisch war. Dennoch ist unsere Firmengeschichte eine Erfolgsgeschichte, die gerade 2010 besonderen Anlass zum Feiern gab. Denn das Familienunternehmen A. & S. Klein, man könnte sagen der »Vorgänger« von Almdudler A. & S. Klein, feierte sein 100-jähriges Jubiläum.

Man schrieb nämlich das Jahr 1910, als die Firma A. & S. Klein als Sodawasser- und Limonaden-Erzeugung aus Wien-Ottakring im Wiener Handelsregister protokolliert wurde. Existiert hatte diese Erzeugung aber schon mehr als 20 Jahre länger, war doch die Fabrik für Fruchtsodas als eine der ältesten in Wien von meinem Urgroßvater Alexander Klein bereits 1886 errichtet worden.

Alexander Klein war 1854 in Horazdovice in Böhmen, irgendwo zwischen Pilsen und Budweis, zur Welt gekommen. Als seine Eltern nach ihrer Hochzeit 1851 nach Wien übersiedelten, erlernte mein Urgroßvater zuerst einmal das Gerber-Handwerk, betätigte sich dann als Kaufmann und gründete schließlich eine Sodawasser-Fabrik in seinem Elternhaus in Wien-Hernals, in der Weißgasse 3.

1881 heiratete Alexander Klein seine Cousine Julia Singer, die ihm im Laufe der Jahre sieben Kinder schenkte, nämlich die Buben Robert, Adalbert, Siegfried, Ignaz und Ludwig und die Mädchen Emmy und Sophie. Ludwig erkrankte mit sechs Monaten an den Masern und verstarb, Robert und seine Frau konnten im November 1939 mit Hilfe amerikanischer Verwandter nach Amerika emigrieren und gründeten in Dallas eine kleine Parfumerzeugung.

Viele Verwandte starben in der Nazizeit

Von den drei männlichen Firmenerben kam Ignaz im Herbst 1938 im KZ Buchenwald zu Tode, Siegfried, der Älteste, blieb während des Zweiten Weltkriegs in Wien, wo er mit seiner Frau Josefine in einer so genannten »Judenwohnung« hausen musste, und mein Großvater Adalbert – seine Mutter hatte sich in jener Nacht umgebracht, als man ihr sagte, dass sie die Gestapo am folgenden Tag abholen würde – konnte 1938 nach Shanghai emigrieren. Dazu verholfen hatte ihm Karl Messner, der zweite Mann der »Arierin« Adele Hopp, die in erster Ehe mit Adalbert Klein verheiratet war. Sie hatte meinem Großvater Adalbert einen Sohn, nämlich meinen Vater Erwin Klein geschenkt.

Nach der Scheidung heiratete Adele Klein, meine leibliche Großmutter, 1938 Karl Messner, und schenkte im November 1939 noch einem Sohn, meinem Halbonkel Harald Messner, das Leben. Bis zu ihrem frühen Tod 1944 kümmerte sich Adele Messner gemeinsam mit ihrem Mann Karl um die Firma A. & S. Klein, während sich mein Großvater in den Kriegsjahren in Shanghai zum Manager der damals größten Sodawasserfabrik der Welt hocharbeitete. Zudem gründete er zusammen mit Fritz Heller, der später mit Karl Farkas auf der Simpl-Bühne stand, eine Theater-Laien-Gruppe und sorgte in Shanghai mit und für weitere Emigranten für kabarettistische Unterhaltung.

1945 kehrte Adalbert Klein nach Wien zurück, wo er mit seinem Bruder Siegfried vorerst um die Rückgewinnung des gemeinsamen Unternehmens A. & S. Klein kämpfen musste. Dieses war in den Kriegswirren zerstört und eher zum Sterben als zum Leben verurteilt. Doch unverdrossen baute Adalbert sein bombenbeschädigtes Werk wieder auf und wurde schließlich 1952 als einziger vertretungsbefugter Gesellschafter bestätigt. Daneben hatte er diverse ehrenamtliche Tätigkeiten über und war als gerichtlich beeideter Sachverständiger genauso für das Wohl der Sodawassererzeuger aktiv wie als Leiter von Schulungs- und Fachkursen. Unter anderem hatte er auch den Namen »Almdudler« schon Jahre vor der tatsächlichen Geburt des späteren Nationalgetränks im Handelsregister hinterlegen lassen.

Ursprünglich sagte man Almdudler zu einer Mischung aus irgendeinem Kracherl und einem Achtel Wein. In ganz Österreich wurde ein Almdudler wie ein G'spritzter oder ein Radler bestellt, Almdudler war ein Gattungsbegriff.

Als mein Vater dann Almdudler als Marke positionieren wollte, musste er langwierige Markenprozesse führen, da ihm alle Gastwirte vorwarfen, ihre Gäste würden annehmen, dieses Getränk sei ein Gemisch aus Limonade und Wein. In den darauffolgenden Jahren, in denen mein Vater viele dieser Prozesse gewann, musste auf den Flaschen aber »Almdudler-Limonade, das alkoholfreie Erfrischungsgetränk« stehen. Und erst 1962, als der Bekanntheitsgrad von Almdudler schon sehr hoch war und von Täuschungsgefahr nicht mehr die Rede sein konnte, erfolgte die Neuregistrierung der Wortmarke »Almdudler-Limonade«.

Mein Großvater starb schließlich am 4. Juli 1957, also im Geburtsjahr von Almdudler, doch leider noch vor dem 17. Oktober 1957. Denn an diesem Tag füllte mein Vater Erwin Klein in der Weißgasse in Wien-Hernals erstmals seine Kräuterlimonade in die kleinen Trachtenpärchen-Flaschen ab und legte damit den Grundstein für eine, und das darf ich mit Stolz sagen, österreichische Legende. In der Weißgasse Nummer 3, dem langjährigen Besitz der Familie Klein, war im Erdgeschoß auf rund 150 Quadratmetern die Fabrik untergebracht, im ersten Stock befanden sich die Firmenbüros und in den beiden Stockwerken darüber wohnten viele meiner Verwandten väterlicherseits. Da das Gebäude noch aus dem 18. Jahrhundert stammte, war das Einfahrtstor relativ schmal, gerade so breit, dass ursprünglich eine Pferdekutsche und später ein kleinerer LKW in den Innenhof fahren konnten.

Damals, 1957, belieferte die Firma A. & S. Klein hauptsächlich Heurige, Wirtshäuser und kleinere Restaurants in Wien und Umgebung. Und es war üblich, dass die Fahrer bei jedem »Wirten«, den sie belieferten, mindestens ein Achterl Wein, und das schon ab dem frühen Morgen, angeboten bekamen. Hätte einer der Auslieferer diese Aufmerksamkeit abgelehnt, wäre das einer Beleidigung gleichgekommen. Also hatten die Männer schon am frühen Nachmittag so viel Wein konsumiert, dass eine unfallfreie Heimfahrt Glückssache war. Und bei ihrer Rückkehr am frühen Abend waren Schäden an der Gebäudeeinfahrt und am Fahrzeug unumgänglich. In Zeiten der Pferdefuhrwerke hatten es die Kutscher noch einfacher, denn damals fanden die Pferde ihren Weg allein zurück nach Hause.

Am 5. Dezember 1957 überschrieb Siegfried Klein, dessen Ehe kinderlos geblieben und der in seinen letzten Lebensjahren erblindet war, seinen Firmenanteil von 50 Prozent gegen Leistung einer beträchtlichen lebenslangen Rente, die wöchentlich augezahlt wurde, an seinen Neffen Erwin Klein, also an meinen Vater. Siegfried starb fast genau auf den Tag ein Jahr nach dem Geburtstag von Almdudler, nämlich am 16. Oktober 1958. Seine Frau Josefine Klein erhielt jene Rente noch bis zu ihrem Tod im Jahr 1973.

Die Geschichte meines Vaters

Mein Vater, der am 12. September 1924 in Wien zur Welt kam – als einziger Erbe der ehemaligen Klein-Dynastie, wie sich später herausstellen sollte –, wurde aufgrund seiner deutschen Mutter evangelisch getauft. Er war bei Verwandten in der Hauptstadt aufgewachsen und hatte schon früh seine künstlerischen Begabungen gezeigt. So kam er bereits im zarten Alter von sieben Jahren zum Staatsopernballett und erhielt zwei Jahre später seinen ersten Schauspielunterricht. 1943 legte er an der Handelsakademie die Matura ab, und schon wenige Jahre später beendete er mit Erfolg seinen Unterricht an einer privaten Schauspielschule. Als er mit 23 Jahren in den Betrieb meines Großvaters Adalbert und dessen Bruder Siegfried eintrat, war er schon Eleve am Burgtheater gewesen, war mit dem legendären Volksschauspieler Hans Moser in Bad Ischl auf der Bühne gestanden und hatte als Kabarettist sein Können in Wien und Salzburg unter Beweis gestellt.

Ab 1956 war mein Vater Erwin Klein, der 1962 als jüngster Unternehmer den Funktionstitel »Kommerzialrat« erhielt, geschäftsführender Gesellschafter und Inhaber mit Mehrheitsbeteiligung der Firma Almdudler Limonade A. & S. Klein. Und da er sich auch immer schon fürs Kabarett interessiert hatte, entdeckte er eines Tages zusammen mit seinem Geschäftspartner und meinem Taufpaten Heribert Krause das legendäre Wiener Kabarett-Trio »Die 3 Spitzbuam« beim Heurigen Wannemacher in Strebersdorf. Auf der Suche nach einer geeigneten Spielstätte für die drei Musiker und Parodisten Helmut Schicketanz (Akkordeon), Toni Strobl (Gitarre) und Helmut Reinberger (Bass) kam er durch Zufall auf den aus dem 13. Jahrhundert stammenden Nussbergerhof in der Hackhofergasse 13. Denn dieser heruntergewirtschaftete Heurige mit einem Saal für 400 Besucher und einer kleinen Bühne im ersten Stock war zum Verkauf gestanden. In einer Nacht-und-Nebel-Aktion erstand mein Vater 1958 den Nussbergerhof für eine Million Schilling und engagierte die 3 Spitzbuam fix für dieses Etablissement. So entstand die später bekannte und beliebte »Nußdorfer Pawlatschen«, wo das Kabarett-Trio sechsmal pro Woche für parodistische Unterhaltung sorgte und diese zu einer richtigen Goldgrube machte. Nicht zuletzt deswegen, weil mein Vater selbst an die 400 Sketches und Parodien sowie Doppelconférencen für die 3 Spitzbuam verfasst hatte.

Später betätigte er sich auch als Regisseur und Drehbuchautor für Werbefilme und war für eine Horoskopsendung mit dem Astrologen Heinz Fidelsberger und der amerikanischen Sopranistin Melanie Holliday im österreichischen Fernsehen verantwortlich. Doch das war bei weitem nicht seine einzige Tätigkeit für den ORF. Unter anderem schrieb er auch Anekdoten für die Sendung »Weana Gmüat«, die aus der Nußdorfer Pawlatschen übertragen und musikalisch von den Philharmoniker-Schrammeln untermalt wurde. Sehr zu unserem Leidwesen musste sich die Familie alle diese Sendungen ansehen und auch noch ihre Meinung dazu kundtun – was manchmal ein wirklich mühsames und heikles Unterfangen war.

Schon damals fand in der Nußdorfer Pawlatschen auch jedes Frühjahr das so genannte Preis-Schnapsen statt, eine Idee, die ebenfalls von meinem Vater stammte.

An dieser Veranstaltung nahmen jährlich etwa 300 Leute, großteils Prominente, teil. Bei den Preisen handelte es sich um schöne Gewinne wie beispielsweise Gemälde der bekannten Maler Leherb oder Ernst Fuchs. Die Zeitungen überschlugen sich mit seitenlangen Berichten. Später durfte ich als junger Bursch alle VIPs auf diesen grandiosen Veranstaltungen persönlich kennen lernen, was für mich natürlich sehr aufregend war.

All die Jahre war die Sodawasser-Fabrik in der Weißgasse nur ein Minigebäude mit einer kleinen Abfüllanlage gewesen. Mein Vater hatte zu dieser Zeit bereits an die 300 Vertrags- und Vertriebspartner in Österreich gefunden – damals waren das etwa zwei Drittel aller österreichischen Erzeuger von kohlensäurehaltigen Getränken –, die begannen, Almdudler im Lizenzverfahren zu produzieren. Meine Mutter hatte meinen Vater bei all seinen Verhandlungen mit den Lizenzpartnern immer unterstützt.

Aufgrund der hohen Zahl an Vertriebspartnern war eine rasche Verfügbarkeit des Produktes möglich – auf der Alm genauso wie beim Heurigen oder im Restaurant. Im Unterschied zu den vielen anderen Limonaden wie beispielsweise »Traubisoda«, »Bluna«, »Chabesade« oder »Frucade«, die damals auf dem Markt waren, hatte es mein Vater dank seiner Persönlichkeit und seines Charismas geschafft, Almdudler innerhalb kürzester Zeit zum Nationalgetränk Österreichs zu machen. Durch seine unglaublichen Kontakte in den verschiedensten Bereichen gelang ihm schon damals das heute so wichtige Product Placement. So konnte man etwa in diversen Heimatfilmen Almdudler-Sonnenschirme oder alte Emailtafeln sehen. Es gab auch regelmäßig das »100.000-Schilling-Quiz« im Radio, das von Almdudler präsentiert wurde und für dessen 1. Preis mein Vater eine beachtliche Summe zur Verfügung stellte.

Nachdem die Produktionsstätte in der Weißgasse also schon aus allen Nähten platzte, behielt man zwar das Gebäude, übersiedelte aber 1959 mit der Produktion ins heutige Palais Augarten in der Oberen Augartenstraße in Wien.

1973 wurde ein Lizenzvertrag mit der Harmer KG abgeschlossen, das heißt, Produktion und Vertrieb wurden völlig abgegeben und der Betrieb in der Oberen Augartenstraße wurde langsam eingestellt. Man sprang auf das Konzept von Coca-Cola auf, die ihren Sitz in Atlanta hatten und Lizenzen weltweit vergaben. Die Firma übersiedelte 1975 in ein Bürogebäude auf der Linken Wienzeile, wo man sich nur mehr auf die Marke konzentrierte und den ungefähr 300 Lizenznehmern in Österreich die Produktion und den Vertrieb überließ. Dieser Schritt meines Vaters garantierte das Überleben der Firma.

Etwa ein Jahr später ließ er die alten, heruntergekommenen Räumlichkeiten des Nussbergerhofes renovieren und einen Teil auch zu Büros umbauen. Als dort der Spitzbuam-Betrieb wieder aufgenommen werden konnte, war alles noch provisorisch. Trotzdem war es irgendwann so weit: Die Almdudler-Büros auf der rechten Seite und die Pawlatschen auf der linken Seite waren voll betriebsfähig.

1975 bedeutete der Tod von Helmut Schicketanz das Ende der Original-Spitzbuam. Danach nahm mein Vater die »Neuen Spitzbuben«, eine Gruppe von sechs weniger bekannten Künstlern, ins Programm. Und da mein Vater ein Genie im Promoten war, wurde auch diese Gruppierung bald sehr bekannt und erfolgreich. Leider kam es dadurch aber auch zu Meinungsverschiedenheiten innerhalb der Gruppe und schließlich zum Bruch mit ihrem Förderer. Danach trat noch einmal eine dreiköpfige Formierung auf, der Helmut Reinberger wieder angehörte. Doch an den ursprünglichen Erfolg der Spitzbuam konnte nicht mehr angeschlossen werden, so dass der Pawlatschen-Betrieb 1979 eingestellt wurde.

Bruno Kreisky, Curd Jürgens und Heinz Conrads waren gerne bei uns zu Gast

Mein Vater Erwin Klein war übrigens der Einzige, der es geschafft hatte, zu den Premieren der Spitzbuam-Programme die führenden Politiker von Regierung und Opposition an einem Ort zu vereinen. Ich erinnere mich da an den legendären SPÖ-Politiker Bruno Kreisky, der von 1970 bis 1983 österreichischer Bundeskanzler war, und an Josef Taus, den damaligen Bundesparteiobmann der ÖVP. Aber auch Karl Schleinzer, ÖVP-Bundesminister von 1961 bis 1970 und ÖVP-Bundesparteiobmann von 1971 bis 1975, und Anton Benya, ein ganz wichtiger SPÖ-Gewerkschafter und Erster Nationalratspräsident von 1971 bis 1986, waren gerne Gäste meines Vaters.

Doch nicht nur Politiker, auch bekannte Schauspieler nahmen mit Vergnügen die Einladung von Erwin Klein an. Zum Beispiel der gebürtige Linzer Fritz Eckhardt, der mit Fernsehserien wie »Hallo, Hotel Sacher ... Portier!« und »Wenn der Vater mit dem Sohne« sowie als Inspektor Marek im »Tatort« große Erfolge feierte. Oder der deutsche Burgschauspieler Klausjürgen Wussow, der sich in den Siebzigern mit der Fernsehserie »Kurier der Kaiserin« einen Namen machte und in den Achtzigern als Professor Brinkmann in der »Schwarzwaldklinik« auf dem Bildschirm unglaublich beliebt und erfolgreich war. Aus der Ehe von Klausjürgen Wussow und Ida Krottendorf stammen übrigens die Schauspielkinder Barbara und Alexander Wussow. Auch Heinz Conrads, der Conférencier, Schauspieler und Wienerlied-Interpret, der sich mit seiner Sonntagvormittags-Revue »Was gibt es Neues?« zuerst im Rundfunk und später mit seiner wöchentlichen Fernsehsendung »Guten Abend am Samstag« unvergesslich machte, war regelmäßig Gast bei uns. Maler wie Maître Leherb und Professor Ernst Fuchs kamen ebenso immer wieder und gerne wie auch der langjährige ORF-Generalintendant Gerd Bacher und der damalige Polizeipräsident Karl Reidinger.

Zur Olympiade in Innsbruck 1964 hatten sich mein Vater und mein Taufpate Heribert Krause in den Kopf gesetzt, in der Axamer Lizum ein Hotel zu errichten, nämlich das »Sporthotel Olympia«. Der Bau erfolgte im Goldgräbertempo, damit pünktlich zur Olympiade alle Sportler wie auch alle Berichterstatter gastronomisch verpflegt werden konnten. Die Eröffnung war ein großartiger Jet-Set-Event mit VIP-Gästen, deren Anwesenheit einzig und allein meinem Vater zu verdanken war, verband ihn doch auch mit ganz außergewöhnlichen Menschen eine Freundschaft, so auch mit dem bekannten deutschen Schauspieler Curd Jürgens oder dem Schweizer

Der legendäre Bundeskanzler Bruno Kreisky war gern und oft bei uns zu Gast

Nationalratspräsident Anton Benya, Maler Maître Leherb, Gilbert Bécaud und mein Vater Erwin

Schlagersänger Vico Torriani. Und sogar die damalige Königin Juliana der Niederlande gab meinem Vater die Ehre.

Doch leider entwickelte sich das pompöse Hotelprojekt bereits nach wenigen Jahren zum finanziellen Desaster, so dass der Hotelbetrieb eingestellt wurde. Aus heutiger Sicht glaube ich, dass mein Vater den Fehler machte, dieses durchaus attraktive Projekt mit den Mitarbeitern der Firma A. & S. Klein Almdudler Limonade zu planen und zu betreiben. Leider waren keine Spezialisten für den Bereich Hotellerie am Werk. Und da die nötige Kontrolle fehlte, arbeitete sehr viel Personal hauptsächlich für die eigene Tasche. Ich erinnere mich noch gut an einen damaligen Kommentar meines Onkels: »Beim Vordereingang wurde die Ware geliefert, und beim Hintereingang wurde sie wieder hinausgetragen.«

Mein Vater, ein Ehrenmann, meldete allerdings keinen Konkurs an, sondern bezahlte über Jahre alle seine Schulden mit den den Almdudler-Gewinnen wie auch mit der finanziellen Unterstützung meiner Mutter zurück.

Bis 1968 entwickelte sich A. & S. Klein zu Österreichs mächtigster Markenorganisation auf dem Markt der alkoholfreien Erfrischungsgetränke, unsere Firma erhielt 1971 das seltene Recht, das österreichische Staatswappen im geschäftlichen Verkehr zu verwenden.

Bis in die Siebzigerjahre machte sich mein Vater als erfolgreicher Geschäftsmann, großartiger Entertainer und charismatischer Frauenliebling einen Namen. So wurde ihm 1968 die Silberne Ehrenmedaille der Kammer der Gewerblichen Wirtschaft und 1975 das Große Ehrenzeichen für Verdienste um die Republik Österreich verliehen.

Doch als sich die ersten Anzeichen einer Depression bei meinem Vater bemerkbar machten, zog er sich immer mehr aus allem Geschäftlichen zurück. Plötzlich war er viel mehr zu Hause, zeigte sich weinerlich und depressiv.

Meinen Halbonkel Harald Messner, der schon in jungen Jahren im Lager, in der Auslieferung und im Verkauf unserer Firma gearbeitet hatte, dann aber als selbstständiger Unternehmensberater in München eigene Wege gegangen war, hatte mein Vater 1981 zur Rückkehr nach Wien und zu Almdudler bewogen. Und da man meinem Vater keinen Wunsch abschlagen konnte, stieg Doktor Messner als Einzelprokurist wieder in unsere Firma ein. Nicht zuletzt auch, weil er von den Depressionen meines Vaters wusste und diese bis zu dessen Tod auch schmerzvoll miterlebte.

1988 hatte ich die Pawlatschen-Räumlichkeiten in der Hackhofergasse wieder aktiviert, wo anfänglich eine neue Kabarett-Formation unter dem Namen »Toni Strobl und seine Runderneuerten« und ab 1995 »Die Stehaufmandln« mit Helmut Reinberger, Rudi Kandera und Peter Peters auftraten. Doch wie so oft waren die Finanzen, nämlich überhöhte Gagenforderungen, letztlich der Grund, dass es 2000 zum endgültigen Aus für die legendäre Location kam. Menschlich war das ein schwerer Schlag für mich, weil mein Herz sehr an diesen Räumlichkeiten und den damit verbundenen Erinnerungen hing.

Danach lag der gesamte Gastronomiebereich jahrelang brach. Als letztendlich die unter Denkmalschutz stehenden, labyrinthmäßig angelegten Büroräumlichkeiten zu klein wurden, entschlossen wir uns nach sechs Jahren endgültig zum Verkauf des kompletten ehemaligen Nussbergerhofes. Jeder in der Familie hatte dabei ein weinendes Auge, da mit diesem Haus viele schöne, berührende und unvergessliche Reminiszenzen verbunden waren.

Im November 2006 brach schließlich auch die Almdudler-Zentrale ihre Zelte in der Hackhofergasse ab. Und nach einem zweieinhalbjährigen Intermezzo auf der Heiligenstädter Lände gibt es nun seit Juni 2009 unser neues Haus, die einzigartige Almhütte auf der Grinzinger Allee 16, mit der wir einen neuen Meilenstein in der Geschichte des erfolgreichen Familienunternehmens gesetzt haben. Denn Almdudler hat sich seit mehr als 50 Jahren gegen massive internationale Konkurrenz behauptet und ist mit Abstand die beliebteste österreichische Getränkemarke.

Zwei Botschaften wollen wir mit unserem neuen Haus verknüpfen: Zum einen soll es das Signal der Eigenständigkeit und der Einzigartigkeit von Almdudler und auch in Zukunft das stabile Fundament unseres Erfolges sein, zum anderen soll es allen Mitarbeiterinnen und Mitarbeitern als Inspirationsquelle dienen und uns allen viel Kraft für die Zukunft geben.

Davon abgesehen ist auch die ökologische Baukonstruktion des Almdudler-Hauses wichtig. So wird die Energie über Erdwärme bezogen, und die Heizung ist als Niedrigtemperaturnetz ausgelegt, das heißt, die Wärmepumpe kommt zu 100 Prozent des Bedarfs ohne Zusatzheizung aus.

Jetzt haben wir wieder eine sehr solide Basis, um uns weiterentwickeln zu können. Unsere Strategie sieht eine europaweite Expansion mit Deutschland als Hauptmarkt vor, die Weiterentwicklung soll nicht mit vielen neuen Sorten und Produkten erfolgen. Mit der zehnfachen Marktgröße von Österreich hat Deutschland ein riesiges Potenzial, wo man mit den richtigen Schritten sehr viel erreichen kann. Unser Ziel ist es, in Deutschland in einigen Jahren das derzeitige österreichische Marktvolumen von rund 60 Millionen Litern zu erreichen.

14

Die wenigen Frauen nach Gabi B.

Kapitel 14

Die wenigen Frauen nach Gabi B.

Nach Gabi B. hatte ich immer wieder eher lockere Beziehungen mit Frauen, die mich sexuell animierten und inspirierten. Eine ist mir besonders im Gedächtnis geblieben, weil sie eine Freidenkerin war. Sie hatte auch andere Liebhaber neben mir, ich wurde von ihr aber nicht unter Druck gesetzt, und so war meine Welt in Ordnung. Wann immer wir einander sahen, verbrachten wir miteinander eine sehr schöne Zeit.

Auch eine ältere Freundin gab es in meinem Leben: Sie war damals schon um die 40, ich erst 22. Sie war verheiratet und hatte Kinder, die nicht viel jünger waren als ich. Auch dieses Verhältnis hat gut funktioniert, weil die Spielregeln von vorneherein klar waren. Sie wollte verheiratet bleiben, ich war »nur« ihr Liebhaber. Alles ging zwanglos über die Bühne.

Mit 23 oder 24 lernte ich dann das weibliche Model Susanne Glatz kennen, die für Wolfgang Schwarz' damalige Agentur »Girls and Boys« arbeitete. Susanne war gefragt und stand auch für Palmers vor der Kamera. Sie nahm sogar am »Top Model of the Year«-Wettbewerb teil. Eigentlich hatte sie einen Freund, doch die Beziehung war nicht sehr glücklich, weil ihr Partner ziemlich cholerisch war. Als sie sich einmal wegen ihres Freundes bei mir ausweinte, tauschten wir unsere Nummern aus – und das war dann der Beginn einer längeren Beziehung. Wir haben sogar zusammen gewohnt, in einer schönen, großen Wohnung am Bauernmarkt in der Inneren Stadt in Wien. Damals teilten wir uns die Räumlichkeiten mit meiner Schwester und ihrem Freund Helmut. Susanne war 1,80 m groß und hatte eine Traumfigur. Besonders ihre Oberweite hatte es mir angetan. Außerdem hatte sie wunderschönes kastanienbraunes, langes Haar und ein unglaublich ansteckendes Lachen.

Ich war für sie der »schreckliche Tofu« und sie für mich die »reizende Chop Sui« – die beiden Namen entstammten der Speisekarte eines China-Restaurants. Überhaupt waren wir beide damals sehr kindisch, aber das tat uns auch gut. Zu Susannes Geburtstag hatte ich meine Glückwünsche auf einer ganzen Seite einer bekannten Wiener Monatszeitung geschaltet: »Schrecklicher Tofu liebt reizende Chop Sui und wünscht ihr alles Gute zum Geburtstag!« Während sich meine Freundin riesig über diese Idee freute, taten andere sie als dekadent und unnötig ab. Susanne war beruflich oft im Ausland oder bei Castings in ganz Österreich unterwegs, manchmal hielt sie sich auch bei ihrer Mutter in Wien-Liesing auf. Ich hingegen war für Almdudler voll im Einsatz. Alltagsleben im herkömmlichen Sinn hat es für uns also nicht gegeben.

Eine Zeit lang hat alles funktioniert, doch mit der körperlichen Zweisamkeit gab es bald Probleme. Ich verspürte keine Lust mehr, bis sie verständlicherweise auszog. Ihr war die Sexualität wichtig, und sie vermisste diese, mir nicht. Verlassen zu werden war furchtbar für mich. Es hatte vor ihrem Auszug einen Abend im Haus meiner Eltern gegeben, der eigentlich als romantisches Candlelight-Dinner geplant war. Doch ich fürchtete mich davor, wusste nicht, wie ich mich verhalten sollte. Bis ich mich dazu überwand, meiner Freundin reinen Wein einzuschenken. Ich erklärte ihr, dass Sex zwischen uns nicht funktionieren könnte, weil ich mich von Männern angezogen fühlte. Sie war sehr einsichtig, hat aber dann klarerweise für sich selbst die Konsequenzen gezogen. Sie hat mir später sogar einmal ein männliches Model vorgestellt, mit dem sie einmal zusammen war. Und ich hatte tatsächlich dann eine kurze Affäre mit ihm.

15 Der erste Mann in meinem Leben

Kapitel 15

Der erste Mann in meinem Leben

Nun begann die Zeit, in der ich mich ernsthaft für Männer zu interessieren begann, doch davon wussten nur meine Schwester und mein engster Freundeskreis. Mein Vater hatte nie davon erfahren. Ich habe mir aber später oft ausgemalt, wie er dazu gestanden wäre. Heute denke ich, dass es ihn wahrscheinlich nicht wirklich aufgeregt hätte. Er war zwar auf der einen Seite sehr konservativ, auf der anderen aber auch ein sehr toleranter und freidenkender Mensch. Ich hatte mir meine Angst schon auch ein bisschen selbst gezimmert.

Ich befand mich damals in einer Gesellschaft, in der man sich gerne mit schönen Menschen umgab, also auch mit vielen Models. Susanne hatte mir schon während unserer Beziehung von einem sehr hübschen männlichen Münchner Model, Mischa, erzählt, das zu jener Zeit in Wien arbeitete. Sie beschrieb ihn als besonders schräg, aber auch extrem attraktiv. Natürlich erregte sie damit sofort meine Neugier. Kurz darauf war Mischa auf Werbeplakaten für eine Skifirma in ganz Österreich zu bewundern, und ich konnte mich vergewissern, dass er wirklich ein ausnehmend fescher Mann war. Zufälligerweise gab meine Mutter zwei Wochen später ein Fest in der Nußdorfer »Pawlatschen«, in dessen Rahmen auch eine Trachtenmodeschau mit den Models von Wolfgang Schwarz stattfand. Und wie es das Schicksal so wollte, gehörte Mischa zu den auserwählten Models. Er faszinierte mich vom ersten Moment an, nicht nur wegen seines blendenden Aussehens, sondern auch wegen seiner für Wien so ungewöhnlichen Art, mit der er frei heraus alles aussprach, was ihm gerade durch den Kopf ging. Mir fiel sofort auf, dass er es liebte, im Mittelpunkt zu stehen.

Nach dieser Veranstaltung lud ich alle Models in einen nahegelegenen Heurigen, das »Stift Schotten«, ein. Nun waren bereits alle Trinkbarrieren gefallen, und wir genehmigten uns einen Schnaps nach dem anderen. Mit fortgeschrittener Stunde trafen sich Mischas und meine Blicke immer öfter. Und erstmals spürte ich mich zu einem Mann so richtig hingezogen. Trotzdem passierte rein gar nichts. Ich wollte mein Interesse an ihm nämlich absolut nicht zeigen. Doch nach dieser ersten Begegnung ging mir Mischa nicht mehr aus dem Kopf. Ganz offensichtlich hatte ich mich zum ersten Mal in einen Mann verliebt.

Damals war es üblich, dass ich mich regelmäßig mit den »schönen Menschen« von Wien traf: am Wochenende für Ausflüge in den Wienerwald, für gemeinsame Kinobesuche oder zu privaten Essen, die meistens in einem Nachtclub endeten. Mischa war immer wieder dabei und versuchte erst gar nicht, ein Hehl aus seinem Interesse an mir zu machen. Sehr zu meiner Freude, auch ich umarmte ihn gerne bei unseren Begrüßungen und Verabschiedungen, und wir küssten uns dabei sogar auf den Mund.

Eines Abends, nach einem Besuch der Diskothek »PSY«, war es dann so weit. Mischa kam mit mir in meine damalige Junggesellen-Wohnung in der Postgasse 11. Ganz entgegen meinen Erwartungen entwickelte sich die Nacht aber zu einer Katastrophe. Da ich mit dieser für mich neuen Situation nicht zurecht kam, extrem nervös war und mich nicht so verhielt, wie Mischa es von mir erwartet hatte, passierte schließlich gar nichts. Außer dass ich ihm gestand, dass ich noch keinen männlichen Liebhaber hatte, bei dem auch wirklich Liebe im Spiel war. Ganz abgesehen davon, dass bei mir Sex in einer Beziehung keine dominante Rolle spielte – und es bis heute nicht tut. Da prickelt es für mich bei One-Night-Stands weitaus mehr, ohne selbstverständlich die Ansteckungsgefahr dabei nicht außer Acht zu lassen. Leider muss ich sagen, dass ich bis heute keinen Partner gefunden habe, bei dem Liebe, Vertrauen, gemeinsame Interessen und Sexualität passen. Und obwohl ich mir eine derartige Verbindung auf lange Sicht gesehen wünsche, könnte ich sie mir aus zeitlichen Gründen im Moment gar nicht vorstellen.

Trotzdem entwickelte sich zwischen uns eine Liebe, und er zog schließlich bei mir ein. Mischa war ein äußerst liebenswerter Mensch, aber auch ein wenig oberflächlich und manchmal sehr anstrengend. Er war ein großer Fan von Whitney Houston und Bette Midler. Zum Glück hatten wir kein Musikvideo von Bette Midler zu Hause, dafür wurde das von Whitney Houston überstrapaziert. Jeden Abend musste ich mindestens zwei Whitney-Houston-Hits auf dem Bildschirm über mich ergehen lassen, bis ich bemerkte, dass ich schon heimlich ihre Handbewegungen mitmachte. Mischa tanzte dazu und sang und machte mich ständig auf ihre gekonnten Körperbewegungen aufmerksam. Mir ging diese Prozedur zwar auf die Nerven, aber ich liebte seine fast kindliche Begeisterungsfähigkeit. Ansonsten interessierte er sich nur für weniges, Tageszeitungen las er selten. Wenn er ins Café Korb kam, damals unser gemeinsames Wohnzimmer, wo sich unser ganzer Freundeskreis traf, legten die Kellner für ihn schon automatisch sämtliche Modejournale bereit.

Auf Dauer war für mich leider zu wenig Verbindendes da, und ich fühlte mich auch nicht wohl dabei, mit einem Mann zusammenzuleben. Mischa liebte es, auszugehen, aber auch die Abende zu Hause, für die wir oft gemeinsam eingekauft und dann gemeinsam gekocht haben.

Irgendwie kam mir das alles richtig skurril vor. Ich musste immer an den Kinohit »Ein Käfig voller Narren« denken. Diese Art von Leben erschien mir einfach seltsam, das war nichts für mich. Also begann ich nachzudenken, ob ich vielleicht doch nicht schwul war. Lag ich möglicherweise irgendwo in der Mitte, sollte ich Sex mit Männern und mit Frauen haben, fragte ich mich? Ich war zerrissen. Natürlich gab es dann oft Streit, weil mein Freund mich überhaupt nicht verstehen konnte. Und wenn wir gemeinsam ausgingen, artete das oft schon in einen Wettbewerb aus, wer es schaffte, die meisten und schönsten Männer kennen zu lernen. Meistens trank Mischa weit mehr Alkohol als ich, so dass häufige Streite und Diskussionen die Folge waren. Später musste ich auch erfahren, dass er sich bei seinen gelegentlichen Jobs im Ausland auch mit anderen Männern etwas anfing. Natürlich war ich eifersüchtig, doch der endgültige Trennungsgrund war ein anderer.

Mischa ging wieder zurück nach München, wo er für eine Agentur auch als Booker arbeitete. Dort geriet er schließlich in die Drogenszene, und zwar in die harte, das heißt, er konsumierte regelmäßig Heroin, woran er letztendlich auch starb. Begonnen hatte er mit Kokain, dann wurde Heroin geschnupft und schließlich gespritzt. In dieser Zeit rief er mich oft aus München an und bat mich jedes Mal um Geld. Und da ich mich irgendwie für ihn verantwortlich fühlte, schickte ich ihm auch regelmäßig bestimmte Beträge. Nicht zuletzt mit der Entschuldigung vor mir selbst, dass es sonst ja jemand anderer tun würde. Schließlich wollte ich Mischa finanziell aber nur mehr helfen, wenn er mir versichern könne, dass er sich für einen Entzug angemeldet hatte. Er war sehr geschickt, er hatte ein ausgetüfteltes System entwickelt, lieferte immer Bestätigungen und angebliche Beweise, so dass ich ihm jedes Mal wieder Geld überwies. Doch tatsächlich verwendete er anscheinend alles nur zur Beschaffung seiner Drogen.

Als Mischa einmal zwecks Model-Scouting wieder nach Wien kam, wohnte er bei mir. Und jedes Mal hatte er für seine Unzuverlässigkeit eine perfekte Ausrede parat. Doch ich glaubte ihm immer wieder, ich wollte es wohl. Erst als ich sämtliche für seine Sucht nötigen Utensilien in meinem Haus fand, bat ich ihn zu gehen und zurück nach München zu fahren. Ein letztes Mal luchste er mir 5.000 Schilling (ca. 360 Euro) ab, weil er angeblich Schulden bei einem Freund hatte. Auch da gelang ihm wieder eine perfekte Täuschung, auf die ich hereinfiel. Ich hatte gemeinsam mit einer Freundin versucht, Mischa wieder nach München zu verfrachten, doch leider ohne Erfolg. Wir hatten ihn schon in den Zug gesetzt, aber er war in letzter Sekunde wieder ausgestiegen.

Danach ging er dann zur Erpressung über. Da ließ ich mich schon verleugnen, wenn er anrief, weil mir alles zu viel geworden war. Als er sich wieder einmal meldete und nicht bis zu mir durchgestellt wurde, sagte er zu meiner Sekretärin, dass er meine Homosexualität an die Öffentlichkeit bringen würde. Das war mir endgültig zu viel. Ich beauftragte einen befreundeten Anwalt mit einem Schreiben, in dem ich Mischa K. mitteilen ließ, dass ich Strafanzeige gegen ihn erstatten würde, falls er mich noch einmal bedrohen sollte. Danach war Ruhe.

Eine gemeinsame Freundin hatte ihn dann noch gelegentlich besucht, nicht mehr in München, sondern in einem kleinen Ort auf dem Land. Bei einem Arztbesuch mit ihm musste sie hören, dass er schwer süchtig und kaum noch Hilfe möglich war. Bald darauf setzte sich Mischa dann den goldenen Schuss, in einem kleinen Ort im Allgäu. Meine Schwester hatte mir die schlechte Nachricht überbracht. Ich war betroffen und traurig, aber durch seine Sucht und seine Erpressung hatte ich mich gefühlsmäßig schon sehr weit von ihm entfernt. Trotzdem wird er immer einen Platz in meinem Herzen haben.

Ingesamt hat unsere Beziehung ungefähr zwei Jahre gedauert und ging zu Ende, kurz bevor ich Rosa begegnete. Der Kontakt zu ihm bestand aber noch viele weitere Jahre.

16

Als Rosa in mein Leben trat

Kapitel 16

Als Rosa in mein Leben trat

Meine wunderbare Frau Rosa lernte ich im Fasching 1989 kennen. Zum ersten Mal sah ich sie am Rosenball in der Wiener Diskothek »U4«. Sie war wunderschön, hatte damals ganz lange, gelockte Haare und trug ein extravagantes Kleid. Unsere Blicke trafen einander immer wieder, so dass ich eine gute Freundin schließlich nach ihr fragte. Diese meinte nur kurz: »Die kannst du vergessen, die ist mit dem Alexander Goebel zusammen, und die beiden haben auch ein gemeinsames Kind.« Damit war die Sache für mich auch schon erledigt.

Später erzählte mir Rosa, sie hätte mich hin und wieder in der Putzerei oder einem Geschäft gesehen und mich auch gegrüßt, doch ich hätte sie immer übersehen. Sie sagte freundlich »hallo«, aber von meiner Seite kam gar nichts. Also lag für sie der Schluss nahe, dass ich »ein ziemlicher Idiot« sein musste. Dabei hatte ich gar nicht darauf geachtet, wer neben mir oder in meiner Nähe stand, ich war immer auf irgendwelche meist unbedeutenden Dinge in meinem Kopf konzentriert.

Rosa wohnte damals noch mit dem deutschen Schauspieler und Sänger Alexander Goebel in einem Haus in Wien-Döbling zusammen, doch die Beziehung stand bereits kurz vor dem Ende. Warum, hat mich nie weiter interessiert. Max, ihr gemeinsamer Sohn, war gerade zwei Jahre alt. Rosa machte zu der Zeit Ausstattungen für Foto- und Filmaufnahmen. Bei einer Veranstaltung von Wolfgang Karolinsky, dem Besitzer von »Woka Lamps Vienna«, traf ich die aparte Mittzwanzigerin einige Monate später zufällig wieder. Im Zuge unseres Gesprächs über Wohnungseinrichtungen gab ich ihr meine Visitenkarte. Nach einem kurzen Blick darauf fragte sie sofort: »Und die Privatnummer?« Das hat mir imponiert. Da sie gemerkt hatte, dass ich nicht die Initiative ergreifen würde und mich eher zurückhaltend verhielt, war eben sie die treibende Kraft.

Unser erstes Treffen fand noch unter einem beruflichen Vorwand im Café Korb in Wien statt. Rosa hatte ihren Sohn Max dabei, weil ihn sein Vater von dort abholen sollte. Als Alexander Goebel das Lokal betrat, war ich leicht verunsichert, weil ich nicht auf ein Treffen mit ihm vorbereitet war. Eigentlich waren wir alle total verlegen, und ich dachte mir: »Das fängt ja gut an.« Erst als Alexander mit Max gegangen war und Rosa und ich alleine zurück blieben, kamen wir ins Reden – und hörten stundenlang nicht damit auf.

Danach trafen wir einander regelmäßig, und Rosa erzählte mir auch alles über ihr Leben mit Alexander inklusive ihrer bereits vollzogenen Trennung. Rosa arbeitete mittlerweile als Stylistin für Radda & Dressler und leitete auch die Werbeproduktionen für ein Magazin des Verlags.

Eines Abends, damals waren wir schon ein Paar, wohnten aber noch nicht zusammen, musste die junge Mutter beruflichen Verpflichtungen nachgehen und bat mich zum ersten Mal, auf Max in meiner damaligen Wohnung in der Postgasse im 1. Bezirk aufzupassen. Ich fühlte mich völlig überfordert, aber Rosa meinte, ich würde das schon schaffen. Sie gab mir eine Art Gebrauchsanweisung, was ich alles zu tun hätte, nämlich baden, eincremen, Windeln anlegen und ähnliche für mich völlig neue Aufgaben. Im Notfall sollte ich – als Rettungsanker – einfach eine Videokassette mit Kinderfilmen einlegen. Zunächst schien alles gut zu gehen. Wir hatten beim gemeinsamen Bad mit einem Badefisch viel Spaß. Doch dann begann die Tragödie ihren Lauf zu nehmen. Nach dem Abtrocknen schmierte ich Max mit viel zu viel Babyöl ein, so dass er richtig triefte. Dann legte ich ihm die einzige Windel, die im Haus war, an. Natürlich hielt diese nur für sehr kurze Zeit, und auch jeder weitere Versuch, die Windel irgendwie zu fixieren, schlug fehl. Ich geriet in Panik und rief meinen Freund Camillo Schmid an, der neben mir wohnte und zum Glück auch zu Hause war. Er kam zu mir herüber und brachte ein breites Isolierband mit. Im Teamwork und mit Hilfe des Isolierbandes schafften wir es schließlich, dass die Windel dort blieb, wo sie hingehörte. Zur Beruhigung setzten wir Max anschließend vor den Fernseher und tranken ein Glas Wein. Dann brachte ich den kleinen Buben mit seinem Schnuller zu Bett und legte mich neben ihn. Das Licht ließ ich ganz schwach brennen. Eigentlich hatte ich mir das Einschlafen von Max ganz einfach vorgestellt, doch dem war gar nicht so. Wir lagen nebeneinander, und es verging Minute um Minute, ohne dass Max auch nur den Anflug von Müdigkeit zeigte. Plötzlich stand der kleine Knirps sogar auf, ging zum Lichtschalter, drehte das Licht ab und verließ den Raum mit den Worten »gute Nacht«. Diese erste Erfahrung mit Max war sehr einprägsam. Glücklicherweise kam Rosa nicht zu spät nach Hause, und ab dann funktionierte alles wieder bestens.

Rosa war meine Traumfrau, mit der ich eine Familie gründen wollte

Bevor ich Rosa kennen lernte, hatte ich bereits so manche Affäre mit einem Mann und eine längere Beziehung mit jenem Model, das schließlich an seiner Heroinsucht starb. Rosa wusste von meinem Vorleben und fragte mich natürlich, ob ich schwul sei, da alle ihre Freundinnen dies behaupteten. Ich erklärte Rosa, dass ich für sie große Zuneigung empfand. Ich war mir sicher, meine Homosexualität ausgelebt zu haben. Davon war ich damals überzeugt. Dass es schließlich anders kam, daran hätte ich selbst im Traum nicht gedacht. Es ging ja anfangs auch alles gut. Und ich war sehr froh darüber, denn in all der Zeit, in der ich Verhältnisse mit Männern hatte, selbst während meiner langen Beziehung mit Mischa, hatte ich immer das Gefühl, ich würde etwas »Perverses«, etwas »Schräges« tun.

Als ich Rosa kennen gelernt hatte, war gleichzeitig auch ein Kind, ihr Sohn Max, in mein Leben getreten. Das war sehr schön, da ich mit Kindern immer gut ausgekommen bin. Der Kleine liebte mich von Tag zu Tag mehr, und ich durfte auch mehr mit ihm unternehmen – vom Windelnwechseln übers Füttern bis zum Kinderwagenschieben. Das alles funktionierte immer besser, und für ein paar Jahre sollte alles gut sein.

Ich war schon sehr bald davon überzeugt, dass Rosa die Traumfrau für mich war, die ich heiraten und mit der ich eine Familie gründen wollte. Es hatte alles gepasst. Max war schon da und gemeinsame Kinder in Planung. Die Beziehung zu Max entwickelte sich so, als wäre er mein eigener Sohn, und ich mache bis heute keinen Unterschied zwischen ihm und meinen Töchtern. Und Max' Vater machte auch keine Probleme, war er damals doch gerade sehr mit dem Musical »Phantom der Oper« beschäftigt, in dem er die Hauptrolle spielte.

Natürlich bestand von seiner Seite anfänglich eine gewisse Eifersucht, so dass wir etwas auf Distanz blieben. Doch mit der Zeit freundeten wir uns immer mehr an. Es gab auch von Anfang an keinerlei Komplikationen zwischen Rosa, Alexander, Max und mir. Der leibliche Vater von Max ging mit der neuen Situation gut um, und es fand kein Rosenkrieg statt, der womöglich über das Kind ausgetragen worden wäre, wie ich das im Bekanntenkreis erlebte. Alexander hatte regelmäßigen, wenn auch nicht sehr häufigen Kontakt zu seinem Sohn Max.

Mein Heiratsantrag im Hotel Sacher

Obwohl ich Rosa noch nicht lange kannte, war ich überzeugt davon, dass wir ein wunderbares Ehepaar abgeben würden, ja ich fühlte, dass alles gut gehen würde. Also machte ich Rosa in der Vorweihnachtszeit eines Abends in der »Roten Bar« des Hotel Sacher einen Heiratsantrag – nur mit einem Strauß roter Rosen, an den Ring hatte ich nicht gedacht. Eigentlich waren wir erst extrem kurz zusammen. Für Rosa kam der Heiratsantrag sehr überraschend, doch er dürfte ihr gefallen haben, da sie mit strahlenden Augen und einem wunderschönen Lächeln »Ja« sagte. Dennoch spürte ich eine leichte Skepsis von ihrer Seite, da sie wahrscheinlich die Kommentare von vielen ihrer Freunde zu unserer Beziehung im Ohr hatte: »Bist du verrückt, dem sieht man doch an, dass er schwul ist!« oder »Ich weiß aus ganz, ganz sicherer Quelle, dass Thomas nur auf Männer steht.« Als jene Menschen dann von unserer bevorstehenden Hochzeit erfuhren, prophezeiten sie uns, dass unsere Verbindung nicht lange halten würde. Doch obwohl sich unsere Ehe und unser Zusammenleben verändert haben, sind wir heute das Paar, das in unserem Freundeskreis am längsten verheiratet ist.

Nach meinem Heiratsantrag fuhr ich auch nach Linz, um Rosas Eltern, die Familie Kraupatz, kennen zu lernen und den Vater um die Hand seiner Tochter zu bitten. Rosa stammt eigentlich aus Gmunden, ist dann aber in Linz aufgewachsen. Die gutbürgerliche Familie mit einer Tochter und einem Sohn – Rosas Bruder Albert ist um etwa zwei Jahre jünger – hatte auch ein Sommerhäuschen im Mühlviertel. Rosas Mutter war Hausfrau, ihr Vater arbeitete als technischer Leiter der Computerabteilung in der ÖSWAG Linz. Ihre Eltern wussten nichts von meinem Vorleben, beide nahmen mich sehr wohlwollend in ihrer Familie auf. Und auch meine Mutter, die damals noch nichts von meinen sexuellen Neigungen ahnte, freute sich über die bevorstehende Heirat. Meine Schwester allerdings, die über mein Sexleben Bescheid wusste, war sich nicht sicher, ob meine Hochzeit eine gute Idee war und ob diese Ehe gut gehen würde.

Etwa sechs Monate, nachdem Rosa und ich ein Paar wurden, heirateten wir. Die standesamtliche Hochzeit fand am 18. April 1990 in kleinstem Kreise, also nur mit den engsten Familienangehörigen, in Wien statt, die kirchliche Trauung zwei Tage später in größerem Rahmen in der Wachau. Die aus dem 16. Jahrhundert stammende Wehrkirche St. Michael hatten wir uns davor angesehen, sie war sehr romantisch und daher der ideale Ort für uns. Da Rosa katholisch ist und ich evangelisch, wurden wir ökumenisch getraut. Den zuständigen Pfarrer hatten wir zuvor aufgesucht und ihm unseren Wunsch vorgetragen. Und auch mein ehemaliger evangelischer Religionslehrer aus Kalksburg, Friedrich Preyer, der schon meine Schwester und mich konfirmiert hatte und später meine Kinder taufte, übernahm diese Aufgabe sehr gerne. Wir heirateten beide in Weiß, was die Kleidersuche noch komplizierter gestaltete. Einen chicen weißen Hochzeitsanzug für mich zu finden war nämlich gar nicht so einfach. Aber auch Rosa hat lange nach dem passenden Kleid gesucht. Schließlich wurden wir beide in Mailand fündig. Rosa ließ sich in einem Atelier ein Kleid aus Spitzen maßanfertigen, ich erstand einen chicen Anzug von »Comme des Garçons«. Unsere dazupassenden weißen Lederschuhe fanden wir zu guter Letzt im Schuhhaus Wunderl in Sollenau.

Meine Frau hat eine sehr große Verwandtschaft, von der sich alle eine Wahnsinns-Hochzeit in einem Wiener Luxushotel erwartet hatten. Wir aber richteten eine zünftige Hochzeitsfeier im Loibnerhof der Familie Knoll, bekannt durch ihr Weingut, in Unterloiben aus, mit letztendlich doch 120 Gästen. Übernachtet haben wir und einige unserer Freunde dann im Hotel Schloss Dürnstein, andere in Pensionen und manche sind auch in der Nacht noch nach Hause gefahren.

Mehr als an die Feier erinnere ich mich an den Morgen nach der Hochzeit. Es war ungefähr 10 Uhr und wir lagen noch im Bett, als einer unserer Gäste, ein Agenturbesitzer, volltrunken in unser Zimmer stürzte, innerhalb von fünf Minuten die Minibar leerte und sich dann auf unser Bett legte. Zum Glück gelang es uns, den mehr als angeschlagenen Herrn einem feschen Freund, der sich gerade auf den Weg nach Wien machen wollte, ins Auto zu setzen. Sehr zu dessen Leidwesen, weil sein Fahrgast sich die ganze Fahrt über nicht von lästigen Annäherungsversuchen abbringen ließ. Der Fahrer verfluchte uns und meinte, das würde er uns nie vergessen. Aber auch für uns bleibt dieses Erlebnis nach einer kurzen, schönen Hochzeitsnacht, die unser Geheimnis bleibt, unvergesslich: Nach nur fünf Stunden Schlaf – schließlich hatten wir bis fünf Uhr morgens gefeiert – stürmt jemand dein Zimmer und legt sich ins Hochzeitsbett.

Später hat man uns erzählt, dass man diesen Gast aufgrund seines Zustandes schon frühzeitig in eine Pension verfrachtet hatte. Dort verwüstete er sein Zimmer und nahm sich schließlich ein Taxi ins Hotel Schloss Dürnstein, um uns in der Hochzeitssuite mit seinem Besuch zu erfreuen.

Nach dem Ring hatte ich auch auf die Hochzeitsreise vergessen

Zu meiner Schande muss ich gestehen, dass ich mit Rosa nicht einmal eine Hochzeitsreise geplant hatte. Wir hatten am Samstag geheiratet und am Montag saß ich schon wieder im Büro. Wir haben die Hochzeitsreise zwar irgendwann einmal mit einem Urlaub auf den Kanarischen Inseln nachgeholt, aber eigentlich hat mir Rosa immer vorgeworfen, dass ich ihr den klassischen Honeymoon vorenthalten hatte. Heute verstehe ich mich auch nicht mehr, denn obwohl ich so ein starker Gefühlsmensch bin, war ich derart vom Kopf dirigiert, dass ich damals nur an die Arbeit dachte. Wahrscheinlich auch, um es den anderen recht zu machen, damit sie sagen konnten: »Stell dir vor, der sitzt drei Tage nach seiner Hochzeit schon wieder im Büro.« Aus heutiger Sicht war das ein großer Fehler. Denn der Urlaub auf Gran Canaria war zwar eine nette Woche, aber ganz bestimmt keine Hochzeitsreise, wie man sie sich vorstellt.

Damals wohnten wir – oder besser ich – in einer modernen 100-Quadratmeter-Wohnung, einem ausgebauten Dachboden mit Terrasse und Blick auf den Stephansdom in der Postgasse im ersten Wiener Bezirk. Richtig eingezogen war Rosa mit Max nämlich nicht, dafür war die Wohnung auf Dauer doch zu klein.

Mit 20 war ich nach dem Tod unseres Vaters zusammen mit meiner Schwester aus dem elterlichen Haus in Wien-Ottakring in der Gallitzinstraße in eine Wohnung am Bauernmarkt 21 gezogen. Für die 170 Quadratmeter große Wohnung in einem Altbau mussten wir zwar Ablöse bezahlen, dafür war die Miete aber relativ niedrig. Und natürlich mussten die Räumlichkeiten renoviert werden, damit meine Schwester mit Helmut, ihrem späteren Mann, und ich einziehen konnten. Eine Zeit lang wohnte auch eine meiner Freundinnen bei uns. Doch irgendwann wollte ich dann doch lieber alleine leben. Ich wollte endlich wissen, was es bedeutete, eine Wohnung ganz für sich alleine zu haben. Also übersiedelte ich von dort in eine kleinere Wohnung in der Postgasse.

Als ich dann aber heiratete, bat ich meine Schwester, mit Rosa und Max, meiner neuen Familie, wieder in die größere Wohnung am Bauernmarkt zurückziehen zu dürfen. Und erst als Rosa schwanger wurde, begannen wir uns nach einem neuen Domizil, möglichst am Stadtrand, umzusehen. Schließlich fanden wir ein Haus mit Garten in Kritzendorf, nicht einmal 20 Kilometer nördlich von Wien, in das wir noch vor der Geburt unserer Tochter Lara einzogen. Wie sich später zeigte, haben wir beide Male, als Rosa schwanger war, unseren Wohnort gewechselt. Im Dezember 1991 sind wir in das Haus in Kritzendorf gezogen, im Jänner 1992 kam Lara zur Welt. Als Alena dann im Mai 1994 geboren wurde, waren wir gerade in ein Haus auf der Hohen Warte eingezogen.

Das kleine, schnuckelige Haus in Kritzendorf, einstöckig mit insgesamt 150 Quadratmetern, sah eigentlich furchtbar aus. Viele unserer Freunde verstanden gar nicht, wieso wir uns dafür entschieden hatten. Wir aber richteten unser neues Domizil sehr schön her, ließen es blau anstreichen, statteten es mit schmucken Jalousien aus, machten einen zweiten Ausgang und installierten ein Dampfbad. Wir mochten aber unser neues Zuhause und hatten es nach unserem Geschmack umgestaltet. Viele Freunde kamen uns nicht besuchen, weil sie den etwas längeren Anfahrtsweg scheuten. Ich fuhr allerdings jeden Tag nach Wien in die Firma, und bis nach Döbling ging das auch relativ rasch.

Wir hatten damals ein Kindermädchen, mit dem wir alle nicht besonders glücklich waren. Max machte gerade eine trotzige Phase durch, für die die resche Tina wenig Verständnis zeigte. Während wir gleichzeitig wenig Verständnis dafür hatten, dass sich während ihrer Arbeitszeit aus unverständlichen Gründen unser Vorrat an Waschmitteln und Reinigungsmaterial radikal reduzierte. Als wir dann einmal sämtliche Vorräte in ihrem Zimmer fanden, stellte sich heraus, dass sie alles sammelte, um es nach Polen mitzunehmen. Also kündigten wir sie.

Plötzlich stand die Cobra nachts vor unserer Tür

Mit ihrer Nachfolgerin hatten wir auch kein Glück. Ich kann mich noch gut erinnern, wie mich Rosa eines Nachts, als ich in der »Pawlatschen« arbeitete, anrief, weil sie die Polizei inklusive Einsatzkommando Cobra herausgeläutet hatte. Man unterstellte Rosa und mir, einer Kreditkarten- und Falschgeldbande anzugehören. Rosa hatte mit dem kleinen Kind am Arm, zerrauft und mit großer Oberweite, da sie noch stillte, geöffnet, als die Polizei mit einem Hausdurchsuchungsbefehl sofort nach dem Keller fragte – den es gar nicht gab. Trotzdem insistierten die Beamten daraufhin, wir müssten einen Keller haben, und diesen wollten sie unbedingt sehen. Ich habe sofort meinen Anwalt verständigt, der so wie ich unmittelbar darauf ins Haus nach Kritzendorf fuhr. Schließlich stellte sich heraus, dass die Polizei bei unserem Kindermädchen die Telefonnummer eines bekannten Fälscherbandenchefs wie auch unsere Nummer gefunden hatte. Ergo nahmen die Beamten an, dass wir auch zu dieser Bande gehörten und dass sie in unserem Haus nun alles finden würden, da wir anscheinend die Zentrale der Bande wären. Nach Aufklärung der Situation zogen die Cobra-Beamten, die von Anfang an extrem unfreundlich waren, ohne jegliche Entschuldigung wieder ab. Unser Kindermädchen hielt sich zu diesem Zeitpunkt gar nicht mehr bei uns auf, die Polizei hatte sie davor schon in Salzburg festgenommen. Bei einem Telefonat ein paar Tage später beschwerte ich mich bei einem höhergestellten Beamten, wie man mit uns umgegangen war, und er entschuldigte sich schließlich für das Verhalten seiner Mitarbeiter.

17 Ich werde Vater!

Kapitel 17

Ich werde Vater!

Es war der 12. Jänner 1992, der mein Leben verändern sollte. Meine erste Tochter Lara kam um 20.14 Uhr im Wiener Rudolfinerhaus auf dieser Welt an. Nach gut acht Stunden, die Rosa in den Wehen lag, machte das 53 cm große und 3,80 kg schwere Mädchen ihren ersten Schrei. Mit voller Energie drängte sie ins Leben. »Das ist eine wilde Hummel«, meinte unsere Hebamme Annemarie Koch lapidar.

Zuerst konnte ich mit dieser Aussage rein gar nichts anfangen, später verstand ich, was sie meinte.

Denn es bedurfte eines halbstündigen Rituals von sanftem Schaukeln und Streicheln, bis Lara am Abend endlich einschlief, monatelang musste sie nachts bis zu achtmal gefüttert werden, und auch untertags war sie hyperaktiv.

Ich war bei der Geburt natürlich dabei, das lag schließlich »voll im Trend«, wie die Lifestyle-Zeitschriften damals schrieben. Schon während Rosas Schwangerschaft fühlte ich mich selbst wie schwanger, hechelte bei den Atemübungen mit und bemühte mich, bei jeder Gymnastikübung eine gute Figur zu machen. Im Laufe des Geburtsvorbereitungskurses machte ich zusammen mit Hebammen, Schwangeren und deren Männern alles Mögliche und Unmögliche mit.

Die Geburt war einerseits beeindruckend, andererseits fühlte ich mich wie fremdgesteuert, denn man redete mir ein, dieses einzigartige Erlebnis unter keinen Umständen versäumen zu dürfen. Als Vater ist man der Meinung, dass die eigene Anwesenheit bei der Geburt seines Kindes zu einer stärkeren Bindung führt. Das ist jedoch klischeehaft. Das Mitatmen, wenn man den Schweiß von der Stirn der werdenden Mutter wischt, das Anfeuern, noch fester zu pressen, und das euphorische Gefühl, wenn das Kind dann auf der Welt ist und man es sofort in seine Arme schließt, wirken nur im Film so befreiend.

Bei Laras Geburt war ich vollkommen überfordert. Jedes Detail der Geburt mitzuerleben war nicht einfach für mich. Und dann diesen kleinen Menschen, der noch völlig mit Geburtsschleim überzogen ist, in seinen Händen zu halten, war einerseits grenzenlose Freude, anderseits wusste ich überhaupt nicht, was ich mit meiner Tochter anfangen sollte.

Nun waren wir eine richtige Familie

Nun waren wir also eine richtige Familie mit einem fünfjährigen, eher ruhigen Sohn und einem Baby, das uns auf Trab hielt. Für mich war das Leben mit einem Neugeborenen eine neue Erfahrung, weil Max ja schon zwei Jahre alt war, als ich Rosa kennen lernte. Windeln zu wechseln war für mich überhaupt kein Problem, obwohl ich mich auch nicht darum gerissen habe. Das kleine Mädchen winterfest anzukleiden brachte mich aber jedes Mal ins Schwitzen. Denn ich fürchtete immer, die zarten kleinen Ärmchen und Beinchen abzubrechen, wenn ich sie in Jackenärmel oder Hosenbeine steckte.

Glücklicherweise war Lara sehr geduldig, und auch beim Essen gar nicht anspruchsvoll. Sie liebte Muttermilch genauso wie Babynahrung aus der Flasche, Hauptsache, die Menge stimmte, so dass sie zu unserer Freude rasch an Größe und Gewicht zunahm, nur die Haare ließen auf sich warten. Bei ihrer Taufe im Mai war das Köpfchen immer noch kahl und mit einem chicen Hut bedeckt. Einer von Rosas Freundinnen gab Laras fehlendes Kopfhaar zu denken, und sie riet uns sogar, einen Arzt aufzusuchen. Wir blieben aber ganz entspannt. Und wie sich herausstellen sollte, mit gutem Recht, denn heute kann Lara auf ihr prachtvolles langes, lockiges Haar stolz sein.

Wenn wir mit ihr im Kinderwagen unterwegs waren, machte sie oft schon nach kurzer Zeit den Eindruck, tief und fest zu schlafen. Sobald aber auch nur das entfernteste Hundebellen zu hören war, machte sie ihre Augen auf und versuchte mit ihrer doch recht kräftigen Stimme, das Wau-Wau nachzuahmen.

Da sich Max eigentlich einen Bruder gewünscht hat – vor der Geburt zündete er im Wiener Stephansdom eigens eine Kerze an, damit dieser Wunsch in Erfüllung geht –, zeigte er sich von Laras Geburt wenig beeindruckt. Rosa kümmerte sich anfänglich primär um den neuen Nachwuchs, also schenkte ich Max nicht nur meine Aufmerksamkeit, sondern auch eine lebende Schildkröte, die er sich so gewünscht hatte, und ging mit ihm ins Kino oder in den Prater. Die ursprüngliche Gleichgültigkeit von Max seiner Schwester gegenüber hat im Laufe der Jahre in große Zuneigung umgeschlagen, mittlerweile ist er extrem stolz auf sie und eifersüchtig, wenn sich junge Männer für seine tolle Schwester interessieren.

Uns gefiel unser Leben in dem von uns nach eigenen Vorstellungen renovierten Häuschen in Kritzendorf, so dass wir es kaufen wollten. Denn ursprünglich hatte uns der Eigentümer dies ja in Aussicht gestellt. Doch dann mussten wir erfahren, dass die Familie das Haus für ihre Tochter behalten wollte. Wir durften uns aber einen Nachmieter suchen, der uns zumindest einen Teil unserer Investitionen ablöste. Dann stiegen wir vorzeitig aus dem Mietvertrag aus und machten uns wieder auf die Suche nach einer neuen, größeren Bleibe. Diese fanden wir auch, und zwar in Wien-Döbling auf der Hohen Warte 41, ein wunderbares, altes, schönes Haus im Jugendstil, in das wir uns beide sofort verliebten.

Das ungefähr 450 Quadratmeter große Haus hatte zwei Stockwerke, einen ausgebauten Keller, den wir für unsere Wintergarderobe im Sommer und unsere Sommergarderobe im Winter verwendeten, und einen wunderschönen Wintergarten im Erdgeschoß. Dort befanden sich das Wohnzimmer, das Esszimmer, eine Bibliothek und die Küche, von der man direkt in den Garten gelangte. Der große, leicht abschüssige Garten mit altem Baumbestand und einem kleinen Swimmingpool war ein idealer Spielplatz für unsere Kinder. Vorerst mieteten wir dieses Haus, mit einem Vertrag auf fünf Jahre und der Option, es danach kaufen zu können.

Das Faszinierende an dem Haus waren die gut erhaltenen Jugendstil-Elemente wie zum Beispiel der breite Stiegenaufgang aus dunklem Holz, Messing-Türschnallen, Türen mit geätzten Glasfenstern, diverse Jugendstil-Applicken und gut erhaltene Parkettböden. Im ersten Stock waren die beiden Bäder wie auch die drei Schlafzimmer zu renovieren – eines für Max, eines für Lara und ihre Schwester und eines für Rosa und mich. Das Mädchenzimmer wurde rosa austapeziert, das Stockbett aus Holz mit Sonne, Mond und Sternen verziert. Und natürlich mussten ein paar Truhen mit jeder Menge Spielzeug untergebracht werden. Das Zimmer von Max wurde weiß ausgemalt, die Vorhänge, das Bett, der kleine Schreibtisch und ein Kasten in Dunkelblau gehalten. Im Gegensatz zu den Holzfußböden in den Kinderzimmern hatten wir einen hellen Spannteppich in unserem Schlafzimmer. Beige waren auch die Wände und die überlangen Seidenvorhänge. Das Bett aus Bugholz war besonders breit. Von der Mitte der Decke strahlte ein weißer Kristallluster, auf den Kirsch-Nachtkästchen standen Art-déco-Lampen aus Chrom.

Im zweiten Stock waren eine geräumige Waschküche und eine große begehbare Garderobe mit vielen Spiegeln untergebracht.

Als Alena zur Welt kam

Das ganze Haus erstrahlte in neuem Glanz, als Alena zur Welt kam. Denn nach mehr als zwei Jahren war es wieder so weit: Die Geburt unserer zweiten Tochter stand bevor. Unser Arzt, Professor Peter Husslein, ein Freidenker, ließ uns bei der Geburt von Alena am 8. Mai 1994 um 6.14 Uhr im Rudolfinerhaus auf unseren eigenen Wunsch ganz allein, nur die Hebamme war bei uns. Eigentlich hatten die Wehen schon am Nachmittag davor begonnen, machten dann aber eine längere Pause, so dass wir erst um drei Uhr nachts ins Spital fuhren. Gut drei Stunden später kam unsere zweite Tochter Alena, 52 cm groß und 3,60 kg schwer, zur Welt. Professor Husslein war zwar im Haus und konnte jederzeit zur Stelle sein, aber da wir es alleine schaffen wollten, gab er unserem Wunsch nach.

Bei Alena durfte ich sogar die Nabelschnur durchtrennen, und ich wurde anschließend mit dem Neugeborenen alleine gelassen, weil sich alle um Rosa kümmerten. Ich badete das Baby auch sofort, aber nur mit Hilfe. Damals war ich mir noch sicher, dass meine Anwesenheit die richtige Entscheidung gewesen ist, heute zweifle ich daran. Und auch Rosa meint, dass sie keinen Mann mehr bei der Geburt eines Kindes dabei haben wollte.

Als Alena auf die Welt kam, blieb Max wieder ziemlich entspannt, mittlerweile hat er sich damit abgefunden, es mit mehr Frauen als Männern in der Familie zu tun zu haben, während Lara nach der Geburt ihrer Schwester fürchtete, ab sofort zu wenig Beachtung und Zuneigung zu erhalten. Daher gingen wir ab dem Moment, wo Alena aus dem Spital nach Hause kam, sehr behutsam mit Lara um. Und wir gingen sofort auf ihren allerersten Wunsch ein, ihre Schwester einmal halten zu dürfen. Lara wurde auf einen großen Fauteuil gesetzt, dann bekam sie Alena in ihre Arme gelegt, und ich griff zur Kamera, um ein Foto zu machen. Beim kurzen Wegdrehen sah ich aus meinen Augenwinkeln, wie Lara das Baby in den Oberschenkel zwickte, während sie mit einem unschuldigen Engelsblick vor sich hin lächelte.

Zu meiner Überraschung legte Alena schon als Baby ein anderes Verhalten an den Tag als ihre größere Schwester Lara. Alena schlief schon ziemlich bald die Nächte durch und war in ihrem Wesen sanfter und sensibler als Lara. Ihr Kopf war zwar mit Haaren bedeckt, doch diese waren sehr fein und verfilzten sich gerne. Alena zu frisieren war eine für sie schmerzhafte und für uns nervenaufreibende Sache. Gerne war sie in der Natur unterwegs, zuerst im Kinderwagen, später auf ihren eigenen Beinen. Vögel, Bienen Schmetterlinge, eigentlich die ganze Tierwelt faszinierte sie von Beginn ihres Lebens an.

Nun widmete Rosa ihre Aufmerksamkeit ihrer Kleinsten, und ich beschäftigte mich intensiver mit Lara. Max kam in dieser Zeit, eigentlich ein bis zwei Jahre lang, etwas zu kurz. Gott sei Dank hatte er aber seinen Großvater Adalbert, Rosas Vater, der viel Zeit mit seinem Enkel zubrachte.

Ich versuchte, mit dem Kopf Gefühle zu entwickeln – was nicht funktionieren konnte

Eigentlich musste mein Glück zu dieser Zeit perfekt gewesen sein. Aber ich bemerkte schon nach den ersten Monaten starke Gefühlsschwankungen an mir und konnte mir beispielsweise nicht erklären, warum ich mich nicht aus vollem Herzen freute, wenn ich die Kinder nach einem Aufenthalt bei ihren Großeltern endlich wiedersah. Ich versuchte, mit dem Kopf zu spüren und Gefühle zu entwickeln – was natürlich nicht funktionieren konnte. Da ich Kinder aber liebe, dachte ich mir, dass ich wahrscheinlich professionelle Hilfe benötige, da irgendetwas mit mir nicht stimmt.

Das erste Weihnachtsfest auf der Hohen Warte nahm Rosa zum Anlass, das Haus prachtvoll zu dekorieren. Doch auch die weihnachtliche Stimmung konnte nicht darüber hinwegtäuschen, dass mit unserer Beziehung nicht mehr alles in Ordnung war. Seit der Geburt unserer zweiten Tochter waren wir in erster Linie mit unseren Sprösslingen beschäftigt, so dass für Sex wenig Zeit und Lust blieb. Und ich verspürte zunehmendes Verlangen nach Männern.

18

Meine Einberufung zum Heer

Kapitel 18

Meine Einberufung zum Heer

Wie es das Schicksal so wollte, hatte ich 1994 auch gröbere Probleme mit dem Bundesheer. Bisher war ich aufgrund meines frühen Eintritts in die Firma immer wieder als »wirtschaftlich unabkömmlich« klassifiziert worden. Das bedeutete, ich hatte nach dem unerwarteten Tod meines Vaters um eine generelle Befreiung vom Bundesheer, wie vom Gesetz ja möglich, angesucht. Ich wurde aber nicht befreit, mein Dienst beim Bundesheer war lediglich immer wieder aufgeschoben worden. Plötzlich aber gab es beim Militärkommando zwei Personen, die sich einbildeten, ich würde mich vor dem Bundesheerdienst »drücken« wollen. Sie fanden, ich wäre für das Unternehmen nicht unbedingt nötig, da ja mein Halbonkel in der Firma arbeitete. Also bekam ich schließlich die Einberufung – es muss ungefähr zu jener Zeit gewesen sein, als Alena zur Welt kam.

Ich musste vorerst nach Zwölfaxing, wo ich aber nur kurz blieb. Dort legte ich alle meine ärztlichen Atteste zu Knie- und Wirbelsäulen-Problemen, zu meiner Prostatitis und meiner ständigen Angina vor, worauf ich ins Heeresspital überwiesen wurde. Früher hatte man von meinen Attesten gar nie Notiz genommen, da mein Aufschub immer mit der wirtschaftlichen Unabkömmlichkeit begründet worden war. Im Heeresspital wurde ich nun jedoch gründlich untersucht und schließlich für tauglich, wenn auch nicht A-tauglich, erklärt. Nur die letzte Station meiner Untersuchungen, eine Fachärztin für Psychiatrie und Neurologie, konnte möglicherweise noch etwas ändern. Elisabeth Steinberger las alle meine Befunde und meinte, dass sämtliche Probleme psychosomatischer Natur waren. Und dann handelte sie mit mir einen Deal aus. Sie wollte mich freistellen, wenn ich ihr versprach, zu ihr in Behandlung zu kommen, denn diese hatte ich ihrer Meinung nach dringend nötig. Ich entschied mich augenblicklich dafür. Zu meinem Glück, denn bei ihr konnte ich später zum ersten Mal über meine wahren sexuellen Gefühle sprechen.

Während des zwar nur dreitägigen, aber besonders nervenaufreibenden Aufenthalts in Zwölfaxing bekam ich Fieberblasen im ganzen Gesicht. Und dann ging es so richtig los mit schlechter Stimmung, Schlaflosigkeit und Panikattacken. Mein direkter Vorgesetzter konnte gar nicht verstehen, warum man mich überhaupt einrücken ließ bei den vielen Gründen, die eindeutig dagegen sprachen. Später stellte sich heraus, dass jener Mann auch schwul war. So gesehen wäre es mir vielleicht gar nicht so schlecht beim Bundesheer ergangen …

Bei meinem Gespräch in der Ordination von Doktor Steinberger stellte sich dann heraus, dass ich ein Burnout-Syndrom hatte, unter Panikattacken und Depressionen litt. Schließlich verordnete mir die Expertin Tabletten und schrieb mir ein Attest, mit dem ich zu weiteren Untersuchungen und psychologischen Tests beim Militärkommando musste. Dort wurde ich angeschrien und wie der letzte Mensch behandelt. Schließlich erfolgte auch noch die Untersuchung eines Psychiaters vom Wiener AKH, und dank seines Gutachtens wurde ich endgültig vom Heer befreit.

19

Meine schlechte Erfahrung mit einem Energetiker

Kapitel 19

Meine schlechte Erfahrung mit einem Energetiker

Zu den Anfängen meiner Depression gehörte meine Erfahrung mit einem so genannten Heiler. Schon vor Alenas Geburt war es mir psychisch oft nicht gut gegangen. Damals war ich oft energielos und spürte auch schon wieder mein vorhandenes Interesse an Männern, das ich mir aber um keinen Preis eingestehen wollte. An schlechten Tagen machte ich mit meinen ersten Panikzuständen, so genannten Panikattacken, bei denen ich unter Atemnot, Herzrasen und Nackenverspannungen litt, Bekannschaft. Damals empfahl uns eine Freundin einen Energetiker für mich, der später auch für Schlagzeilen sorgte: Josef M.

Bevor ich Josef das erste Mal traf, war ich seiner Person gegenüber eher skeptisch eingestellt. Telefonisch hatte ich mit ihm einen Termin in seiner Wiener Wohnung im 7. Bezirk nahe dem Volkstheater vereinbart. Er öffnete mir persönlich die Türe. Was mich sofort irritierte war sein durchdringender, unangenehmer, prüfender Blick. Der 1,88 Meter große, an die 30 Jahre alte Mann mit braunem, stark gelocktem Haar, blauen Augen und einer Narbe im Gesicht bat mich zunächst in einen kleinen Warteraum. Nach zirka zehn Minuten durfte ich dann sein Behandlungszimmer mit einem kleinen Schreibtisch plus Sessel, einem Sessel für mich und der allseits bekannten Ledercouch betreten. Ich setzte mich und wurde von ihm eine Zeit lang still gemustert.

Dann erst wollte er wissen, was mich zu ihm führte. Ich blieb sehr allgemein, sprach von starken Stimmungsschwankungen und hoffte auf seine Hilfe, da ich viel Positives von ihm gehört hatte. Daraufhin erklärte er mir seine Arbeitsmethode: Ein persönliches Gespräch würde nur hin und wieder stattfinden, auf geistiger Ebene würde er aber permanent mit mir in Verbindung stehen und so mit mir arbeiten und mich schützen. Das erste Gespräch dauerte zirka eine halbe Stunde, während derer ständig sein Telefon läutete. Nach dem Gespräch musste ich mich auf die Couch legen. Josef hielt seine Hände über mein Gesicht und begann dann, diese langsam vom Kopf den Körper entlang bis zu meinen Zehen zu bewegen. Manchmal machte er eine kurze Pause, hielt seine Hände etwas länger über eine Körperstelle und atmete dabei besonders tief und fest. Eigentlich fand ich das ganze Getue lächerlich, innerlich musste ich sogar lachen. Das Lachen ist mir aber spätestens vergangen, als Josef mir sein Honorar nannte. Ich hatte erwartet, diese eine Sitzung zu bezahlen, nicht aber schon beim ersten Mal ein Pauschalhonorar für drei Monate genannt zu bekommen – noch dazu, wo es sich dabei um einen fünfstelligen Betrag, in Schilling, wohlgemerkt, handelte. Auf eine derartige Summe war ich nicht vorbereitet, also bat ich um Bedenkzeit.

Bevor ich den Heiler wieder verließ, erklärte er mir, dass das Wichtigste unserer Zusammenarbeit die so genannte »10-Minuten-Übung« wäre. Diese bestand daraus, täglich zu einer fixen Zeit – darüber durfte ich zum Glück selbst bestimmen – einen Raum in völliger Stille zu suchen, wo ich mich hinlegen und intensiv an ihn denken musste. Allerdings nur für zwei Minuten, danach sollte ich weitere zehn Minuten liegen bleiben und an gar nichts denken. Als ich endlich wieder auf der Straße stand, wusste ich nicht, ob ich wachte oder träumte. In welchen Film war ich da geraten? Ich konnte dem gerade Erlebten absolut nichts abgewinnen. Doch in den darauf folgenden Tagen riefen mich – ganz zufällig – immer wieder Bekannte an, die allesamt auf Josefs Fähigkeiten schworen. Damals ließ ich mich davon täuschen und suchte schließlich weiteren Kontakt zu dem von so vielen gepriesenen Heiler. Beim dritten Treffen eineinhalb Monate später gab er mir ein Foto von sich selbst, das ich möglichst immer bei mir tragen sollte – zu meinem Schutz, wie er meinte. Dieses Foto sollte ich außerdem zu Beginn der 10-Minuten-Übungen kurz ansehen. Manchmal rief er mich auch an und befahl mir, auf der Stelle meine skurrile Aufgabe durchzuführen. Nach der Übung kontaktierte er mich noch einmal und wollte meine Bestätigung, wie effektiv seine Energieübertragung funktioniert hatte.

Rückblickend kann ich sagen, dass unsere Gespräche das Einzige waren, das mir ein wenig geholfen hatte, alles andere, was er tat, zeigte keinerlei Wirkung. Ich war aber so geblendet, dass ich glaubte, nur er könne mir helfen. Und ich war so schwach, dass ich alles mitmachte. Sogar meine Mutter wollte ich damals von Josefs Qualitäten überzeugen. Sie konsultierte den Heiler aber nur einmal. Etwa zwei Wochen später präsentierte sie mir einen Bericht einer deutschen Zeitung, der besagte, dass Josef aufgrund seiner Machenschaften angeklagt worden war.

Mich haben die Jahre mit Josef jedenfalls einige hunderttausend Schilling (eine hohe fünfstellige Euro-Summe) gekostet, ein hoher Betrag für eine Freundschaft. Denn er präsentierte sich als mein Freund, lud mich nach St. Tropez ein, wo ein wunderschönes Haus und ein toller Wagen auf ihn warteten. Trotz allem ging es mir immer schlechter statt besser, und ich bekam schwere Panikattacken. Josef hatte mich so eingeschüchtert, dass ich mich weder meine Therapeutin aufzusuchen getraute, noch, Medikamente zu nehmen. Glücklicherweise war ich nicht so verblendet, dass ich dieses Gebot einhielt. Heimlich suchte ich Frau Doktor Steinberger auf und erzählte ihr von meinem Heiler. Und auch davon, dass mir Josef die Einnahme jeglicher Medikamente untersagt und mir eingeredet hatte, dass ich davon abhängig werden würde. Sie warnte mich vor diesem Menschen, der mich tatsächlich abhängig gemacht hatte – aber nicht von irgendwelchen Medikamenten, sondern einzig und allein von seiner Person. Es ging sogar schon so weit, dass ich ihn auch bei beruflichen Entscheidungen um Rat fragte. Ich konnte nicht mehr schlafen, Panik und Herzrasen verschlimmerten meinen Zustand, doch ich wollte auf keinen Fall zu irgendeiner medikamentösen Hilfe greifen. Sein Verhalten war nicht nur fahrlässig, sondern hätte tödlich ausgehen können.

20

Mein Outing vor Rosa

Kapitel 20

Mein Outing vor Rosa

Zur Erholung fuhr ich im Frühjahr 1995 ins Schloss Pichlarn zu einer Ayurveda-Behandlung. Doch meine Panikattacken wurden ärger, und die homöopathischen Mittel, die ich mir selbst erlaubte, halfen auch nicht mehr. Also griff ich zum ersten Mal zu jenen Tranquilizern, die mir Doktor Steinberger verschrieben hatte. Sie bewirkten tatsächlich eine Verbesserung meines Zustandes, doch sobald ich sie absetzte, wurde alles wieder noch viel schlimmer. Nach zirka zwei Wochen verabschiedete ich mich in einem miserablen Zustand von Pichlarn und suchte, zurück in Wien, meine Therapeutin auf.

Ich erzählte ihr zum einen von der Einnahme der Tranquilizer, zum anderen kam irgendwie auch die Rede auf meine Sexualität. Endlich! Denn sie riet mir, darüber offen mit meiner Frau zu sprechen und ihr den immensen Druck, unter dem ich stand, zu verdeutlichen. Also kam es zur längst überfälligen Aussprache, auf die ich mich genauestens, praktisch Satz für Satz, vorbereitet hatte. Rosa war ahnungslos, warum ich sie zu einem Vieraugengespräch bat.

Wir saßen am großen Esszimmertisch, wo mich Rosa fragend und erwartungsvoll ansah, so dass ich mit zitternder, leiser Stimme begann: »Rosa, ich habe mir lange überlegt, wie ich es am besten anstelle, dir mein großes Problem, das mich schon seit einiger Zeit belastet, zu offenbaren.« Rosa, diese wunderschöne Frau, um die mich so viele Männer beneideten, sah mich verwundert an. Irgendwie merkte ich aber an der Art, wie sie mich musterte, dass sie bereits ahnte, was ich ihr sagen wollte.

»Das Schlimmste, was mir jetzt passieren könnte, wäre, wenn du mich mit den Kindern verlassen würdest. Denn ihr seid die wichtigsten Menschen in meinem Leben.«

»Sag doch bitte endlich, was dein Problem ist«, wollte Rosa zum Punkt kommen.

Bevor ich noch weiter sprechen konnte, begann ich zu weinen. Rosa legte liebevoll ihren Arm um mich und sagte mir leise ins Ohr: »Sag doch bitte endlich, was los ist!«

»Du weißt doch, meine Therapeutin, Frau Doktor Steinberger, hat mir empfohlen, offen mit dir über meine Sexualität zu sprechen«, stammelte ich.

Trotzdem nahm Rosa nicht ihren Arm von meiner Schulter, sah mich aber schon leicht wissend an.

»Was ist mit deiner Sexualität?«

Jetzt sprudelte es aus mir heraus: »Ich schwöre dir, dass ich vor unserer Hochzeit überzeugt davon war, meine homosexuelle Neigung vollständig ausgelebt zu haben. Da sich unser Sexualleben aber in den vergangenen Monaten sehr reduziert hat, habe ich mir die Frage gestellt, ob ich nicht doch Männern mehr zugetan bin als Frauen.«

Jetzt nahm Rosa ihren Arm von mir und sah mich eindringlich an. Ich spürte eine große Traurigkeit auch in ihren Augen.

»Du meinst also, du bist doch schwul?«, sagte sie leise. Um dann mit erhobener Stimme fortzufahren: »Und wie stellst du dir jetzt unser weiteres Leben vor? Wir haben drei Kinder! Hättest du da nicht schon früher draufkommen können?«

»Rosa, wenn ich es früher gespürt hätte, hätte ich es dir auch gesagt, das kannst du mir glauben!«

Jetzt merkte ich, dass Rosa wütend wurde – verständlicherweise. Ich begann sie anzuflehen: »Bitte, verlass mich nicht! Wir werden eine Lösung finden.«

Rosa stützte ihren Kopf auf einen Arm und machte einen sehr verzweifelten Eindruck: »Ich hätte den Leuten damals doch glauben und nicht so naiv sein sollen. Warum habe ich dieses Thema nur verdrängt?«

Immer wieder versuchte ich ihr zu verdeutlichen, wie sehr ich sie trotz allem liebte und wie wichtig mir meine Familie war. Natürlich würde ich verstehen, wenn sie mich nun verlassen wollte, aber sie sollte doch bitte in Ruhe darüber nachdenken.

Rosa war fix und fertig, vor kurzem hatte sie erst von meinen tatsächlichen Depressionen erfahren und jetzt musste sie auch noch mit meiner sich verändernden Sexualität klarkommen. Natürlich brauchte sie erst einmal Bedenkzeit.

Ein paar Tage später, während der wir nur das Nötigste miteinander sprachen, teilte mir meine Frau dann mit, dass sie mir aus Liebe folgenden Vorschlag machen wollte: Sie würde sich zwar nicht scheiden lassen, aber Österreich verlassen und sich woanders ein neues Domizil suchen. Und sie betonte, dass dies nur ein Versuch wäre, mit den veränderten Umständen zu leben.

Daraufhin machte sich Rosa auf die Suche nach einem neuen Wohnort. Sie bereiste die Côte d'Azur, die Toskana, die Gegend rund um Mailand, Barcelona und Madrid und schließlich auch Mallorca. Sie war fasziniert vom Flair dieser Insel, dem dortigen Klima und dem wunderbaren Licht. Und es gab auch eine American International School. Deshalb und wegen der guten Flugverbindungen nach Österreich entschied sie sich letztendlich für Mallorca. Während sie all diese Reisen alleine unternahm, kümmerten sich meine Schwiegereltern liebevoll um unsere Kinder.

Meine Frau zog mit unseren Kindern nach Mallorca

Im Herbst 1995 war es dann so weit: Meine Frau zog mit unseren Kindern nach Mallorca. Mir fiel ein großer Stein vom Herzen, dass sie nicht die Scheidung verlangte. Ich bin ihr bis heute dankbar, dass sie sich damals auf gut Glück auf die Suche nach einem neuen Lebensmittelpunkt für die Familie machte und uns damit eine Chance für ein weiteres Zusammenleben gab.

Zuerst mieteten Rosa und ich in dem kleinen Ort Portals Nous probeweise ein kleines Haus für zwei Jahre, wo sich meine Familie ihr Leben einrichtete. Dann fand Rosa in Genova, in der Nähe von Palma, ein sehr schönes, fast 2.000 Quadratmeter großes Grundstück mit einem uralten Haus, einer Ruine ähnlich, ohne Fenster oder Toilette. In diesem verfallenen Haus hatte jahrelang ein alter Mann mit einer Ziege gewohnt. Es musste also komplett um- und ausgebaut werden, doch die Lage war ideal – zehn Minuten vom Meer und von der Stadt entfernt und auch ganz nahe der Schule.

Nach meinem Outing vor meiner Frau, das mir für kurze Zeit Erleichterung verschafft hatte, beendete ich meine Therapiestunden bei Doktor Steinberger, weil ich damals keinen Sinn in einer weiteren Behandlung sah. Doch bald schon sollte sich herausstellen, dass meine depressiven Stimmungen wiederkamen.

Die wirklich schmerzvolle Erfahrung hat mich gelehrt, dass ich zu jenen betroffenen Menschen gehöre, die innerhalb kürzester Zeit ohne offensichtlichen Grund oder Anlass in eine schwere Depression fallen können. Diese äußert sich durch massive Schlafstörungen, Schuld- und Angstgefühle, qualvolle Hoffnungslosigkeit und ein sehr tiefes, trauriges Mitgefühl für Menschen, denen es schlecht geht, sei es nun physisch, psychisch, materiell oder sonst wie. Besonders ausgeprägt und belastend ist dieses Gefühl im Zusammenhang mit dem Schicksal von Kindern. In meinen depressiven Phasen wird meine Wahrnehmung vollkommen eingeschränkt, und ich kann kaum registrieren, was um mich stattfindet, weil ich wie durch eine lange, dunkle Röhre schaue.

Ich bin zu nichts mehr imstande, mein Kopf ist dumpf und hohl

Ich habe starke Berührungsängste, kann mich kaum noch konzentrieren, das heißt, Lesen und Schreiben fällt mir extrem schwer, oft bin ich dazu gar nicht mehr imstande. Auch meine Sehfähigkeit verschlechtert sich temporär. Meine Interessen sind sehr eingeengt, mein Kopf ist dumpf und hohl und ich meide jegliche Konversation, sowohl von Angesicht zu Angesicht als auch per Telefon. Gewisse Nahrungsmittel wie beispielsweise Kaffee oder manche Obstsorten vertrage ich dann gar nicht. Ich komme mir wie einzementiert vor, unbeweglich und unfähig für Gedanken oder Gefühle, weil ich meine Umwelt, aber auch mich selbst kaum spüre.

Nur suizidale Gedanken gehen mir immer wieder durch den Kopf. Der Vorteil meiner jahrelangen Therapien und der Medikamente, die ich nach wie vor nehme, ist, dass ich relativ schnell wieder aus solch einer Krise herauskomme. Und obwohl ich schon mehrere hundert Male derartige seelische Tiefs überwunden habe, glaube ich trotzdem zu Beginn jeder neuen kritischen Depressionsphase, dass ich es dieses Mal nicht schaffen kann.

Bei meinen gelegentlichen Wochenendbesuchen auf Mallorca ging es mir trotz Sonne und offenerer Lebensart leider auch nicht wirklich besser. Oft fehlte mir die Kraft, mich so mit meinen Kindern zu beschäftigen, wie ich es eigentlich gerne getan und sie es sich erwartet hätten. Oft zog ich mich dann ins Bett zurück, was wiederum nicht gut für meinen Seelenzustand war. Rosa, die ja mit ihren Alltagssorgen konfrontiert war, konnte mir nicht helfen. Zudem waren die Flüge nach Spanien besonders erschwerend, denn damals traf ich auf jedem Flug irgendwelche Bekannte und durfte nicht zeigen, wie schlecht es mir ging. In den Wartezeiten saß ich mit Schweißausbrüchen am Klo und musste meine Panikattacken bekämpfen.

Trotzdem war die Zeit in Wien, alleine in diesem großen Haus, noch schlimmer. Heiler Josef rief mich immer wieder an, bezeichnete sich als meinen »einzigen Strohhalm« und ermahnte mich ständig, ich möge ja nichts falsch machen. Das bedeutete, dass ich mich niemand anderem anvertrauen und unter gar keinen Umständen die von ihm so verteufelten Antidepressiva einnehmen sollte. So vergingen fast zwei weitere Jahre, in denen ich mit meinen Depressionen klarzukommen versuchte, zwischen Wien und Mallorca hin und her pendelte und die einzige »Behandlung« vom selbst ernannten Heiler Josef erfuhr.

Der einzige Lichtblick war damals Alexander Goebel, der im letzten Jahr, in dem ich auf der Hohen Warte wohnte, zu mir zog. Denn obwohl es ihm – er ließ sich damals gerade scheiden – und auch mir seelisch gar nicht gut ging, hatten wir gelegentlich unseren Spaß. So versteckte sich zum Beispiel derjenige, der zuerst zu Hause war, an einem ganz eigenartigen Ort, sobald er den anderen kommen sah oder hörte. Er rollte sich etwa in einen Teppich ein und legte sich damit auf die Eingangsstufen. Oder aber er platzierte sich inmitten eines Blumenmeeres auf dem Esstisch. Außerdem machte Alexander, der ja sehr gut parodieren kann, immer wieder unsere Haushälterin derart echt nach, dass ich oft aufs Klo lachen gehen musste, wenn ich ihr dann tatsächlich begegnete.

21

Wie ich meinen Kindern die Wahrheit sagte

Kapitel 21

Wie ich meinen Kindern die Wahrheit sagte

Jahre später kam es auf Mallorca zu meinem sexuellen Outing vor meinen Kindern – die alle drei unterschiedlich darauf reagierten. Max war der Erste, mit dem Rosa darüber sprach. Er war damals rund 13 Jahre alt. Max war zuerst einmal geschockt, und es dauerte einige Zeit, bis er mit dieser »Neuigkeit« klarkam. Und als ich mich dann auch noch selbst mit ihm darüber unterhielt, war uns beiden das Gespräch fast ein wenig peinlich.

Lara war etwas jünger als Max, als ich sie eines Abends zum Essen ausführte. Sie war erst verwundert, dass ich mit ihr alleine ausgehen wollte. Bei Tisch begann ich ihr dann vorsichtig zu erklären, dass es Männer gibt, die sich mehr zu Männern hingezogen fühlen und dass es Frauen gibt, die Frauen lieb haben. Daraufhin fragte mich Lara ziemlich gelangweilt: »Papa, was willst du mir damit sagen?«

»Ich möchte dir sagen, dass ich schwul bin!«

»Okay. Darf ich jetzt eine Pizza bestellen?«

Unsere sehr sensible Alena war schließlich eine Herausforderung, obwohl sie das heute ganz anders sieht. Ich weiß aber, dass sie eigentlich immer eine »ganz normale« Familie haben wollte.

Sie hat sich früher rasch für etwas geschämt, ein schwuler Vater konnte also nur ein Problem für sie sein.

Auf einem Flug nach Mallorca – Alena war damals auch etwa 12 Jahre alt – saß sie neben mir ganz hinten im Flugzeug, die anderen Familienmitglieder hatten weiter vorne ihre Sitzplätze. Ich wollte mich ihr endlich auch offenbaren. Also begann ich wieder mit meiner Rede über Männer und Frauen, und auch Alena mich bat, doch auf den Punkt zu kommen.

Also machte ich es kurz und bündig: »Ich bin schwul!«

Darauf reagierte Alena aber ganz anders Lara. Sie war entsetzt: »Nein, das gibt es nicht, du bist nicht schwul, das kann nicht sein.«

»Das wird eine Therapiekrise geben«, war mein erster Gedanke. Alena wird das von jemandem anderen erklärt bekommen müssen, wenn sie die Wahrheit nicht akzeptieren will.

Vorerst bestand sie sogar darauf: »Du und die Mami, ihr seid ganz normal, ich habe eine normale Familie!« Also versuchte ich das Thema zu wechseln, bis wir landeten. Und während die anderen Passagiere begannen, ihr Handgepäck aus den Ablagen über ihren Sitzen zu holen und langsam zum vorderen Ausgang zu gehen, stürzte Alena nach vorne und schrie ganz laut durch das ganze Flugzeug zu mir zurück: »Papa, stimmt das ehrlich, dass du schwul bist?«

Ich dachte, ich muss im Erdboden versinken. Ich lief hochrot an und bekam einen Schweißausbruch. Wahrscheinlich wollte mich Alena aber gar nicht provozieren, sie hatte einfach darüber nachgedacht und in ihrer kindlichen Art noch einmal nachgefragt, ohne zu bedenken, dass jede Menge Leute mithörten. Alle drehten sich sofort zu mir um und wussten, wer gemeint war. Diese peinliche Situation hätte ich mir damals gerne erspart.

Mittlerweile finden alle drei Kinder schon lange nichts mehr dabei, einen schwulen Vater zu haben. Im Gegenteil, ich glaube, sie sind stolz auf mich und vor allem auch darauf, dass ich zu meiner Sexualität stehe. Nicht umsonst sind sie zur Ehrlichkeit und Geradlinigkeit erzogen worden.

Meine Familie: die Kinder Alena, Lara und Max und meine Frau Rosa

22

Die Ärzte, die mein Leben retteten

Kapitel 22

Die Ärzte, die mein Leben retteten

Im August 1997 holte ich mir nach einem meiner Mallorca-Besuche auf dem Rückflug von Palma nach Wien eine Lungenentzündung. Das war bezeichnend für meine gesundheitliche Verfassung, steht in der chinesischen Medizin die Lunge doch für Trauer und Depression. Sie bedeutet aber auch, simpel ausgedrückt, dass die Lunge zu wenig »belüftet« wird, weil alles angespannt ist. Glücklicherweise kam dann mein Hausarzt und guter Freund Wolfgang Molnar ins Spiel, denn er lieferte mich ins Spital, die Döblinger Privatklinik, ein und rettete mir damit wahrscheinlich mein Leben. Er hatte erkannt, dass ich schwerst depressiv war.

Wolfgang Molnar, Arzt für Allgemeinmedizin und Leiter des Ambulatoriums und Praxiszentrums Augarten in Wien, hatte ich 1989 über den Wiener Maler Rudi Holdhaus kennen gelernt. Wir verstanden uns von Anfang an sehr gut, und ich konnte mit ihm auch ernsthafte Gespräche führen. Da Rosa und ich damals keinen guten praktischen Arzt kannten, war für mich klar, dass Doktor Molnar unser Hausarzt – und bald auch zu einem unserer engsten Freunde – wurde. So war er schließlich der Erste, vor dem ich mich gelegentlich ein wenig öffnete und ihm meine Stimmungen anvertraute.

Bei meinen Erschöpfungszuständen behandelte er mich schon damals mit aufbauenden Vitamininfusionen. Anfang der Neunzigerjahre litt ich außerdem sehr oft unter starken Halsentzündungen, in denen er auch einen somatischen Hintergrund, nämlich Kränkungen, die ich »hinunterschluckte«, sah. Auch in meiner immer wiederkehrenden Prostatitis, einer Entzündung der Prostata, vermutete er seelische Ursachen wie Probleme mit meiner Sexualität. Mit ihm konnte ich über meine Zweifel bezüglich meiner sexuellen Zerrissenheit zwar sprechen, doch als Allgemeinmediziner behandelte er mich mit schulmedizinischen Mitteln und Akupunkturen. Im Laufe der Zeit erzählte ich ihm auch von meinem Heiler Josef, auf den er nur mit einem Kopfschütteln reagierte. Er warnte mich eindringlich davor, einen solchen Weg einzuschlagen, versuchte aber nicht, mir den Heiler auszureden.

Damals ging es mir psychisch noch nicht so schlecht, dass Wolfgang Handlungsbedarf gesehen hätte. Persönlich war er jedoch immer für Rosa und mich da, wenn die Situation eskalierte.

Wolfgang erkannte meine beginnenden Depressionen als Erster und wusste auch von meinen Besuchen bei der Ärztin Elisabeth Steinberger. Bei ihr glaubte er mich gut aufgehoben. Als ich mich auf ihren Rat hin vor meiner Frau outete, fragte ich ihn davor auch um seine Meinung. Er unterstützte diesen Schritt, weil er meine innere Belastung sehr stark gespürt hatte. Als ich letztlich die Therapie bei Doktor Steinberger beendete und mich ausschließlich in die »heilenden Hände« von Josef begab, informierte ich Wolfgang darüber aber nicht und zog mich fortan von ihm zurück.

Instinktiv wusste ich offensichtlich, dass ich einen Fehler machte – der ja dann auch fast mit meinem Tod geendet hätte.

Die Diagnose war endgültig: Ich litt unter schweren Depressionen

Erst im August 1997 nahm ich wegen meiner Beschwerden in der Lunge wieder Kontakt mit Wolfgang Molnar auf, der mich sofort in die Döblinger Privatklinik überwies. Dort machte man ein Lungenröntgen und stellte eine schwere Lungenentzündung fest. Wolfgang machte sich aber auch wegen meines psychischen Zustands große Sorgen. Ich war in seinen Augen schwer depressiv, ja sogar suizidgefährdet. Daher machte er mich umgehend mit der Ärztin und Psychotherapeutin Caroline Kunz bekannt. Zu unserem ersten Gespräch kam die Expertin zu mir in die Klinik und stellte nach zwei Stunden endgültig die Diagnose, dass ich unter schweren Depressionen litt.

Krisenmanagement von ihrer Seite war daher angesagt. Doktor Kunz verschrieb mir Antidepressiva, die ich aber unter keinen Umständen nehmen wollte. Was das betrifft, hatte mich Josef zu sehr geprägt. Immer noch rief er mich regelmäßig an und erkundigte sich nach meinem Befinden. Als ich ihm mitteilte, dass ich mich im Spital befand, machte er sich selbst Vorwürfe, er hätte mich nicht von Mallorca nach Wien fliegen lassen dürfen, weil ich mir ganz offensichtlich auf diesem Flug die Lungenentzündung geholt hatte. Trotz meines schlechten Zustandes nahm ich aber allen Mut zusammen und stellte ihn vor die Tatsache, dass sich in der Zwischenzeit eine Psychotherapeutin meiner angenommen hatte, die mich auf Antidepressiva einstellen wollte. Josef sah seine Chancen, noch weiterhin Einfluss auf mich zu nehmen, schwinden und wollte mich unverzüglich im Spital besuchen. Doch das war nicht in meinem Sinn. Ich lehnte seinen Besuch ab, versprach aber, mit ihm in Kontakt zu bleiben.

Da in meinem Zustand ohne Medikamente gar nichts mehr zu machen war, verabreichte mir die Therapeutin schließlich einen »Aufheller« zur Hebung des Serotoninspiegels in Form von Infusionen. Wieder bekam ich Panikattacken und zitterte am ganzen Körper, worauf man mich sedierte, um die Infusionen vornehmen zu können. Für die Nacht musste ich zusätzliche starke Mittel nehmen, weil ich kaum schlafen konnte und immer wieder aus dem Schlaf aufschreckte. Niemand, auch nicht mein guter Freund Wolfgang Molnar, hatte damals große Hoffnungen, dass ich mich wieder erholen würde.

Eines Tages tauchte Josef ohne Voranmeldung in der Klinik auf. Da sich genau in diesem Moment Doktor Molnar vor meinem Zimmer aufhielt, war der Zugang zu mir sozusagen versperrt. Wolfgang erklärte dem »Heiler«, dass es aufgrund meines

Zustandes nun Aufgabe der Ärzte war, die Verantwortung für mich zu übernehmen. Josef schien die Lage zu akzeptieren, ließ sich auf keine Diskussion ein und verließ unverrichteter Dinge das Spital.

Keiner meiner Freude erkannte die Tragweite meines Zustands

Nach zirka zehn Tagen ging es mir zwar körperlich endlich etwas besser, doch psychisch war noch kein Licht am Horizont zu sehen. Frau Doktor Kunz besuchte mich zweimal pro Woche im Spital, telefonisch war sie für mich jederzeit erreichbar. In diesen Tagen konnte ich mir kaum vorstellen, jemals wieder Freude am Leben zu haben.

Während meines ersten, richtig langen Spitalsaufenthaltes erlebte ich unter anderem auch befremdliche bis skurrile Situationen. Eine gute Freundin kam auf Besuch und erzählte mir von ihren Alltagsproblemen zu Hause, weil sie nicht verstanden hat, dass ich schwerst depressiv und nahe dem Selbstmord war. Generell hatte ich das Gefühl, dass niemand meiner Freunde die Tragweite meines Zustandes wirklich erkannte. Da mich damals in einem so schwer depressiven Zustand das vermeintliche Unverständnis meiner gesamten Umwelt sehr erregte, empfahl mir mein Hausarzt ein allgemeines Besuchsverbot. Natürlich habe ich das aber nicht übers Herz gebracht. Also wurde an der Tür meines Krankenzimmers ein Verweis montiert, dass man sich vor Betreten des Zimmers beim Schwesternstützpunkt über meinen Zustand erkundigen musste.

Das haben wiederum diverse Besucher nicht verstanden und daher versucht, mich am Handy zu erreichen. Also blieb mir nichts anderes übrig, als dieses auszuschalten. Denn ich war in einer blockierten Gefühlswelt gefangen, die mir ständig suggerierte: »Bring' dich um, mach' dem Ganzen ein Ende. Du schaffst es nicht, du schaffst es nicht!« Das Letzte, was ich damals konnte und wollte, wäre gewesen, belanglose Telefonate zu führen.

Immer mehr konnte ich meinen Vater und seinen Suizid verstehen

Ich brachte drei bis vier Wochen im Spital zu, großteils im Bett, vor mich hin grübelnd, ständig den Suizid meines Vaters vor Augen. Immer mehr konnte ich meinen Vater verstehen, zum ersten Mal konnte ich mir vorstellen, was in ihm kurz vor seinem Tod vorgegangen sein musste – trotz Familie, trotz vielseitiger Verantwortung. In diesem Moment schien alles belanglos, unwichtig, nicht existent.

Leider verbesserte sich mein psychischer Zustand nicht wirklich. Ich glaubte selbst nicht daran, dass ich mich jemals wieder erfangen würde, denn ich fühlte mich, als ob ich einen Betonklotz von einer Tonne Gewicht tragen müsste. Ich zweifelte ständig an mir und dachte dauernd ans Sterben.

Josef, der immer wieder ins Spital bis in mein Zimmer vordrang, sah sich in seiner Meinung bestätigt, dass Medikamente schlecht für mich seien. Als ich einmal nicht verstehen konnte, was er mir erklären wollte, sagte er sofort: »Siehst du, daran sind nur die Medikamente schuld!« Tatsächlich fehlte mir aber eine Gesprächstherapie. Gott sei Dank war ich körperlich imstande, das Spital zu verlassen. Also nützte ich meine Ausgänge, die mir nach einiger Zeit erlaubt waren, für Sitzungen bei Doktor Kunz, deren Ordination zum Glück nicht weit entfernt war. Ihr Ordinationszimmer war gar nicht so, wie man sich den klassischen Raum für eine Psychotherapie vorstellt. Es stand zwar die typische Couch an einer Wand, doch diese war eher klein und machte gar keinen bequemen Eindruck. In Gedanken sah ich mich schon darauf liegen und die Therapeutin hinter meinem Kopf auf einem Stuhl sitzen und mir Fragen stellen.

Tatsächlich nahm ich aber in einem der beiden bequemen Fauteuils Platz, die einander gegenüber standen. Neben jedem der beiden Sitzgelegenheiten befand sich ein Beistelltisch. Auf jenem, der offenbar für die Therapeutin gedacht war, lag ein Notizblock und ein Kugelschreiber, auf dem für mich vorgesehenen eine Großpackung Taschentücher. An einer Wand stand ein großes Bücherregal, an einer zweiten ein Massagetisch für die von ihr praktizierte Cranio-Sacral-Therapie. Ich fühlte mich in diesem Zimmer sofort wohl. Wichtiger war mir, dass ich keine Minute zu spät kam oder womöglich zu früh ging und dass sich meine Therapeutin zu 100 Prozent auf mich konzentrierte. Denn ich wollte in den 50 Minuten einer Therapiestunde so viel wie möglich erarbeiten. Das Klingeln des nächsten Patienten machte mich fast zornig.

Nun fuhr ich also regelmäßig mit dem Taxi zu Doktor Kunz oder wurde von Freunden hingebracht – mindestens zwei- bis dreimal pro Woche, manchmal auch für Doppelstunden. Josef versuchte zwar immer noch, mich zu verunsichern – er wetterte ständig gegen meine Einnahme von Medikamenten – und mich wieder auf seine Seite zu ziehen. Doch ich entschied mich für Frau Doktor Kunz und blieb bei ihr – bis zum heutigen Tag. Es war die richtige Entscheidung. Der selbst ernannte »Heiler« Josef musste schließlich akzeptieren, dass ich nicht länger mit ihm zusammen»arbeiten« wollte.

Meine Therapie bei Caroline Kunz

Zu Beginn meiner Sitzungen bei Doktor Caroline Kunz musste sie mich stützen, mich mit einer speziellen Therapieform durch diese schwere Zeit bringen. Bei der von ihr angewandten Gestalttherapie sollte ich meine Gefühle wie Trauer, Aggression, Leid oder Kränkung zum Ausdruck bringen. Und weil das zuerst nicht über die Sprache möglich war, versuchte ich, meine momentanen Stimmungen mit Fingerfarben auf großen Bögen von Packpapier zu malen. Dazu bin ich meistens am Boden gesessen und habe meine passive Hand, die mehr mit dem Unterbewusstsein und weniger mit dem Gehirn verbunden ist, verwendet. Da ich Linkshänder bin, habe ich also mit der rechten Hand gemalt. Doch selbst diese kinderleichte Tätigkeit hat mich immens angestrengt, so dass ich nach einer halben Stunde körperlich fertig war.

Ich war ein Häufchen Elend, dem alles egal war

Anfänglich habe ich nur schwarze Farbe verwendet. Da brach meine Trauer, mein Weinen aus mir heraus. Ich war ein Häuflein Elend, das sich aufgegeben hatte, mir war alles egal, selbst meine Kinder, ich wollte einfach nur sterben. Manchmal griff ich aber auch zur roten Farbe, um meine Aggression aus meinem Körper herauszumalen. Speziell zu Hause, denn da konnte ich mir auch die passende Musik dazu aufdrehen. Einmal hatte ich einen derart schweren Aggressionsschub, dass ich meine wunderschöne Stahlrohr-Glas-Bar aus den Dreißigerjahren vollkommen zertrümmerte.

Caroline Kunz hatte mich immer wieder gestützt, meine Anrufe angenommen oder sofort zurückgerufen und war immer wieder auch zu mir ins Spital gekommen. Als professionelle Therapeutin durfte sie allerdings nicht zu fürsorglich werden – was ich damals jedoch nicht verstehen konnte und wollte. Aber da war ja auch noch Doktor Wolfgang Molnar, der mich bestens betreute und mir Mittel für die Nacht gab, schließlich waren es ja immer wieder Notfallsituationen.

Damals fürchtete sogar er, dass ich es nicht schaffen und mir etwas antun würde. Auch deshalb verbrachte er später so manche Nacht bei mir zu Hause auf der Hohen Warte und wachte neben meinem Bett, wo ich ansonsten ganz alleine gewesen wäre. Ich war unfähig, auch nur irgendetwas zu unternehmen – obwohl das sehr wichtig gewesen wäre. Aber mir fehlte jegliche Kraft, ich konnte nicht einmal fernsehen oder schlafen. Keiner in meinem Umfeld verstand das. Noch heute wundert es mich, wie ich diese Zeit überlebt habe. Bei meinen ärgsten psychischen Einbrüchen war ich auch nicht reisefähig. Fliegen war der absolute Horror für mich. Hin und wieder kam mich Rosa sogar aus Wien abholen, und das in einer Situation, wo sie schon mit meinem sexuellen Outing fertig werden musste.

In meinen schlechten Phasen waren auch meine Aufenthalte auf Mallorca mühsam und belastend für mich, obwohl ich viele Jahre versuchte, mir so wenig wie möglich vor den Kindern anmerken zu lassen. Schließlich wollte ich vor ihnen lieber der »Sonnyboy« als der gestrenge oder womöglich mieselsüchtige Vater sein.

Unser Haus hatte eine ganz besondere Atmosphäre, die von allen geliebt wurde. Auch von unseren zahlreichen Freunden und deren Kindern, die oft bei uns auf Mallorca zu Besuch waren. Nicht zuletzt, weil wir einen richtigen Tiergarten beherbergten, vom Schwein über sechs Katzen und drei Hunde bis zu Hamstern und Hasen.

Rosa hatte zwar ihre Regeln, die es einzuhalten galt, aber ich spielte gerne, wenn es mir gut ging, ein bisschen den Revoluzzer, was bei den Jungs und Mädchen natürlich sehr gut ankam. Zu den Geburtstagen unserer Kinder ließen wir uns immer etwas Besonderes einfallen. Ich war regelmäßig der Party-Organisator, weil sich alle wünschten, dass ich mich darum kümmerte – selbst wenn in einem Restaurant gefeiert wurde. Einmal schmiss ich für einen Freund von Lara eine Party in einem Lokal, wo ich auch das Personal einlud, nicht aber die Eltern der jugendlichen Gäste. Als eine der Mütter zu unserer Runde dazustoßen wollte, riefen alle, sie solle wieder gehen, das Fest wäre nur für »Kinder«. Als sie daraufhin fragend auf mich zeigte, meinten alle unisono: »Der ist anders.«

Ein anderes Mal sollte ich auf eine Geburtstagsfeier von Laras Freunden kommen. Ich konnte das Haus aber nicht verlassen, bevor Alena, meine Kleine, und eine ihrer Freundinnen, die bei uns übernachteten, eingeschlafen waren. Lara fragte schon einige Male telefonisch nach, wann ich denn endlich kommen würde, aber die kleinen Mädchen wollten partout nicht ihre Augen zumachen. Schließlich sprang ich, um die beiden möglichst nicht wieder zu wecken, aus dem zweiten oder dritten Stock und prellte mir dabei den Knöchel, so dass ich mit einem ganz dick angeschwollenen Fuß auf dem Geburtstagsfest auftauchte.

Bei meinen späteren Aufenthalten auf Mallorca ging es mir psychisch leider auch nicht besser, allerdings achtete Rosa nun mehr darauf, dass ich das Haus manchmal verließ. Wenn sie mich bat, die Kinder abzuholen oder mit ihr auf dem Markt einkaufen zu gehen, erschien mir das, als müsste ich das Haus neu streichen, möglichst in einer Rekordzeit von zwei Stunden. Nach solchen Ausflügen war ich komplett k.o. Natürlich hatten wir dann auch so manche Auseinandersetzung, weil Rosa darauf drängte, dass ich irgendetwas unternahm und nicht nur zu Hause herumhing, ich ihr aber immer versuchte klarzumachen, dass ich dazu nicht imstande war.

Das Schlimmste war meine Angst vor der Angst

Das Schlimmste war schließlich meine Angst vor der Angst. Ich fürchtete mich vor der nächsten Panikattacke, und das steigerte sich von einem zum anderen Mal. Die Attacken kamen meist in Situationen, in denen man sie überhaupt nicht brauchen kann, wie beispielsweise beim Fliegen.

Im Frühsommer 1998 zog ich mir eine Hepatitis A zu – warum, weiß ich bis heute nicht –, und ich musste die meisten Medikamente gegen Depressionen absetzen bzw. stark reduzieren. Ich sah aus wie eine Leiche und war so geschwächt, dass ich mich kaum bewegen konnte. Man sah mir meine psychischen Probleme schon von weitem an. Und während andere Patienten oft gar nicht merken, dass sie Gelbsucht vom Typ A haben, wurde ich sie gute drei Monate nicht los. Damals war ich ein Schatten meiner selbst, hatte mindestens fünf Kilo abgenommen, musste aber trotzdem eine Spezialdiät halten. Ich hielt mich nur zu Hause oder in der Döblinger Privatklinik auf. Als ich die Antidepressiva dann endlich wieder nehmen durfte, dauerte es weitere drei Wochen, bis diese ihre Wirkung zeigten. Eine Ewigkeit für einen Depressiven, dem eine Minute wie eine Stunde erscheint, für den die Zeit so gut wie gar nicht vergeht.

Als meine Blut- und Leberwerte endlich etwas besser waren, kam Rosa mit den Kindern auf Besuch nach Wien. Doch bei einem Ausflug in den Prater, wo ich an einer Schießbude etwas für meine Familie schießen wollte, war ich nicht einmal fähig, das Gewehr zu halten. Bei einem weiteren Trip in den Schönbrunner Tiergarten setzten sich im Schmetterlingshaus sehr zur Freude meiner Kinder einige wunderschöne Schmetterlinge auf meine Schulter. Mir war das aber völlig egal, ich hatte überhaupt keine Lebensfreude, keine Lebensenergie mehr. Ich hatte mit meinem Leben abgeschlossen.

Ich dachte damals, ich überlebe den Sommer nicht. Die Gelbsucht hatte mich körperlich total geschwächt, und gegen meine Depressionen durfte ich keine Medikamente nehmen. Zu allem Unglück war auch meine Therapeutin Caroline Kunz auf Sommerurlaub. Ich konnte sie aber in Krisensituationen jederzeit auf ihrem Mobiltelefon anrufen, und ihre Kollegin Doktor Rohrhofer übernahm meine Betreuung während dieses Sommers.

Danach mussten Doktor Kunz und ich aber eigentlich wieder bei null beginnen, es war wie ein Neustart für die Therapie. Weil ich mittlerweile aber doch schon einiges wusste, kamen wir rascher voran. Caroline Kunz analysierte, dass ich in meiner Kindheit viel zu wenig Zuwendung von meinen Eltern bekommen hatte. Es gab zwar eine materielle Absicherung, aber die emotionale Sicherheit und Verlässlichkeit, die ich als besonders sensibles Kind gebraucht hätte, war mir versagt. Meine Mutter litt oft unter starker Migräne, und mein Vater war unglaublich viel und auch mit großem Erfolg für die Firma im Einsatz, aber beide waren eben nicht für uns Kinder da. Dennoch, oder vielleicht gerade deswegen, war es zwischen meinen Eltern hin und wieder zu Auseinandersetzungen gekommen, während denen ich hinter der Tür stand und alles mitbekam. In solchen Situationen fühlte ich mich für die Meinungsverschiedenheiten meiner Eltern, die es in jeder Ehe gibt, schuldig. Nur leider war niemand da, mit dem ich darüber hätte reden können. Denn meine Schwester, das damalige »Enfant terrible«, war für zwei Jahre in ein Schweizer Internat gesteckt worden. Nur ich, das »angepasste« Kind, war immer präsent. Ich fühlte mich auch verpflichtet, mich um alles zu kümmern, alles zu kontrollieren.

Später hatte man mir dann durch das Vergleichen mit meinem sehr charismatischen Vater unterschwellig Druck gemacht, doch endlich in seine Fußstapfen zu treten. Immer wieder von allen Seiten zu hören, wie toll er doch war und was er nicht alles geleistet habe, setzte mich massiv unter Druck, obwohl ich ganz anders bin, als mein Vater war, und ich auch nie versucht habe, ihm nachzueifern. Selbst heute, wenn über meinen Vater gesprochen wird, verspüre ich einen Impuls, wobei ich mich dann selbst ermahnen muss: »Vorsicht, nicht wieder in die alte Richtung.«

Als wäre das nicht schon genug gewesen, ist im Zuge meiner Therapie bei Doktor Kunz schließlich auch noch eine große Kränkung zum Vorschein gekommen. Anders als die meisten Kinder hatte ich nämlich nie dieses so wichtige Urvertrauen entwickeln können, die Grundlage für mein Selbstwertgefühl und mein späteres Vertrauen in meine Umwelt und in Kontakte mit anderen Menschen. Doch gerade besonders sensible Kinder, wie ich zweifelsohne eins war, verlangen ganz intensiv nach liebender, sorgender und verlässlicher Zuwendung.

Heute wundert es mich gar nicht mehr, dass es sehr lange gedauert hat, bis sich die ersten Lichtblicke am Horizont abzeichneten. Meine schweren Depressionen erstreckten sich nämlich über Jahre.

23

Mein AKH-Aufenthalt im Frühjahr 2000

Kapitel 23

Mein AKH-Aufenthalt im Frühjahr 2000

Im Frühjahr 2000 stellte sich ein derart großer seelischer Einbruch ein, dass niemand mehr wusste, wie es mit mir weitergehen sollte. Wieder gab es keinen offensichtlichen Grund. Bis heute treten übrigens Depressionen immer noch ohne erkennbare Auslöser bei mir ein. Doch damals glaubte ich plötzlich, nicht mehr weiterleben zu können.

Da sowohl Doktor Kunz als auch Doktor Molnar die Verantwortung für mich nicht mehr übernehmen konnten, kam ich für sechs Wochen ins AKH auf die Universitätsklinik für Psychiatrie und Psychotherapie der Medizinischen Universität Wien. Innerlich wehrte ich mich dagegen, weil ein solcher Aufenthalt für mich einen Rückschritt in meinem Heilungsprozess bedeutete. Ich wollte nicht dorthin, schon gar nicht, weil ich eine Verpflichtungserklärung unterschreiben musste, für mindestens sechs Wochen zu bleiben. Da ich aber selber die Notwendigkeit dieses stationären Aufenthaltes erkannt hatte, blieb mir gar nichts anderes übrig. Nicht zuletzt auch deswegen, weil zu jenem Zeitpunkt alle Menschen in meinem Umfeld überfordert waren.

Zum Geburtstag meiner Tochter Alena am 8. Mai, ziemlich zu Beginn meines AKH-Aufenthaltes, hatte ich Ausgang bekommen. Wir trafen einander im Prater im »Alten Jägerhaus« vis-à-vis vom Lusthaus, wo schon alles für die Feier vorbereitet war. Alena fuhr wie eine Prinzessin in einer prachtvoll geschmückten Kutsche mit vier weißen Pferden, ihren Lieblingstieren, vor. Alles war wunderschön, aber ich saß apathisch da, versteckt hinter meiner Sonnenbrille, und wollte eigentlich die ganze Zeit nur wieder gehen. Ich konnte absolut nichts Schönes fühlen oder empfinden, obwohl ich das so gerne getan hätte. Nach der Feier kam ich noch deprimierter ins Spital zurück, als ich es verlassen hatte, so dass es dort zu einer Art Notfalleinsatz kam, weil ich in so schlechter Verfassung war. Ein Arzt und mehrere Schwestern redeten mir gut zu und trösteten mich, dass ich noch viele Geburtstage mit meiner Tochter feiern würde. Doch zu dieser Zeit war bei allem, was die Zukunft betraf, immer mein erster Gedanke: »Das werde ich nicht mehr erleben.« Egal, ob es sich um Geburtstage, Urlaube oder was auch immer handelte.

Ich bin im Geist alle Varianten meines Todes durchgegangen

Das war der typische Ausdruck einer ganz schweren Depression. Jegliche Wahrnehmung nach links oder rechts geht verloren, man schaut nur mehr mit dunklen Sonnenbrillen durch einen noch dünkleren Tunnel. Es gibt keinerlei positive Gefühle oder Empfindungen, nur den Gedanken: Das werde ich nicht mehr erleben. Solche Gedanken habe ich auch heute noch manchmal, doch damals war alles viel intensiver. Während der vielen Stunden in der Universitätsklinik für Psychiatrie und Psychotherapie bin ich im Geist alle Varianten meines von mir selbst herbeigeführten Todes durchgegangen.

Manche Optionen kamen aber von vornherein nicht in Frage, etwa mich mit einer Pistole zu erschießen. Das war schon alleine wegen des Suizids meines Vaters undenkbar. Um mich vom Dach oder einem hohen Stockwerk in die Tiefe zu stürzen, dafür war ich zu eitel, selbst in meiner ärgsten Depression. Aufhängen wollte ich mich auch nicht und Ertränken stellte ich mir furchtbar vor.

Eine der wenigen vorstellbaren Möglichkeiten, meinem Leben ein Ende zu setzen, waren Tabletten. Ich hatte ja sehr viele zur Verfügung, also wäre diese Todesart leicht durchführbar gewesen. Man hatte mir aber einmal gesagt, dass man sich bei einer zu hohen Dosis von Tabletten übergibt, da sie irgendeinen Zusatz beinhalten, der dies bewirkt. Davon abgesehen wird man oft noch rechtzeitig gefunden. Also blieb für mich nur eine Variante übrig, die allerdings auf eine Jahreszeit begrenzt war, und zwar, sich im Winter irgendwo mit Schlafmitteln ins Freie zu legen und zu erfrieren. Da schläft man ein und ist tot, dachte ich mir. Das wäre meine friedlichste Art zu sterben gewesen. Meinen Suizid in einer bestimmten Jahreszeit zu planen, kam mir aber doch ein bisschen zu grotesk vor. Und außerdem hat irgendwo doch immer der Gedanke mitgeschwungen, vielleicht werde ich noch rechtzeitig gefunden, oder vielleicht kann ich in letzter Minute noch ein Hilferuf-SMS schicken.

Ein Suizidversuch ist immer ein Hilfeschrei

Ein Suizidversuch ist immer ein Hilfeschrei, wie schlecht es einem wirklich geht. Man will seinen miserablen Zustand noch einmal dokumentieren, den die Umwelt ganz offensichtlich nicht wahrgenommen hat.

Mag sein, dass ich mich damals, im Frühjahr 2000, auch aufgrund der vorangegangenen Therapiegespräche mit Doktor Kunz ein bisschen verweigert hatte, aber in meiner Wahrnehmung gab es im AKH trotz einer mir zugeordneten Ärztin für mich fast keine Gesprächstherapie. Nur bei der morgendlichen Visite in meinem Einzelzimmer sprachen die Ärzte mit mir: Professor Siegfried Kasper, Vorstand der Universitätsklinik für Psychiatrie und Psychotherapie, Oberarzt Rainer Wolf, zahlreiche weitere Ärzte und Schwestern. Da wurde ich dann ausgefragt, und alle Blicke richteten sich auf meine Hände, was ich mit ihnen tat, ob ich sie am Rücken hielt, ob ich mit ihnen nervös spielte. Ich fühlte mich beobachtet und war überfordert.

Dort in der Psychiatrischen Abteilung, dem so genannten Südgarten, war ich auf einer Station, wo die unterschiedlichsten Fälle untergebracht waren, von Schizophrenie bis Depression. Zu den meisten Patienten hatte ich nur oberflächlichen Kontakt. Nicht, weil mich ihr Schicksal nicht interessiert hätte, aber ich hatte mit mir selbst genug zu tun. Mir ist nur aufgefallen, dass man mit manchen Patienten ziemlich bestimmend und wenig liebevoll und geduldig umging, während man sich für andere viel mehr Zeit nahm und diese auch weitaus respektvoller behandelte.

So wie wahrscheinlich die meisten meiner Mitpatienten wurde auch ich mit Medikamenten vollgepumpt, bis zu 16 Tabletten pro Tag. Sobald meine Antworten auf die gestellten Fragen nicht den Erwartungen der Ärzte entsprachen, wurden sofort wieder neue Medikamente verordnet. Geholfen hat aber auch dieser Medikamenten-Cocktail gar nichts – dennoch wurde regelmäßig kontrolliert, ob ich auch alle Pillen nahm.

Mein kompletter Tagesablauf, vom frühen Aufstehen an, war nur strapaziös, es war nichts dabei, was mir angenehm erschien. Nach der Visite konnte man bestimmte Stunden wie Malen, Basteln oder Ergotherapie besuchen. Für sportliche Betätigungen war ich körperlich nicht in der Lage, ich konnte nur die anderen Patienten vom Fenster aus beobachten. Ich hatte also den Großteil des Tages zur freien Verfügung und jede Menge Zeit zum Nachdenken, irgendwo im Freien auf einer Bank. Dort hörte ich mir dann auch die Leidensgeschichten von anderen Patienten an, weil ich für sie wie eine Art Therapeut war. Dank meiner eigenen Therapieerfahrung konnte ich wahrscheinlich sogar den einen oder anderen guten Rat geben, der meine Mitpatienten auffing. Das alles belastete mich aber noch mehr und machte mich traurig, was Menschen alles zu erdulden haben.

Ich versuchte, meine Depression zu verschlafen

Nach dem Mittagessen, das ich auf eigenen Wunsch oft zusammen mit den anderen einnahm und nicht alleine in meinem Zimmer, legte ich mich meistens nieder, um meine Depression zu verschlafen. Oft verspürte ich überhaupt keinen Hunger: Ich wollte nichts essen, zwang mich aber zu jedem einzelnen Bissen, um nicht ganz kraftlos zu werden. Und immer wieder dachte ich: »Mir ist so schlecht, ich will nicht mehr.«

Am Nachmittag versuchte ich, mir selbst ein Programm zu erstellen. Manchmal besorgte ich mir Zeitschriften, obwohl ich für gar nichts wirklich Interesse hatte. Einmal saß ich zitternd bei der Maniküre und Pediküre und genierte mich ganz schrecklich für meinen miserablen Zustand. Völlig überflüssig, denn das dortige Personal hatte schließlich ständig mit psychisch kranken Menschen zu tun.

Die Wochenenden waren besonders schlimm, weil es keine Behandlungen gab, die meisten Ärzte abwesend waren und nur kurze Visiten stattfanden. An diesen Tagen wurden die Minuten zu Stunden, jeder Patient war auf sich selbst gestellt. Meistens wollten mich zwar Leute besuchen, aber da ich nicht wusste, wer mir gut tun oder schaden würde, lehnte ich grundsätzlich alle Besuche ab. Ich fürchtete wohl auch ein wenig, mögliche Kränkungen über mich ergehen lassen zu müssen, für deren Abwehr ich nicht die nötige Kraft gehabt hätte. Also zog ich es vor, mich in mein Bett zu verkriechen und unter meiner Einsamkeit zu leiden.

Zu leiden hatte ich auch unter einer Ärztin, die nur sehr schlecht Infusionen setzen konnte. Nach zwei Fehlversuchen, für die sie mir die Schuld gab – angeblich bewegte ich mich immer –, holte sie eine Art Geschirr, mit dem ich festgebunden werden sollte, damit sich die Nadel nicht aus dem Arm lösen würde. Eigentlich hatte ich damals gar kein Selbstbewusstsein und zuvor auch niemals einem Arzt widersprochen, doch in diesem Fall wehrte ich mich vehement. Ich sagte, sie würde vielleicht noch fünfmal kommen müssen, weil sie sich so ungeschickt anstellte, aber ich ließ mir das nicht gefallen. Die Ärztin war daraufhin fuchsteufelswild, schrie mich an und unterstellte mir immer wieder, ich wäre zu unruhig, sie müsse mich fixieren. Aber da hatte sie keine Chance. Schließlich spielte ich noch meinen Bonus aus, dass ich Privatpatient bei Professor Kasper, dem Vorstand der Universitätsklinik für Psychiatrie und Psychotherapie, war. Daher hatte ich ja auch ein Einzelzimmer mit Kamera, die in meinem Fall jedoch nicht aktiviert wurde. Dennoch musste nachts ein kleines Licht aufgedreht bleiben. Und die Türen blieben halb offen.

Also konnte ich jede Nacht die arme alte Frau aus dem Nebenzimmer jammern hören, die in einem Gitterbett schlafen musste. Woran sie erkrankt war, weiß ich nicht, ich könnte mir aber vorstellen, dass sie unter »Verfolgungswahn« litt, weil sie ständig um Hilfe schrie. Sie bekam niemals Besuch. Und obwohl sie mir sehr leid tat, war ich seelisch nicht in der Lage, sie jemals in ihrem Zimmer zu besuchen.

Bei mir waren Besuche erlaubt, sogar zu jeder Tageszeit, aber ich wollte niemanden empfangen. Trotzdem waren alle einmal da. Ich kann mich noch genau erinnern: Wenn ich im Garten saß, konnte ich auf den Glas-Stiegenaufgang sehen und beobachten, wer mich gerade besuchen wollte, wie zum Beispiel meine Familie, mein Onkel oder Frau Gabriel, meine Assistentin. Da habe ich mich dann versteckt, weil ich niemanden sehen wollte. Diese Besuche waren nämlich eine Belastung für mich, Erzählen oder womöglich belangloses Reden war für mich sehr anstrengend. Da damals gerade ein neuer Firmenwagen für mich angeschafft werden musste, kam Frau Gabriel aber eines Tages doch mit den verschiedensten Katalogen zu mir ins Spital. Das Auto stand schon fest, es sollte ein M-Klasse-Mercedes werden, doch es ging noch um die Farbe, Ausstattung und weitere Details. Mit zwei Listen Sonderausstattung war ich völlig überfordert, ich hatte dann ganz einfach irgendwohin gezeigt.

Ich nahm das alles gar nicht mehr wahr, mir war auch das ganz egal, mich beherrschte ein einziger Gedanke: »Ich werde das sowieso nicht mehr erleben.« Denn obwohl die Tage hell und warm waren, sinnierte ich über den Tod und seine Tragweite. Der einzige Lichtblick im Spital war, dass ich spirituellen Kontakt zur Schöpfung, zur Kraft, ja eigentlich zu Gott aufnahm. Es fanden täglich Gottesdienste statt, die ich regelmäßig besuchte. Ich wollte nur mehr beten, beten, beten, damit ich keine verlorene Seele war. Bei diesen Gottesdiensten herrschte ein unglaublicher Sinn für Zusammengehörigkeit, alle meist rund 20, 25 Patienten der unterschiedlichsten Abteilungen hielten sich dabei an ihren Händen. Dieses Gemeinsame, diese Solidarität gab mir Kraft.

Ich hatte in meinem Zimmer ein Kruzifix, zu dem ich am Abend regelmäßig betete. Damals begann meine intensivere Beziehung zu Gott, und ich dachte nicht mehr so oft daran, mir etwas anzutun. Zu guter Letzt fragte ich den Pfarrer noch, ob ich auch als evangelisch Getaufter die Kommunion empfangen durfte. Ihm war meine Konfession gottlob egal, und für mich war es so, als würde ich bei jeder Kommunion einen göttlichen Funken spüren.

24

Keine Besserung in Sicht

Almdudler
Limonade

Kapitel 24

Keine Besserung in Sicht

Mein Zustand nach sechswöchigem Aufenthalt in der Universitätsklinik für Psychiatrie und Psychotherapie in Wien war niederschmetternd. Nachdem Professor Kasper meine medikamentöse Einstellung vorgenommen hatte, war ich anschließend einige Male in seiner Privatordination, wo wir über die weitere Einnahme der Medikamente sprachen. Ich klammerte mich an ihn wie an einen rettenden Strohhalm – schließlich war er mir von vielen Seiten als der beste Arzt zur Behandlung von Depressionen empfohlen worden.

Gesprächstherapie erlebte ich keine bei ihm, er schwor mehr auf medikamentöse Behandlung. Also hielt ich diese für einige Zeit ein, da auch meine Vertrauensärztin Caroline Kunz dies befürwortete. Nachdem ich aber subjektiv keinerlei Verbesserung meines Zustandes feststellen konnte, war ich jeder Veränderung gegenüber offen. Noch dazu, wo die Depression durch die jahrelangen Panikattacken und Verspannungen langsam immer mehr in meinen Körper drang.

Möglicherweise ist dieses Problem, dieses Rückenleiden ja auch schon in der Kindheit entstanden, wo man sich schützen will, man die Schultern hochzieht oder sich tot stellt, weil man gewisse Situationen innerhalb der Familie nicht aushält, es nicht hören will, wenn die Eltern streiten oder vielleicht sogar von Scheidung sprechen.

Mein Rücken wurde jedenfalls total steif, so dass ich für jegliche Art von Empfindungen unfähig war. Diese Myogelosen, knotige oder wulstförmige knochenharte Verhärtungen im Muskel, umgangssprachlich »Hartspann« genannt, waren durch den erhöhten Muskeltonus in der Kindheit – der wiederum durch Angst und Anspannung hervorgerufen wurde – noch stärker geworden, und durch die Panikattacken hatten sich meine Depressionen verstärkt.

Ich machte damals eine seltsame Erfahrung: Wenn man einen Muskel immer wieder anspannt, lässt er irgendwann einmal nicht mehr los. Er entspannt nicht mehr, er bleibt angespannt, zumindest fühlt es sich so an, weil er verlernt hat, sich zu entspannen. Und der Rücken soll ja eigentlich die Lebensgeschichte eines Menschen widerspiegeln. Mit diesen Myogelosen umzugehen war folglich fast so schwierig wie mit meinen Depressionen klarzukommen.

Eine neue Ära in meiner Leidensgeschichte

Jedenfalls bildeten alle diese Symptome nach meinem AKH-Aufenthalt den Anfang für eine neue Ära in meiner Leidensgeschichte. Nun hieß es nämlich, meine körperliche Depression zu bekämpfen. Doch selbst diverse Methoden, die meine Therapeutin Doktor Kunz mit mir versuchte (siehe Ratgeberteil), halfen nur bedingt. Gelegentlich kam es zwar zu einer kurzfristigen Verbesserung, aber sehr rasch war der alte Zustand wieder da – egal, ob es sich um Massagen, Akupunktur, Physiotherapie oder Osteopathie handelte. Es gelang niemandem, Herr meiner Rückenschmerzen zu werden.

Im Sommer 2001 empfahl mir Caroline Kunz als ihre Urlaubsvertretung Gerd S. (Name geändert), Facharzt für Psychiatrie und Neurologie. Da es mir wieder einmal psychisch ziemlich schlecht ging und ich zusätzlich unter Atemnot litt, hoffte ich auf seine Hilfe. Doktor S. nahm mich in der Privatklinik Döbling auf, wo man im Zuge diverser Untersuchungen wieder eine Lungenentzündung diagnostizierte und diese mit Antibiotika behandelte. Ich war aber auch psychisch total überdreht und in Panik, sodass der Psychiater mich mit einer Schlafkur zu beruhigen versuchte. Ich bekam alle vier Stunden Tabletten zum Einschlafen, und sobald ich aufwachte, gab man mir neuerlich Tabletten. Das war alles andere als angenehm, denn bei jedem Aufwachen war ich völlig wirr im Kopf.

Rasch bekam ich dann etwas zu essen und zu trinken und sofort eine neue Dosis zum Weiterschlafen. So sollte ich für drei bis vier Tage in einen Ruhezustand versetzt werden, danach wollte Doktor S. etwas anderes mit mir ausprobieren. Eigentlich bekam ich überhaupt nichts mehr mit, wusste aber in meinen kurzen Wachphasen, dass ich so nicht leben wollte. In meinem Zustand hatte ich keine Ahnung mehr, ob es Tag oder Nacht war.

Also brach ich die Behandlung vorzeitig ab, blieb aber noch in der Klinik, um meine Lungenentzündung auszuheilen. In dieser Zeit bekam ich meinen Arzt so gut wie gar nicht zu Gesicht, es besuchte mich wenn, dann meist nur abends, nachdem ich bereits meine Medikamente genommen hatte und eingeschlafen war. Er soll sich mein Krankenblatt angesehen haben und besprach eventuelle Veränderungen mit der Schwester, doch mit mir unterhielt er sich fast nie, da ich zum Zeitpunkt seines Besuches ja meistens schon tief und fest schlief. Ich wollte aber Auskunft über meinen Zustand und die neuen Medikamente bekommen, auf die er mich, wie jeder Arzt zuvor, umgestellt hatte. Also suchte ich Doktor S. einige Male in seiner Privatordination auf.

Für seine Therapiestunden verlangte der Herr Doktor knapp um die 3.000 Schilling (ca. 220 Euro), somit noch mehr als Professor Kasper, dessen Stundenhonorar sich um die 2.000 Schilling (ca. 145 Euro) belaufen hatte. Doktor S. versprach aber so fair zu sein, bei einer eventuell kürzeren Sitzung, also weniger als 50 Minuten, nur den aliquoten Teil zu verrechnen. Wie sich dann herausstellte, kam es dazu aber nie. Meine Therapiestunden wurden nämlich auch gerne für andere Dinge verwendet. So stand Doktor S. manchmal auf, um sich Kaffee zuzubereiten und bot auch mir welchen an, so, als hätten wir nichts anderes und für mich viel Wichtigeres zu tun, nämlich uns mit meinen Problemen auseinanderzusetzen. Enttäuscht wendete ich mich daher sehr rasch von diesem Experten ab und wieder meiner aus dem Urlaub zurückgekehrten Therapeutin Caroline Kunz zu.

Da sich auch meine Rückenprobleme in der Zwischenzeit nicht verbessert hatten, sah sie schließlich in Psychopax, einem bei längerer Anwendung abhängig machendem Diazepam, die einzige Möglichkeit, die Skelettmuskulatur kurzfristig »weicher« zu machen. Damit überstand ich unter ihrer ärztlichen Aufsicht ein paar Wochen recht gut – auch wenn alle den Kopf schüttelten und meinten: »Wie kann Ihre Ärztin so etwas machen?«

Meine lapidare Antwort darauf war immer die gleiche: »Haben Sie die Schmerzen oder ich?« Es handelte sich ja nur um eine vorübergehende Behandlung.

Meine Morphium-Abhängigkeit

Die Psychopax-Tropfen reduzierten alles: meine Panik, meine Schmerzen, aber auch meine Motorik. Damals nahm ich täglich dreimal 20 Tropfen. Diazepam, der wirksame Bestandteil dieses rezeptpflichtigen Medikaments, besitzt angstlösende, muskelerschlaffende und krampflösende Eigenschaften und wirkt zusätzlich beruhigend und schlaffördernd. Da aber die längere Einnahme oder hohe Dosierung von Psychopax abhängig machen kann, sollte das Medikament nach einiger Zeit langsam abgesetzt werden. Ich wehrte mich natürlich dagegen, weil ich ohne die Tropfen extreme Schmerzen hatte. Am liebsten hätte ich sie immer und immer weiter genommen. Doktor Kunz meinte aber, dass deren Einnahme über längere Zeit gefährlich wäre, weil ein irgendwann nötiger Valium-Entzug dann ganz besonders schlimm wäre.

Von einer Patientin, die ebenfalls unter unerträglichen Rückenschmerzen litt, bekam meine Therapeutin schließlich einen Orthopäden aus Bad Vöslau empfohlen, der auch in der Confraternität-Privatklinik Josefstadt in Wien Patienten behandelte. Doktor Manfred P. (Name geändert) machte bei typischen Schmerzpatienten Infiltrationen. Also bei jenen Patienten, die sich in einer Schmerzspirale befinden, von früh bis spät nur mehr an Schmerzen denken und gar nicht mehr wissen, was es heißt, keine Schmerzen zu haben.

Der Sinn dieser Behandlung ist, das Gehirn des Patienten vom Schmerz zu befreien. Durch die Infiltration verspürt der Patient keinen Schmerz mehr, er befindet sich allerdings in einer Art Rauschzustand, denn der tatsächliche Inhalt dieser Infiltrationen war Dipidolor, ein Opioid mit morphinartigen Eigenschaften. Da der Körper aber auch eigene Opioide zur Schmerzunterdrückung produziert, sollte die Behandlung eigentlich kein Widerspruch sein. Damals wusste meine Ärztin Doktor Kunz allerdings noch nichts über den wirklichen Inhalt dieser Infiltrationen und wie weit ihr Kollege P. tatsächlich gehen würde. Somit konsultierte ich den vielversprechenden Arzt und bekam auch sofort meine erste Infiltration mit Opioiden, wie er sagte. Einmal pro Woche wurde zuerst vereinbart, später wurde mit Dr. P.s Einverständnis die Behandlung auf zweimal pro Woche erhöht. Außerdem schrieb er mir Schmerzrezepte für die Tage, an denen ich nicht bei ihm war, damit ich mir die Ampullen selbst in der Apotheke besorgen konnte. Das Problem, wie sich später herausstellte, war nur, dass es Dr. P. noch nie zuvor mit einem depressiven Schmerzpatienten zu tun gehabt hatte. Er unterschätzte mein Suchtpotenzial völlig und auch die Depression, die den Rauschzustand ja liebt, weil der Betroffene dann »gut drauf« ist.

Obwohl ihn Doktor Kunz und Doktor Molnar auf die Sucht-Anamnese in meiner Familie hingewiesen und um Vorsicht gebeten hatten, versicherte ihnen der »Herr Kollege«, dass er sehr genau wisse, was er tue, denn er ginge nach den neuesten WHO-Studien vor. Dr. P. war von seiner Vorgangsweise völlig überzeugt. Doch für einen depressiven Menschen mit einem ausgeprägten Abhängigkeitspotenzial war diese Art der Behandlung sicher nicht die richtige. Und speziell die eigene Verwaltung der Opioide war für mich extrem gefährlich.

Meine damalige Assistentin und manche Freunde nahmen auf meinen Wunsch immer öfter die intramuskulären Infiltrationen an jenen Punkten am Rücken vor, die mir besonders weh taten. Und obwohl ich mich lange an die vorgeschriebenen Mengen hielt, sind sie langsam doch mehr geworden, und irgendwann ist mir alles entglitten. Denn bei mir zeigten die Infiltrationen in zweierlei Hinsicht ihre Wirkung: nämlich in Schmerzfreiheit und in Euphorie. Ich habe sogar ein Ampullen-Buch geführt, aber ab einem gewissen Zeitpunkt begann ich zu lügen, sagte, mir wären zwei Ampullen hinuntergefallen und zerbrochen und erfand weitere Ausreden.

Im Laufe der zwei Jahre, die ich bei Dr. P. in Behandlung war, sprach er natürlich immer wieder mit mir, erkundigte sich nach meinem Befinden und auch nach der Dosis, die ich bekam. Er sah seine Vorgangsweise in der offensichtlichen Verbesserung meines Zustandes bestätigt. Tatsächlich ist der Orthopäde aber nie meinem Treiben nachgegangen oder hat auch nur ansatzweise versucht, es zu kontrollieren, so wurde mein Konsum ständig höher.

Bei meinen wiederholten stationären Aufenthalten in der Confraternität-Privatklinik lernte ich schließlich den dortigen Chef-Anästhesisten Primarius Wolfgang Oberkogler kennen. Seine Behandlungen unterschieden sich maßgeblich von jenen von Dr. P. Seine Infiltration dauerte jedes Mal eineinhalb Stunden, während bei Dr. P. alles in kürzester Zeit erledigt war. Der Narkosearzt führte die Nadeln durch den Muskel bis zum Knochen, er ließ sich sehr viel Zeit und machte alles ganz gewissenhaft und genau. Nach einer solchen Behandlung war ich jedes Mal vollkommen »high« und torkelte über den Gang in mein Zimmer. Zweimal traf mich der ärztliche Direktor, Primarius Wolfgang Aulitzky, in diesem Zustand auf dem Gang an. Er war nicht gut auf mich zu sprechen, denn er hatte mich nämlich einmal am Computer im Schwesternzimmer vorgefunden, als ich gerade meine E-Mails abrufen wollte. Ihn schockierte schon mein Aussehen, denn ich hatte damals einen Irokesen-Haarschnitt und trug ein Tanktop, bei dem man alle Tattoos an meinen Oberarmen sehen konnte.

Als er sich endlich »gefangen« hatte, fragte er mich in wenig freundlichem Ton: »Was machen Sie da?« Ich antwortete: »Ich bin Patient hier und habe die Schwestern gefragt, ob ich meine E-Mails abrufen darf.«

»Da haben Patienten keinen Zugang, da sind ja die Krankengeschichten der Patienten drinnen«, erwiderte der Primarius. Ich wiederholte, dass ich nur rasch meine Mails lesen wollte. Da blieb er hinter mir stehen, um zu kontrollieren, dass ich ja nichts anderes machte. Ich hatte das Gefühl, als würde er mich wie ein kleines Kind behandeln. Daraufhin stellte ich mich besonders langsam an, ich verhielt mich provokant.

Jedenfalls nahm langsam alles seinen Lauf. Zusätzlich zu den Infiltrationen hatte man mir bei starken Schmerzen alle vier Stunden eine halbe Ampulle des Opioids subkutan gespritzt zugestanden. Natürlich nutzte ich alles voll aus, denn die Wirkung war großartig, führte aber anscheinend noch mehr in die Abhängigkeit.

Wenn ich in dieser Zeit nicht gerade im Spital war, ging es mit meiner Arbeit gut voran. Ich wurde wieder belastbarer. Mein Interesse für die Firma steigerte sich und ich nahm mich selektiv einzelner Projekte, vor allem kreativer, an.

Generell unterscheidet sich auch heute mein Arbeitsalltag von dem vieler Menschen. Ich sitze nicht von 8 bis 17 Uhr in der Firma, ich teile mir meine Zeit individuell ein – entsprechend meinem Gesundheitszustand und vielen Auswärtsterminen. Ein genaues Zeitmanagement ist für mich sehr wichtig, da ich zwischen den einzelnen Terminen Ruhe benötige, sei es, um Abstand zu manchen geschäftlichen Entscheidungen zu bekommen, zu meditieren oder mit meinem Hund spazieren zu gehen. Damals konnte ich sogar Sport betreiben, denn ich hatte ja meine Ampullen mit dem morphinartigen Medikament.

Doch eines Tages sollte damit Schluss sein: unerwartet und völlig abrupt. Dr. P. hatte nämlich festgestellt, dass ich Doktor Oberkogler nur »benutzte«, um an meine Ampullen zu kommen, und mir andererseits alle vier Stunden noch mehr Dipidolor von den Schwestern spritzen ließ. Also kam er eines Morgens in mein Zimmer und erklärte mir, es wäre alles entglitten, und er würde ab sofort meine Behandlung beenden, mir keine Rezepte mehr schreiben, nichts mehr für mich tun. Dass er mich von einer Minute auf die andere fallen ließ, wie ich das damals empfand, mache ich ihm heute noch zum Vorwurf. So hätte er sich nicht seiner Verantwortung entziehen dürfen.

Doktor Oberkogler verstand Dr. P.s Vorgangsweise nicht und bemühte sich, mich »aufzufangen«. Er kümmerte sich weiterhin um mich, behandelte mich und verschrieb mir Fentanyl, ein ebenfalls synthetisches Opioid, mit dem er bessere Erfolge erzielen wollte. Doch schließlich hatte sich die ursprüngliche tägliche Dosis verdreifacht.

Ich wollte für nichts und niemanden mehr verantwortlich sein

Als ich im Sommer für drei Wochen nach Mallorca fliegen wollte, stattete mich mein ärztlicher Vertrauter noch mit genügend Opioiden aus, nicht ohne mir jedoch die genaue tägliche Dosierung aufzutragen. Doch noch bevor ich mich auf die Reise machen konnte, überfiel mich ein neuerlicher Depressions-Anfall. Einer Ohnmacht nahe, lag ich zwei Tage lang nur im Bett, während mich sedierende Medikamente beruhigten. Ich hatte nicht einmal die Kraft, auf so manches eingehende SMS zu antworten.

Dass sich meine Familie und Freunde um mich Sorgen machten, war mir in dem Moment egal. Der Medikamentencocktail aus Antidepressiva und jeder Menge Diazepam, den ich mir genehmigte, versetzte mich in einen Zustand, der von Gleichgültigkeit bis Resignation reichte. Ich wollte für nichts und niemanden mehr verantwortlich sein.

Selbst meine Zwiesprache mit Gott verlieh mir keinen positiven Impuls. Mein letzter Rettungsanker schien unterzugehen – so wie ich selbst auch. Da fielen mir die Ampullen mit Fentanyl ein, die ich von Doktor Oberkogler für meinen dreiwöchigen Urlaub bekommen hatte. Hektisch öffnete ich den Kasten, wo ich die kleinen Fläschchen deponiert hatte, brach eines nach dem anderen auf und wollte mir deren Inhalt auf einmal spritzen.

Ich hatte die Ampullen schon aufgezogen, als ich meinen Arzt doch noch einmal anrief, um ihn über mein Vorhaben zu informieren. In einem sehr langen Gespräch gelang es ihm dann, mich davon abzubringen. Würde ich mich jetzt umbringen, würde nur mehr er zur Rechenschaft gezogen. Er hätte mir vertraut, und nun würde ich dieses Vertrauen missbrauchen. Ich ließ mich wirklich überreden und entsorgte den Inhalt aller Ampullen ins Klo. Zudem trug mir Doktor Oberkogler auf, sofort mit dem Taxi in die Confraternität zu fahren, wo sich einer seiner Kollegen meiner annehmen würde, nämlich Professor Herbert P. (Name geändert), Facharzt für Psychiatrie u. Neurologie von der Neurologischen Universitätsklinik des Wiener AKH.

Das Ende der Geschichte sah dann so aus: Die Giftbücher von Dr. P. wurden kontrolliert, worauf dieser furchtbar sauer auf mich war und schon gar nichts mehr mit mir zu tun haben wollte. Mein bisheriger Vertrauter Doktor Oberkogler zog sich auch zurück – was ich irgendwie auch verstand –, und der Einzige, der mir blieb, war Professor P. Und was tat er?

Der Arzt setzte sämtliche Medikamente ab und ließ mich einen kalten Entzug machen

Er setzte von einem Tag auf den anderen sämtliche Medikamente ab und ließ mich einen kalten Entzug machen. Ich hatte kein Dipidolor oder Fentanyl mehr, keine Antidepressiva, nur eine kleine Dosis eines Neuroleptikums. Ich war im vierten Stock untergebracht, und es lag für mich nahe, einfach aus dem Fenster zu springen. Einmal hätte ich es auch beinahe getan, doch sofort war meine Therapeutin Caroline Kunz zur Stelle, die mich davon abhielt. Sie empfand diesen Entzug als sehr gefährlich, ihrer Meinung nach hätte ich dafür in eine psychiatrische Klinik mit geschlossenen Fenstern, Sitzwachen und mit einem entsprechend geschultem Personal gehört.

Als mich meine Assistentin Brigitte Stoiser damals besuchte, fürchtete sie bei meinem Anblick, dass ich diesen körperlich schrecklichen Entzug nicht überleben würde. Wie immer tat sie das Richtige, diese Frau, die ich 1999 nach einem kurzen Vorstellungsgespräch nur ihrer blauen Augen wegen als »Assistentin der Familie Klein« eingestellt hatte. Ihre Augen signalisierten mir damals ein großes Herz, Flexibilität und Geduld – unentbehrliche Eigenschaften, um mit mir und meiner Familie zurechtzukommen. Ich lag völlig richtig, denn viele meiner Freunde nennen sie heute »Mutter Stoiser«, ich selbst habe sie in meinem Handy unter »Mama Stoiser« gespeichert. Brigitte Stoiser war immer loyal, ist mir in meinen schlimmsten Phasen ohne Rücksicht auf Verluste zur Seite gestanden und wächst oft über sich hinaus.

Wie auch damals, als sie sofort meine Mutter und meine Schwester mobilisierte, die entsetzt waren, als sie von meinem Zustand erfuhren, aber in Wahrheit nichts dagegen tun konnten. Und da sie diese Behandlungsmethode von Anfang an verteufelt hatten, kamen sie mich auch nur mit gemischten Gefühlen besuchen. Auch mir war bei ihrem Erscheinen irgendwie nicht wohl. Einerseits hatte ich Schuldgefühle, andererseits war ich mir sicher, dass ich ohne diese Medikamente mit ihren morphinartigen Eigenschaften nicht überlebt hätte. Doch nun musste Schluss damit sein – das sagte auch meine innere Stimme.

Ich flehte den Arzt um Ersatzmedikamente an, doch er blieb ruhig, besonnen – und unerbittlich. Heute glaube ich, dass er nicht abschätzen konnte, wie es mir tatsächlich ging. Denn er reagierte auch nicht auf die unzähligen Mails, die ihm Doktor Kunz schrieb, um eine Änderung seiner Vorgangsweise herbeizuführen. Es gibt zwar Situationen, in denen ein totaler Medikamentenstopp für ein paar Tage angebracht ist, aber nicht bei einer so starken Abhängigkeit von einem morphiumartigen Medikament.

Meine Frau Rosa trieb dann eine Tag-und-Nacht-Sitzwache für mich auf, deren Kosten die Familie gemeinsam übernahm, damit ich ständig, eben auch nachts, bewacht wurde. Ich konnte nicht schlafen, da ich absolut kein Medikament bekam, lediglich irgendein harmloses Pulver, das keinerlei Wirkung zeigte. Als Alternative wurden mir pflanzliche Nerventropfen angeboten, die nicht einmal bei einem Meerschweinchen etwas bewirkt hätten.

Auch für Doktor Kunz war die damalige Vorgangsweise völlig unverständlich. Man gab mir schlicht und einfach das Gefühl, dass man mich in der Confraternität nicht haben wollte. Ich hatte das subjektive Gefühl, fallen gelassen zu werden, denn durch meine Mehreinnahme an Opioiden war ich für alle ein »Drogenabhängiger«, mit dem sie nichts mehr zu tun haben wollten. Ergo sollte ich wohl möglichst rasch aus der Privatklinik verschwinden.

Meine Vertrauensärztin Doktor Kunz sah dann die einzige Möglichkeit für einen Entzug bei Professor Reinhard Haller im Behandlungszentrum für Suchtkranke in Maria Ebene in Vorarlberg. Und so flog ich von heute auf morgen dorthin – für einen sechswöchigen Morphium-Entzug nach einer mindestens zweijährigen Abhängigkeit. Wie schwierig so etwas ist, hat auch die Schauspielerin Jamie Lee Curtis bestätigt. Sie sagte einmal in einem Interview, es wäre die größte Leistung ihres Lebens, einen Morphium-Entzug erfolgreich geschafft zu haben.

Thomas Klein: »Mein Schutzengel«, gemalt während der Psychotherapie

25

Die neue Ära bei Almdudler

Almdudler

Kapitel 25

Die neue Ära bei Almdudler

Zu jener Zeit hatte ich noch die alleinige Verantwortung über unser Unternehmen, die Firma A. & S. Klein. Ich hatte allerdings durch den längeren Opioidgenuss immer mehr den Bezug zur Realität verloren. Aufgrund der durch das Medikament hervorgerufenen Euphorie ließ ich mich auf geschäftliche Projekte ein, die weniger vielversprechend waren, als sie mir erschienen. Außerdem stimmte ich Sponsoring in einem Ausmaß zu, vom dem die Marke kaum profitierte und das nur sehr viel Geld verschlang. Ich war für Menschen eine leichte Beute, die sich Geld von mir ausborgen, gelegentlich sogar geschenkt haben wollten.

Als ich mich nun in Maria Ebene aufhielt, bekam ich Informationen, dass bei einer von meiner Schwester einberufenen außerordentlichen Gesellschafterversammlung genaue Aufklärung über die aktuellen Firmenausgaben verlangt wurde. Für mich war klar, dass nur mein Onkel und unser Steuerberater Franz Reiter meiner Schwester einen diesbezüglichen »Floh ins Ohr« gesetzt haben konnten. Offenbar mit Absicht genau zu jenem Zeitpunkt, als ich nicht in der Lage war, mich in irgendeiner Form zu rechtfertigen, denn ich war weit weg auf Entzug in Vorarlberg. Die Versammlung verunsicherte meine Mutter und meine Schwester noch mehr, so dass meine Schwester auf eine Betriebsprüfung durch eine neutrale Person bestand.

Sie entschied sich für die Unternehmensberatung Kramar, Sixt & Partner, die ihr von Freunden empfohlen worden war. Wolfram Kramar übernahm schließlich die Prüfung persönlich. Zu diesem Zeitpunkt war ich noch persönlich haftender Gesellschafter und Geschäftsführer, also Komplementär, meine Mutter und Schwester nur beschränkt haftende Gesellschafter, also Kommanditisten, mein Onkel Doktor Messner war laut Firmenbuch Einzelprokurist, dachte aber, er wäre Geschäftsführer, und wurde eigentlich auch von allen so angesprochen und behandelt.

Alle diese Vorgänge fanden also in meiner Abwesenheit und ohne meine genaue Kenntnis statt. Ich wusste einzig und allein, dass eine interne Betriebsprüfung ins Haus stand, und das ohne mich. Natürlich trug dieser Umstand zu keiner Verbesserung meines Zustandes bei. Ich ahnte, dass ich alleine für alle Fehler verantwortlich gemacht werden sollte. Deswegen nahm ich all meine Kraft zusammen und rief meinen Onkel an.

Mein Onkel, der immer extrem freundlich zu mir gewesen war, mich seinen »Lieblingsneffen«, seinen »Sonnenschein« nannte, war bei meinem Anruf aus Maria Ebene plötzlich ganz anders, kurz angebunden, und man merkte, dass er aus irgendeinem Grund ein schlechtes Gewissen hatte. Als ich ihn auf die Betriebsprüfung ansprach, meinte er, dass er nichts dafür könne, ihm wären die Hände gebunden.

Der »blöde Bub« sollte aus dem Unternehmen entfernt werden

Ursprünglich wurde Doktor Kramar in den Himmel gehoben, und auch ich fand gut, dass er einige Missstände aufdeckte. Mein Onkel und unser damaliger Steuerberater Franz Reiter wiesen ihn in erster Linie auf meine Vergehen hin und kopierten in einer Nacht-und-Nebel-Aktion sämtliche Belege aus der Buchhaltung, auch Essensrechnungen und andere Ausgaben meinerseits. Ich war der »blöde Bub«, der aus dem Unternehmen entfernt werden sollte, so die Originalworte unseres damaligen Steuerberaters, der davor immer übertrieben freundlich zu mir gewesen war.

Doktor Kramar erkannte, dass man mich als Buhmann hinstellen und mir alle Schuld in die Schuhe schieben wollte. Er stellte auch fest, dass die wirtschaftliche Situation des Unternehmens in erster Linie wegen der Flops von »Pro Ego« und »Almdudler Sport«, unseren damaligen kostenintensiven Versuchen, in ein neues Getränkesegment vorzustoßen, nicht so rosig war. Damals hatten wir das Wellnessprodukt und den Sportdrink eingeführt, die sich nach zwei bis drei Jahren als Megaflops herausstellten und uns an die 40 Millionen Schilling (rund 2,9 Millionen Euro) kosteten. Dagegen waren meine »Investitionen« geradezu lächerlich.

Die Idee zu diesen Produkten wurde von Agenturen entwickelt, die Geschmacksrichtung war nicht wirklich toll, und außerdem wussten wir damals nicht, dass man dem Hersteller von Limonaden nicht die Kompetenz für ein Wellnessgetränk abnehmen würde. Das bleibt offensichtlich den Mineralwasserherstellern mit »Near-Water-Produkten« vorbehalten. Zudem machten wir auch eigene Fehler, der Verschluss von Almdudler Sport war undicht, und der Handel schickte uns alle Flaschen wieder zurück. Mit Pro Ego waren wir die dritte Firma, die ein Wellnessprodukt auf den Markt brachte, und somit nicht mehr interessant. Alles in allem wurde genug Geld in den Sand gesetzt, man warf aber alleine mir vor, ich hätte viel zu viel aus der Firma entnommen, und deswegen sei das Unternehmen in eine gefährliche Krise geschlittert.

Ursprünglich analysierte Doktor Kramar also als neutraler Unternehmensberater die Situation der Firma. Als ich von Maria Ebene nach Wien zurückkam, fand dann ein Gespräch mit meiner Mutter, meiner Schwester, ihm und mir statt. Sämtliche Fehler, nicht nur von meiner Seite, wurden besprochen, auch die falschen Investitionen in den Markt, folglich auch die Ideen meines Onkels und unseres damaligen Marketingleiters.

Jedenfalls wurde mehrheitlich beschlossen – meine Mutter und meine Schwester verfügen ja zusammen über 75 Prozent der Firmenanteile –, dass ich den Posten als Geschäftsführer zurücklegen musste und Doktor Kramar wie auch mein Onkel Geschäftsführer wurden, Doktor Kramar erster, aber nur interimsweise, und mein Onkel zweiter.

Doktor Kramar behandelte die Mitarbeiter unserer Firma dann aber in einer sehr autoritären Art und verschreckte alle. Längere Zeit verkaufte er sich der Familie gegenüber gut, führte im Betrieb aber ein Regiment, das überhaupt nicht zu Almdudler passte. Unter seiner »Herrschaft« war die Philosophie meines Vaters vollkommen verlorengegangen. Er passte einfach nicht in unser Familienunternehmen.

Glücklicherweise hatte meine Frau dann die wirklich gute Idee, den Cousin ihres Vaters, den Unternehmer Hans Schmid, in unsere Firma zu holen. Er plädierte dafür, mir die Möglichkeit zu geben, alles erklären zu können, schließlich hatte ich das Unternehmen jahrelang geleitet. Er schlug eine neue Firmenkonstruktion vor, und wir gründeten einen Aufsichtsrat, dem meine Mutter und meine Schwester, Diplom-Kaufmann Schmid und ich angehörten. Mein Onkel ging in Pension und stand ab sofort als Konsulent zur Verfügung. Doktor Kramar blieb vorerst Geschäftsführer. Leider begannen Wirtschaftszeitungen damals schlecht über unser Unternehmen zu schreiben. Sie wollten gehört haben, dass wir unseren Firmensitz in der Hackhofergasse aufgrund der schlechten finanziellen Lage verkaufen mussten, obwohl wir ein neues, zu uns passendes »Almdudler Haus« bauen wollten.

Da Doktor Kramar nun seine Arbeit bei uns erledigt hatte und sich wieder seiner eigenen Firma widmen wollte, bat die Familie Hans Schmid, einen Nachfolger, der sich ausschließlich um Almdudler kümmern sollte, zu finden.

So stellte uns Hans Schmid eines Abends Gerhard Schilling in der »Skybar« vor, und wir entschlossen uns gleich bei diesem ersten Gespräch für ihn als neuen Geschäftsführer – nach einer kurzen »Aufsichtsratssitzung« auf der dortigen Toilette.

Wie sich schließlich herausstellte, war vieles dokumentiert, so dass es zu einer gewissen Rehabilitierung meiner Person kam. Und obwohl man mich einerseits ein wenig als »schwarzes Schaf« hinstellte und ich auch eine Teilschuld auf mich nahm, bestellte mich Hans zum Aufsichtsratsvorsitzenden. Darüber freute ich mich, aber der Titel bedeutete mir grundsätzlich nicht viel. Doch viele Menschen gratulierten mir daraufhin zu dieser Ernennung, sogar in den Medien nahm ich in diversen Rankings einen vorderen Platz ein.

Kurz darauf hatte ich dann die undankbare Aufgabe, unseren Marketingleiter zu kündigen und meinen Onkel in den Ruhestand zu verabschieden. Doktor Messner erhielt noch bis Ende 2006 einen Konsulentenvertrag und eine gute Abfindung. Er war mit dieser Entscheidung aber nicht glücklich, er gehört nämlich zu jenen Menschen, die ihren Job mit Leib und Seele machen, er wäre am liebsten heute noch in der Firma tätig.

Es begann eine neue Ära bei Almdudler

So begann mit vielen Veränderungen die neue Ära bei Almdudler. Gerhard Schilling ist seit dem Sommer 2004 alleiniger operativer Geschäftsführer, Hans Schmid ist nach wie vor im Aufsichtsrat, gemeinsam mit meiner Mutter, meiner Schwester und mir. Ich habe mir Schritt für Schritt mein Revier zurückerobert, Magister Schilling und ich haben einander immer besser kennen gelernt, und unsere Zusammenarbeit hat sich großartig entwickelt. Die Zeit mit ihm ist die bisher angenehmste in meiner beruflichen Karriere. Es herrscht eine natürliche Offenheit, ich werde nicht denunziert, und es wird nicht mehr gegen mich intrigiert, wie das früher der Fall war.

Trotzdem ist es mir am Anfang nicht leichtgefallen, loszulassen. Früher hatte ich alles selbst bestimmt, plötzlich bekam ich einen Geschäftsführer vorgesetzt. Loslassen und sich auf etwas Neues einlassen ist immer schwierig im Leben. Anfänglich wurde ich von der Familie noch beobachtet. Ich fühlte mich manchmal wie eine alte Dampflock, die auf dem Abstellgleis steht und ab und zu aufpoliert wird, weil man sie braucht, aber dann wieder aufs Abstellgleis zurückstellt.

Doch irgendwann stellte man fest, dass ich schon immer das Aushängeschild der Firma Almdudler gewesen bin, obwohl das sehr lange in der Familie und im Betrieb nicht ausgesprochen wurde. Immerhin hatte ich 1983, nach dem Tod meines Vaters, ein Unternehmen mitübernommen, das schon einige Jahre davor in den roten Zahlen gewesen war.

Damals hatte uns die damalige Brau A. G. für die gesamte Marke lächerliche 70 Millionen Schilling (ca. 5 Millionen Euro) angeboten, eine Summe, die weit unter unserem Markenwert lag. Wir, mein Onkel und ich, entschieden uns aber, die Marke neu zu positionieren und den Vertrieb von Almdudler in Österreich deutlich zu verbessern. Wir arbeiteten mit der Werbeagentur Mang & Partner ein ganz neues Werbekonzept aus. Ergebnis dieses Konzepts war der revolutionäre und mittlerweile legendäre Spruch »Wenn die kan Almdudler hab'n, geh i wieder ham«. Auch Coca-Cola interessierte sich damals für den Erwerb der Marke »Almdudler«, doch im Familienrat wurde endgültig beschlossen, die Marke im Besitz der Familie Klein zu belassen. Nach eineinhalbjährigen Verhandlungen gelang es uns – weltweit nahezu einzigartig –, dass die Coca-Cola-Lizenznehmer ab sofort auch Almdudler abfüllten und vertrieben. Die darauffolgenden Jahre waren sehr erfolgreich, wir schrieben schon nach kurzer Zeit wieder schwarze Zahlen.

Ich bin sehr stolz darauf, was meinem Onkel und mir vor vielen Jahren gelungen ist. Denn wir haben mit den damaligen Entscheidungen ein Fundament geschaffen, das maßgeblich für den späteren Erfolg von Almdudler verantwortlich war.

2004 zog sich unsere Familie, also meine Mutter, meine Schwester und ich, die wir zusammen nach wie vor 100 Prozent des Unternehmens besitzen, in den Aufsichtsrat der Almdudler-Limonade A. & S. Klein GmbH & Co KG zurück. Seither steuern wir als aktive Eigentümer die strategischen Geschicke der Marke »Almdudler«. Wobei ich das Gefühl habe, dass sich für mich nur auf dem Papier etwas geändert hat, nämlich dass ich nicht mehr operativ tätig bin. Tatsächlich hat sich meine zeitliche Präsenz in der Firma nicht wirklich verändert.

Der Kontakt zu unseren Mitarbeitern ist mir sehr wichtig, und für unseren Geschäftsführer Gerhard Schilling bin ich jederzeit greifbar. Meine Mutter und meine Schwester hingegen nehmen primär an den Aufsichtsratssitzungen teil, wo Großentscheidungen gefällt werden. Da meine Schwester seit einiger Zeit aber großes Interesse an der Firma zeigt, beziehen wir sie jetzt viel mehr in alles Geschäftliche ein als früher.

26

Mein Aufenthalt in der Salzburger Klinik

POLAROID
SX-70 LAND CAMERA
ALPHA 1 MODEL 2

Kapitel 26

Mein Aufenthalt in der Salzburger Klinik

2004 ließ meine physische und psychische Verfassung nach wie vor sehr zu wünschen übrig. Mein Aufenthalt in Maria Ebene hatte mir zwar bei meinem Morphium-Entzug geholfen, doch ich hatte immer wieder schwere psychische Einbrüche, da ich ja leider mehrfach belastet bin. Einerseits leide ich an einer endogenen, praktisch vererbten Depression seitens meiner Urgroßmutter und meines Vaters, die man nie wirklich ganz in den Griff bekommt. Andererseits spielt bei mir aber auch die exogene Depression, die aufgrund des Umfeldes bzw. aufgrund von Ereignissen wie etwa des Todes eines nahestehenden Menschen und eines berufsbedingten Burnouts entstehen kann, eine Rolle. Diese Art der Depression ist etwas »leichter« zu behandeln, sowohl mit Gesprächstherapien als auch mit Medikamenten. Zusätzlich zu meinen Depressionen machten mir aber meine Rückenschmerzen das Leben ziemlich schwer.

Auf Anraten meines Freundes Doktor Molnar, der mit einem Patienten gute Erfahrungen gemacht hatte, ging ich im Frühjahr 2004 in die Christian-Doppler-Klinik in Salzburg. Denn nach Maria Ebene und den beruflichen Veränderungen war ich völlig orientierungslos. Ich wusste nicht einmal mehr, wo ich hingehörte. War es Wien oder Mallorca? Da ich in Spanien aber so gut wie überhaupt keine ärztliche Betreuung für meine Psyche hatte, kam Mallorca nicht in Frage.

An der Universitätsklinik für Psychiatrie und Psychotherapie der Doppler-Klinik in Salzburg war ich mit einem normalen Spitalsbetrieb konfrontiert, wo primär mit Medikamenten »gearbeitet« wurde. Sobald man aber einmal aussprach, dass man suizidgefährdet war, wurde man sofort auf die geschlossene Abteilung einen Stock tiefer verlegt. Mir ist dieses Schicksal erspart geblieben. Traurigerweise war jedoch gerade die geschlossene Abteilung ständig total überfüllt, und alle Patienten dort schienen komplett sediert, also medikamentös ruhig gestellt.

Die Elektrokrampftherapie lehnte ich energisch ab

Prof. Dr. Christoph Stuppäck, Vorstand der Klinik, war »mein« Arzt, der mich betreute und auch jeden Tag zur Visite kam. Aufgrund der Hartnäckigkeit und der langen Dauer meiner Depression schlug er mir eine Behandlungsweise vor, deren Name mir nichts sagte. Also machte ich mich schlau und fand heraus, dass es sich bei der EKT um die Elektrokonvulsions- oder Elektrokrampftherapie, ähnlich der einst gefürchteten Elektroschocktherapie handelt, deren wichtigste Nebenwirkungen sich in kognitiven Störungen, vorwiegend das Gedächtnis betreffend, manifestieren. Im Klartext heißt das, dass die EKT Erinnerungslücken, aber auch Aufmerksamkeitsstörungen und Verwirrtheitszustände hervorrufen kann. Eine dortige Patientin, die solche Behandlungen – davon sind in der Regel nämlich 6 bis 12 Sitzungen nötig – über sich ergehen ließ, erzählte mir, dass sie sich danach an die Hälfte ihres Lebens nicht mehr erinnern konnte. Also war mir klar, dass die EKT für mich nicht in Frage kam. Professor Stuppäck meinte allerdings, dass das alles nicht wahr wäre. Das Wirkprinzip der EKT besteht in der Auslösung eines epileptischen Anfalls durch Verabreichung von elektrischem Strom am Schädel des narkotisierten Patienten. Man vermutet, dass durch die Auslösung der unkontrollierten elektrischen Entladungen im Gehirn der Stoffwechsel der Neurotransmitter und Hormone so beeinflusst wird, dass es zu einer Neuorganisation im Nervensystem kommt. Danach sollen sich bestimmte psychiatrische Symptome wie Wahn, Depressivität, insbesondere schwere depressive Hemmungen, deutlich reduzieren oder ganz verschwinden.

Da ich die EKT aufgrund der möglichen äußerst beunruhigenden Nebenwirkungen ablehnte, erhoffte ich mir eine Verbesserung meines Zustandes durch Gesprächstherapie-Stunden. Doch obwohl ich einige wenige gar nicht so schlecht fand, waren sie wieder einmal nicht mit jenen bei meiner Wiener Therapeutin Caroline Kunz zu vergleichen.

Meine Betreuung durch das Pflegepersonal und spezielle Therapien waren dagegen in Ordnung, und ich machte in Salzburg auch eine Musiktherapie, die mir sehr gut gefiel. Ich bekam Einzelstunden bei der Ehefrau eines bekannten Professors, einer sehr feinen Dame, in denen ich mit Instrumenten arbeitete. Ich musste Geschichten erzählen und dazu auf einem Musikinstrument spielen, das ich dafür passend fand. Genügend standen ja zur Auswahl: Ich spielte am liebsten auf dem Xylophon und auf der Triangel.

Schließlich erhielt ich 10-minütige Moorbäder und machte bei Entspannungs- und manchen Turnübungen mit, bei denen ich mir wegen meines schmerzenden Rückens allerdings ziemlich schwertat. Um aber auch eine Verbesserung meines Rückenzustandes herbeizuführen, musste ich mich im Umkreis selbst um irgendwelche Massagen umsehen, da es auf der Uniklinik für Psychiatrie und Psychotherapie keine ausreichende psychosomatische Behandlung gab. Dort war man darauf nicht spezialisiert. Ich hatte aber Glück und fand eine Spezialistin für Tuina-Massagen, eine ärztliche Massageform der Traditionellen Chinesischen Medizin, die mir ein wenig Erleichterung verschaffte.

Auf meiner Station waren Patienten mit unterschiedlichen psychischen Erkrankungen, von Schizophrenen bis zu Manisch-Depressiven. Jeder war aufgrund seines Krankheitsbildes medikamentös anders eingestellt und reagierte auch auf unterschiedliche Art und Weise. Ich hatte nur wenig Kontakt zu diesen Menschen, da ich in erster Linie mit mir selbst beschäftigt war und sich mein Zustand leider auch im Laufe meines Aufenthaltes nicht wirklich besserte. Trotzdem schloss ich mich manchmal einer kleineren Gruppe an. Tagsüber hatten wir Ausgang, wir mussten uns beim Kommen und Gehen nur in ein Buch eintragen. Einmal schaffte ich während dieser Zeit sogar einen Kinobesuch mit dieser Gruppe. Vor etwa zwei Jahren erfuhr ich durch Zufall, dass sich einer jener Patienten, Matthias R., ein junger, ganz lieber Mann, umgebracht hatte, indem er sich vom Dach stürzte. Obwohl ich ihn bildlich gar nicht mehr vor mir sah, war ich über seine Tat tief erschüttert.

Besuche erhielt ich in Salzburg von meinem Freund Josch, meiner Frau Rosa und meiner Assistentin Brigitte Stoiser, nicht aber von meiner Mutter oder meiner Schwester. Dass meine Kinder mich besuchen kamen, wollte ich natürlich nicht, schon gar nicht auf der Psychiatrie, wo sie möglicherweise auch mit anderen Patienten in schlechtem Zustand in Kontakt gekommen wären. Im Grunde wollte ich sowieso lieber meine Ruhe haben.

Im Raum für Lichttherapie versuchte sich ein Patient zu erhängen

Ich stellte sehr rasch fest, dass mir der Aufenthalt in Salzburg nicht gut tat. Bereits am dritten Tag musste ich miterleben, wie sich im Raum für Lichttherapie jemand mit seinem Gürtel zu erhängen versuchte. Sein Versuch misslang jedoch, er musste noch zwei Tage mit zertrümmertem Kehlkopf weiterleben, bevor er starb.

Das Szenario des Selbstmordversuchs war wie in einem schlechten Horrorfilm. Die Putzfrau hatte den Mann mittleren Alters vorgefunden, stieß einen Schrei, aus und alle Patienten stürzten aus ihren Zimmern. Dann kam eine Schwester mit einem großen Messer den langen Gang entlang, um den Erhängten abzuschneiden und ihn sofort auf die Intensivstation zu bringen. Manchen der Patienten, die auf den Gang geeilt waren, ging es daraufhin verständlicherweise gar nicht gut, so dass ich versuchte, mich ihrer anzunehmen. Ich beruhigte sie, sorgte dafür, dass sie Wasser zu trinken bekamen und redete ihnen gut zu.

Ich hatte damals ja schon einige Therapien gemacht und dadurch ein wenig Erfahrung im Umgang mit solchen Menschen. Am nächsten Tag war ich Gesprächsthema Nummer eins. Mir ging es dann aber besonders schlecht, weil mich das Geschehene viel Kraft kostete und ich zudem den Suizid meines Vaters wieder vor Augen hatte.

Mein erster Gedanke war, die Klinik sofort zu verlassen. Das teilte ich auch einem meiner behandelnden Ärzte mit. Mein Erstgefühl hatte mich bei ihm nicht getäuscht, denn er zeigte großes Verständnis für meine Reaktion, aber er bat mich, gerade wegen dieses Vorfalles und meines allgemein schlechten Zustandes wenigstens eine Nacht darüber zu schlafen. Eine furchtbare Nacht, in der ich vom Suizid meines Vaters träumte und dazwischen immer wieder aufwachte. Schließlich stand ich auf und bat die Nachtschwester um ein weiteres Schlafmittel, das ich auch bekam.

Nach dieser Nacht gab es eigentlich keinen Grund, weiter Patient der Klinik zu bleiben. Ich fürchtete aber, dass es mir nach Verlassen der Psychiatrie nur noch schlechter gehen würde. Dort war ich wenigstens unter ständiger ärztlicher Beobachtung. Wie man in der Klinik auf diesen Vorfall reagierte, war meiner Ansicht nach aber falsch, denn am nächsten Tag wurde lediglich die Dosierung der Medikamente verdoppelt.

Drei Tage später wurde ich Zeuge eines, wahrscheinlich nicht nur für mich, unverständlichen Verhaltens des Chefarztes. Denn auf die Frage eines Patienten nach dem Mann, der sich erhängen wollte, antwortete Professor Stuppäck nur kurz: »Der ist tot.«

So gesehen war es auch kein Wunder, dass Rosas Versuch, mit dem Vorstand der Klinik ein Gespräch zu führen, fehlschlug. Da mein Aufenthalt in der Doppler-Klinik in Salzburg komplett über meine Sozialversicherung und meine Privatversicherung abgerechnet wurde, empfahlen mir die Ärzte sogar, die Klinik vorzeitig, nach etwa viereinhalb Wochen, auf eigene Verantwortung zu verlassen.

Wahrscheinlich hatten sie wie ich gespürt, dass ich bei ihnen nicht am richtigen Ort war, dass ich etwas anderes brauchte. Man war zwar auf meine seelischen, aber viel zu wenig auf meine körperlichen Probleme eingegangen. Auf der psychosomatischen Ebene passierte meiner Auffassung nach rein gar nichts, es gab leider keinerlei gleichzeitige physische und psychische Behandlungen.

27

Mein Neubeginn

Kapitel 27

Mein Neubeginn

Noch bevor ich aus der operativen Funktion als Geschäftsführer ausschied, war ich in der Firma sehr aktiv, meistens sogar sehr euphorisch gewesen. Alle waren froh, dass es mir wieder besser ging. Tatsächlich war ich aber dank des morphinartigen Medikaments in einem schmerzfreien Zustand ohne Depressionen. Ich stand negativen Dingen gleichgültig gegenüber, nichts konnte mich so schnell aufregen oder gar deprimieren. Irgendwie war mir zwar bewusst, dass dieses Medikament zu einer Einbahnstraße für mich werden konnte, aber trotzdem wollte ich gar nicht wissen, wie es mir ohne diese Droge gegangen wäre.

Tatsache war auch, dass ich nach meinem Entzug in Maria Ebene ständig mit anderen Süchten zu kämpfen hatte. Ich habe damals mit legalen Substanzen wie beispielsweise Alkohol, aber auch mit diversen illegalen Substanzen experimentiert, um herauszufinden, was mir vielleicht gut täte. Es war eine Gratwanderung, um nicht der einen oder anderen erlaubten oder verbotenen Droge zu verfallen. Manchmal war mir auch alles egal, ich wollte nur aus diesem Kreis von Schmerz und Depression ausbrechen, auch mit dem Wissen, dass am nächsten Tag alles doppelt so schlimm wieder da wäre. Aber solche Rückfälle gibt es nun einmal, das wird jeder bestätigen, der in irgendeiner Weise einmal von etwas abhängig war. Ich musste auf jeden Fall höllisch aufpassen und mich disziplinieren, um nicht von einer Sucht in eine andere zu geraten.

Disziplin und Konsequenz wurden wichtige Wörter in meinem Sprachschatz

Bei meiner Rückkehr in die Firma, als Gerhard Schilling bereits unser neuer Geschäftsführer war, blieb mir also nichts anderes übrig, als zwei Wörter in meinen Sprachgebrauch und in mein Leben aufzunehmen, und zwar Disziplin und Konsequenz. Nach meiner bisherigen Lebensgeschichte war es ganz besonders wichtig, nicht wieder die Kontrolle zu verlieren und in eine Abhängigkeit hineinzuschlittern.

Die größte Gefahr war natürlich, immer gleich zum Alkohol zu greifen, und zwar in einem Ausmaß, das die Norm überschritt. Täglich alleine zu Hause einige Weinflaschen zu leeren wäre bedenklich gewesen, noch dazu, wo ich erwiesenermaßen ja suchtgefährdet war und eigentlich noch immer bin. Auch Suchtgefährdung soll angeblich in den Genen liegen.

Ich muss ehrlich zugeben, dass die Tendenz zum Alkohol damals bei mir vorhanden war, gelegentlich sogar auch jetzt noch da ist. Allerdings habe ich damit nie in der Früh oder am Vormittag begonnen. Am späteren Nachmittag war mir ein Spritzer oder ein Bier, egal ob alleine oder in Gesellschaft, höchst willkommen. Nach einiger Zeit war das dann schon jeden Tag der Fall, über längere Zeit war fast täglich Alkohol im Spiel. Zum Glück habe ich es dann immer wieder geschafft, solche Verhaltensweisen zu unterbinden. Denn als mir die Gefahr bewusst wurde, die ich bei anderen oft miterlebt hatte, sagte ich mir: »So kann es nicht weitergehen!«

Um nicht Alkoholiker zu werden, sollte man einen Tag pro Woche, eine Woche pro Monat und einen Monat pro Jahr gar keinen Alkohol trinken. Das habe ich dann auch tatsächlich durchgezogen. Ein bisschen schwierig war eigentlich nur der Monat pro Jahr. Da habe ich versucht, mir einen »günstigen« Monat auszusuchen, also nicht unbedingt den Dezember oder womöglich meinen Geburtstagsmonat.

Mein Griff zum Alkohol wurde mit Doktor Kunz in meinen Therapiestunden analysiert. Natürlich fragte sie mich danach: Will ich mich mit Alkohol betäuben, um die harte Realität nicht mitzubekommen? Nein, der primäre Grund für meinen Alkoholgenuss waren meine körperlichen Schmerzen, denn der Alkohol entspannte meine Muskulatur. Da ich kein Morphium mehr gegen meine Schmerzen nahm, wich ich auf den Alkohol aus, doch fast nie auf harte Getränke wie etwa Schnäpse. Ich bevorzugte immer Wein, Prosecco, Bier oder auch Sekt und Champagner. Für den Moment waren solche Getränke hilfreich, doch am nächsten Tag waren die Schmerzen wieder da, oft sogar noch schlimmer. Außerdem wurde bei zu hohem Alkoholgenuss die Wirkung der Antidepressiva aufgehoben.

Es ist ja bekannt, dass sich die gleichzeitige Einnahme von Medikamenten und Alkohol nicht verträgt. Bei mir hat sich im Laufe der Jahre gezeigt, dass ich auf diese Kombination sehr aggressiv reagiert habe bzw. es immer noch tue. Ich habe dann mit Leuten zu streiten begonnen, bin sogar zweimal in eine richtige körperliche Auseinandersetzung geraten, wo wir uns geprügelt haben. Meistens hatte zwar nicht ich den Anfang gemacht, doch meine Toleranzschwelle war derart niedrig, dass ich etwa auf ein Anrempeln sofort verbal angriffslustig reagierte. Meine Worte hatten dann zur Folge, dass ich Schläge ins Gesicht einstecken musste. Diese wiederum ließ ich mir nicht gefallen und schlug zurück.

Ich möchte mich bei allen entschuldigen, denen ich als »Mr. Hyde« begegnet bin

Wenn mir Leute im Nachhinein von meinem Verhalten erzählten, konnte ich es selbst nicht glauben und war peinlich berührt. Wie natürlich auch jene Menschen, die mich miterlebt hatten, schockiert oder zumindest sehr verwundert waren. Manchmal kam ich mir wie »Dr. Jekyll und Mr. Hyde« vor, denn im Grunde bin ich ja ein sehr sensibler, feinfühliger Mensch. Daher will ich mich an dieser Stelle auch bei allen Menschen entschuldigen, denen ich als »Mr. Hyde« begegnet bin und mich vollkommen danebenbenommen habe.

Ich habe dann versucht, die Notbremse zu ziehen. Trotzdem gibt es auch heute noch gelegentlich solche Gefühlsüberschreitungen. Ich muss daran also weiterhin arbeiten, um meinen Alkoholgenuss möglichst niedrig zu halten. Es ist schon ein großer Fortschritt, eigentlich der wichtigste Schritt überhaupt, wenn man sich im Kopf etwas bewusst macht, wenn man sich eine Abhängigkeit eingesteht und sich ernsthaft vornimmt, eine notwendige Therapie zu beginnen. Nicht jemandem anderen zuliebe, einzig und allein für sich selbst.

Bei Menschen wie mir ist das Feld weit gesteckt, auf dem man von einer Sucht in eine andere kippen kann. Diese Gefahr ist sehr groß, wenn auch nicht in jeder Hinsicht. Spielsüchtig werde ich nie werden, obwohl mein Vater ein leidenschaftlicher Spieler war, der sehr gerne ins Kasino ging. Außerdem war er ein Frauenheld, was man von mir auch nicht behaupten kann. Geraucht habe ich auch nie, während mein Vater ein Kettenraucher war. Er versteifte sich aber auf die Marke »More«, zuerst die roten, dann die grünen mit Menthol. Er hatte einen ganzen Kasten voll damit, einen Vorrat, der für 30 Jahre gereicht hätte.

Trotzdem bat er alle Freunde, die Nichtraucher waren, ihm von ihren Urlauben eine Stange dieser Marke zollfrei mitzubringen. Anlässlich der Jubiläumsfeier von »25 Jahre Almdudler« fand für alle Mitarbeiter eine Kreta-Reise statt. Damals bekam jeder Reisende von meinem Vater den Auftrag, eine Stange »More« für ihn mit nach Hause zu bringen.

Eine mögliche Nikotinsucht in den Griff zu bekommen war bei mir gottlob nicht nötig, aber meine Rückenschmerzen wäre ich sehr gerne losgeworden. Daher machte ich mich irgendwann auch im Internet wegen möglicher Behandlungen schlau. Dabei stieß ich auf den bekannten Wiener Orthopäden Professor Hans Tilscher, einen langjährigen Freund unserer Familie, der schon meinen Vater, aber auch meine Mutter und mich viele Jahre immer wieder betreut hatte. Er war als einer der Spezialisten für das Leiden, das mich quälte, angeführt, so dass ich ihn natürlich sofort konsultierte.

Damals, 2005, konnte ich mich kaum noch bewegen, ich konnte fast nicht mehr gehen. Die Belastung der Depression ging so auf meine Muskulatur, dass diese ständig angespannt war und sich nicht mehr entspannen konnte. Im Orthopädischen Spital Speising in Wien behandelte mich Professor Tilscher dann während eines vier- bis fünfwöchigen stationären Aufenthaltes mit Infusionen, genauer gesagt wandte er die so genannte Neuraltherapie an. Ich bekam Infiltrationen mit Muskelrelaxantien, das sind entspannende Medikamente für die Muskulatur, die nicht abhängig machen.

Auf Professor Tilschers Anraten versuchte ich unter anderem auch die progressive Muskelentspannung nach Edmund Jacobson, bei der alle Muskeln des Körpers ganz fest angespannt und danach losgelassen werden müssen. Leider zeigte diese Entspannungstherapie bei mir aber wieder, wie schon davor in Salzburg, keinerlei Wirkung. Dafür kam ich in Speising mit der exzellenten Physiotherapeutin Elena in Kontakt, die mit ihren Behandlungen schöne Erfolge bei meinem völlig blockierten Körper erzielte.

Mit Hilfe ihrer Behandlungen und jener von Professor Tilscher – in seiner Ordination wurde ich regelmäßig infiltriert und eingerenkt – schaffte ich es im darauffolgenden Jahr, das Horrorszenario meiner absoluten Unbeweglichkeit abzuwenden.

Aber auch das von meiner Therapeutin empfohlene »Alpha Relaxing« von Heinz-Peter Röhr (siehe Ratgeberteil), eine im Alltag leicht praktizierbare Methode, um mit Stress und Konflikten besser umzugehen, stand auf meiner Liste der Entspannungsverfahren.

2006 begann ich zusätzlich mit dem so genannten »Holotropen Atmen« (siehe Ratgeberteil), einer sehr intensiven körpertherapeutischen Methode, um Spannungen abzubauen. Im niederösterreichischen Kloster Pernegg, etwas nördlich von Horn, besuchte ich Seminare zu diesem Entspannungsverfahren im Frühjahr und Herbst 2006. Und weil mir diese Methode sehr gut tat, leistete ich mir auch im darauffolgenden Jahr zwei weitere Seminare, die ich aus eigener Tasche bezahlte.

28

Vom Drama meines Lebens zum »Drama«-Clubbing

Kapitel 28

Vom Drama meines Lebens zum »Drama«-Clubbing

Schon 2005 hatte ich begonnen, etwas gegen meine Sozialphobie zu unternehmen. Denn durch meine Verspannungen hatte ich permanent Schweißausbrüche bekommen, aufgrund deren ich mich immer mehr zurückzog. Egal, wo und mit wem ich Kontakt hatte, ob mit einem Verkäufer in einem Geschäft oder auf der Straße: Wenn mich jemand ansprach, ging ich sofort in Abwehrhaltung und begann stark zu schwitzen, was mir äußerst unangenehm war, wie man sich vorstellen kann. Geschäftliche Kontakte konnte ich gar keine mehr führen, denn meine Gedanken kreisten nur darum, ja nicht zu transpirieren. Ich konnte mich auf gar kein anderes Thema konzentrieren. Meine Schweißausbrüche dauerten zudem immer sehr lange an und waren extrem anstrengend. Sobald ich nur von Hitze oder Schweiß hörte, stand mir dieser schon wieder auf der Stirn.

Meine Sozialphobie ging so weit, dass ich nicht einmal mehr Freunde sehen wollte. Natürlich war auch dieses Thema Gegenstand meiner Therapiestunden mit Doktor Kunz. Sie riet mir, damit genauso umzugehen wie mit den schlechten Gedanken, die man, am Bahnhof stehend, wie einen Zug einfach vorbeifahren lässt. So sollte ich auch mein Schwitzen an mir vorbeiziehen lassen.

Außerdem arbeiteten wir mit der Einnahme von Tranquilizern zur Beruhigung und mit dem bloßen Dabeihaben von Tranquilizern, um sich sicherer zu fühlen. Leider habe ich die eine oder andere Situation auch mit Alkohol zu kompensieren versucht.

Meine Sozialphobie lehrte mich, mir Angst einzugestehen

Schließlich habe ich durch meine Sozialphobie aber auch gelernt, mir meine Angst einzugestehen und mit dem Wort Angst nicht nur Negatives zu verbinden. Wenn ich also Angst vor einem Treffen und einem damit verbundenen Schweißausbruch hatte, sagte ich mir, dass es ja auch einmal gut gehen könnte, es müsste ja nicht unbedingt passieren, dass ich zu schwitzen beginnen würde.

Eines Tages fragte mich mein guter Freund Holger Thor, ob ich für das damals geplante erste »Drama«-Clubbing die Gastronomie übernehmen würde, denn dank meiner Hotelfachschulausbildung hatte ich ja eine Konzession dafür. Holger war damals längst kein Unbekannter mehr, zum einen hatte er sich unter anderem als Partyveranstalter vom »Heaven«-Clubbing, derzeit jeden Samstag im Wiener »Camera Club«, und dem jährlichen »Rosenball«, der Alternative zum Opernball, einen

Namen gemacht. Zum anderen war er als Kunstfigur »Miss Candy« zur bekanntesten Drag Queen Österreichs geworden. Mein erster Gedanke zu Holgers Frage war: »Das ist mein Tod, das schaffe ich nicht. So viele Leute auf einmal!«

Bei unserem ersten ausführlichen Gespräch erklärten mir DJ Herb Poindl und Holger Thor, dass sie die Idee zu einer Clubbing-Veranstaltungsreihe mit dem Namen »Drama« hätten, die an die legendären Abende in den Wiener Sofiensälen anknüpfen sollte. Solche Events würden nicht nur ihnen, sondern auch vielen anderen Freude bereiten. Die Idee gefiel mir sehr gut, und ich hielt sie für absolut ausbaufähig. Also habe ich diese Herausforderung angenommen, mich meiner Angst gestellt und meine Mitarbeit zugesagt.

Am 12. März 2005 ging das erste »Drama«-Clubbing in der Ottakringer Brauerei über die Bühne. Seit damals findet dieser Event vierteljährlich immer unter einem bestimmten Motto mit der entsprechenden Dekoration und internationalen DJs statt und erfreut sich nicht nur in Wien großer Beliebtheit, sondern ist auch weit über die Grenzen hinaus als eines der tollsten Clubbing-Events bekannt.

Bei »Drama« werde ich zur Zuckerwatte, Spinne oder zum Wiener Gigerl

Seit der ersten Veranstaltung werden vorab Flyer gestaltet, auf denen Tina Nirtl, wandlungsfähiges Model und Schauspielerin, in ein und derselben Pose, aber einem dem jeweiligen Motto entsprechenden Kostüm abgebildet ist. Gleichzeitig lichtet der bekannte österreichische Fotograf Markus Morianz für Presse-Vorankündigungen Herb Poindl, Holger Thor und mich in zur Veranstaltung passenden Outfits ab. Beim ersten Clubbing war ich noch nicht verkleidet, da trug ich nur einen Hut. Langsam steigerte sich aber mein Selbstbewusstsein, so dass ich beim vierten »Drama« als Pinocchio erschien. Im Laufe der Zeit habe ich dann immer noch eins draufgesetzt: einmal war ich eine Schultüte, einmal ging ich als Zuckerwatte, dann als Spinne oder als Wiener Gigerl. Mich selbst darzustellen ist ja eigentlich wie eine Therapie für mich. Eine Therapie, die mir Spaß macht, weil ich kreativ bin und die Selbstdarstellung mag. Die Kostüme wurden mit der Zeit immer schräger, irgendwann hatte ich dann den Mut, durchs Mikrofon etwas zu sagen, und schließlich gab ich sogar Interviews vor laufender Kamera. Heute bekomme ich in solchen Situationen, selbst im ausgefallensten und heißesten Kostüm, keinen Schweißausbruch mehr. Ich habe gelernt, mich zu überwinden, das half mir, solche Situationen zu meistern.

Anlässlich des 50-jährigen Bestehens der Firma Almdudler fand im Juni 2007 eine Gala-Veranstaltung nur für geladene Gäste statt. Als Krönung des Jubiläums-Abends im Wiener Rathaus bekam meine Mutter das Silberne Ehrenzeichen der Stadt Wien verliehen, das sie damals leider aus gesundheitlichen Gründen nicht persönlich entgegennehmen konnte.

Am 21. September desselben Jahres wurde dann das Jubiläum noch einmal mit dem ersten Trachtenpärchenball im Wiener Rathaus gefeiert, das uns Bürgermeister Dr. Michael Häupl netterweise für diesen Event zur Verfügung stellte. Damit griff ich die ursprüngliche Idee meines Vaters wieder auf, der diesen Ball, wenn auch in kleinerem Rahmen, schon zu seinen Lebzeiten zu einem einmaligen Erlebnis gemacht hatte. Bis zu seinem Tod hatte nämlich der Ball im Parkhotel Schönbrunn oder im Kursalon Hübner stattgefunden. Seinerzeit gab es nur geladene Gäste, primär Geschäftspartner und Freunde. Auch dieser Trachtenball war legendär in Wien, und jeder wollte eingeladen sein.

Da diese Veranstaltung bei allen so gut ankam, entstand die Idee, wieder jedes Jahr einen Ball zu organisieren. Schon bei unserem ersten Ball waren wir mit Nina Hagen als Stargast und 2.300 zahlenden Gästen erfolgreich, wenn auch noch nicht ausverkauft. 2008 hatten wir bereits 3.400 Besucher, die von Guildo Horn unterhalten wurden. Und im Jahr 2009 brachte uns Otto Waalkes ein volles Rathaus, die letzten Karten gingen aber erst im September weg, während wir 2010 bereits im Juni sämtliche Karten verkauft hatten, obwohl wir unseren Stargast Rainhard Fendrich noch gar nicht verraten hatten.

Natürlich musste ich am ersten Trachtenpärchenball noch meine Sozialphobie überwinden, um auf der Bühne vor tausenden von Menschen meine Begrüßungsrede halten zu können und diverse Interviews zu geben. Mittlerweile macht es mir aber immer mehr Spaß, mit meinen besonderen Outfits meine Kreativität auszuleben und mich mit meiner Selbstdarstellung ein wenig zu therapieren. So war ich 2007 unser Trachtenpärchen in einer Person, halb Marianne und halb Jakob, 2008 eine Almwiese, 2009 der Almdudler-Rathausmann und 2010 der »Almi«, eine von mir kreierte Phantasiefigur in Anlehnung an den 5.300 Jahre alten Ötzi.

Ich fühle mich in solchen Momenten als idealer Repräsentant unserer Marke, denn das Unternehmen hat ja immer mit einem gewissen Augenzwinkern gearbeitet und ist für seinen guten »Schmäh« bekannt. Unter meiner Regie erwartet man sich einfach einen etwas anderen Ball, der durch meine Kostüme, aber auch durch den extravaganten Look vieler unserer Gäste unterstrichen wird.

Seit dem ersten Ball findet davor, heuer sogar schon vor dem Sommer, die so genannte Trachtenpärchenwahl statt. Das ganze Jahr über können sich Pärchen im Internet für diese Wahl anmelden. Besucher der Homepage wählen jeden Monat ein Trachtenpärchen aus. Die zwölf Gewinnerpärchen treten dann am Abend der Wahl gegeneinander in verschiedenen Wettbewerben wie etwa Kuhmelken, Karaokesingen, Tanzen usw. an. Eine namhafte Jury wählt dann das Siegerpärchen.

Schon oft bin ich gefragt worden, ob ich stolz auf diese gelungenen Veranstaltungen bin. Eigenartigerweise hatte ich aber manchmal nach diesen Abenden, die mich wirklich voll forderten, eine gewisse Leere empfunden. Selbst positive Zeitungsartikel und Fernsehberichte haben mir danach kein gutes Gefühl verliehen. Und auch nach so mancher ganz besonders erfolgreichen »Drama«-Veranstaltung war ich weder stolz noch zufrieden, ich fühlte mich einfach nur leer und konnte diese Erfolge nicht immer genießen. Das ist mein Schicksal.

29

So muss ein Therapie-Aufenthalt sein

Kapitel 29

So muss ein Therapie-Aufenthalt sein

Trotz meiner kreativen Betätigung und der damit verbundenen Erfolge – denn wirtschaftlich steht unsere Firma mittlerweile ja wieder sehr gut da – waren meine körperlichen und seelischen Beschwerden nicht verschwunden. Ich suchte daher weiterhin im Internet krampfhaft nach Hilfe und las mich in sehr viele Methoden ein. Mich machte mein körperliches Leiden depressiv, mein Körper beeinträchtigte meine Psyche, meine Muskeln waren wie »völlig verklebt«. Mit meinem Kopf war ich schon viel weiter, aber mein Körper hatte vieles noch nicht erfasst. Meine persönliche Diagnose lautete, dass mein Körper verlernt hatte, sich zu entspannen, und dass ich auf mich selbst angewiesen war.

Im Zuge meiner ausgiebigen Recherchen fand ich als medizinischer Laie schließlich heraus, dass die Muskeln angeblich auch etwas mit der Leber zu tun haben, miteinander in Verbindung stehen. Also ließ ich ein Blutbild machen, bei dem auch festgestellt werden konnte, ob meine Muskeln erkrankt waren. Dem war aber nicht so.

In der Universitätsklinik für Neurologie im AKH machte der dortige Vorstand Professor Eduard Auff eine weitere Untersuchung, bei der mittels Nadeln der Spannungszustand meiner Muskulatur gemessen wurde. Doch auch diese Untersuchung brachte kein erklärendes Ergebnis, es gab keinen neurologischen Ansatz, warum die Muskulatur so »angespannt« war. Alle Ärzte meinten immer wieder, dass meine Befunde im Grunde normal waren, nur in der rechten Schulter war die Spannung etwas zu groß. Ich konnte mich aber eigentlich kaum bewegen. Von fast jedem, der mich massierte, musste ich mir anhören, dass ihm ein derart verspannter Rücken noch nicht untergekommen war.

Da aber ein Arzt einmal beiläufig einen möglichen Zusammenhang zwischen einer angegriffenen Leber und Verspannungen in den Schultern erwähnte, bin ich diesem Hinweis selbst nachgegangen und habe überlegt, wie ich das ändern könnte. Denn gewundert hat mich diese Aussage gar nicht: Meine Leber war durch meinen Medikamentengenuss nämlich ganz bestimmt in Mitleidenschaft gezogen worden. Ich fand heraus, dass vor allem der Trapezius, der Trapezmuskel oder auch Kapuzenmuskel genannt, der hinten am Schädel beginnt und sich zum Schulterblatt, zum Schultergelenk und zum äußeren Teil des Schlüsselbeines zieht, irgendwie mit der Leber in Verbindung stehen soll. Später wurde mir von dem Mainzer medizinisch-diagnostischem Labor »Ganzimmun Diagnostics« bestätigt, dass Muskelschmerzen häufig bei Hepatopathien, also bei allen die Leber betreffenden Leiden, beobachtet werden. Daher begann ich, diverse Änderungen in meinem Leben vorzunehmen: erstens mit Präparaten zum Aufbau der Leber, zweitens durch Einschränkung des Konsums von Antidepressiva und drittens durch Umstellung meines Lebenswandels, das heißt Vermeidung von Alkoholkonsum. Alles zusammen war dann ausschlaggebend für meinen Aufenthalt in einer psychosomatischen Klinik.

Auch in den Therapiestunden mit Doktor Kunz war darüber gesprochen worden, dass ich auf eine psychosomatische Station müsste bzw. eine solche bräuchte, damit dort mein Körper und meine Seele behandelt würden. Und nachdem ich von meiner Therapeutin sehr viel Gutes über die Privatklinik Bad Aussee gehört hatte, wollte ich dort einfach nur einmal hineinschnuppern, es sollte ein Versuchsballon für mich sein. Ich blieb nur knappe zwei Wochen, obwohl mir ein mindestens doppelt so langer Aufenthalt empfohlen wurde.

Ich empfand den Aufenthalt als sehr angenehm und positiv. In vielen Gesprächen hörte ich von anderen, dass sie ebenfalls Probleme hatten, sich zu bewegen. Ich war also nicht der Einzige, der mit seinen Schmerzen im Bewegungsapparat und in der Muskulatur fertigwerden musste. Wir machten dort täglich gemeinsame Gymnastik mit großen Bällen und anderen Utensilien. Es gab auch ein kleines Fitnesscenter, das ich gelegentlich besuchte.

Das Essen war gut, sehr gesund und ganz nach meinem Geschmack, mit viel Gemüse und Salat. Und auch in puncto Gesprächstherapie konnte ich mich nicht beschweren, ich hatte eine sehr nette Therapeutin. Ein weiterer Therapeut, der auch Künstler, Maler und Bildhauer war, beschäftigte sich ebenfalls mit mir. Mit ihm habe ich sehr gerne gearbeitet, ich bekam Einzelstunden bei ihm, in denen ich sehr viele Bilder malte, meist abstrakte Gemälde in hellen Ölfarben. Das Schwarz meiner früheren »Phasen« war vollkommen verschwunden. Diese Werke analysierte er dann ganz großartig, ich war vollkommen überrascht, wie gut er das machte.

Nach diesem Aufenthalt war ich sehr optimistisch, weil ich endlich einen Platz gefunden hatte, an dem alles für mich stimmte, wo sich Leute mit psychischen und physischen Problemen aufhielten, also Leidensgenossen. Dort gehörte ich hin. Von allen Kliniken, in denen ich mich jemals aufgehalten habe, war sie die beste.

Alles braucht seine Zeit – besonders wenn man depressiv ist

Dass ich erst relativ spät – es war im November 2008 – in diese Klinik kam, hat aber sicherlich auch seinen Grund. Denn alles braucht seine Zeit. Man darf sich einfach keinen Druck machen lassen. Ich habe mir ja immer wieder sagen lassen müssen: »Jetzt gehst du schon so viele Jahre zu deiner Therapeutin und bist noch immer nicht gesund.« Meine gleich bleibende Antwort auf diese dümmliche Feststellung hört sich dann so an: »Erstens hat mir diese Frau das Leben gerettet, und zweitens ist sie eine sehr gute Therapeutin, die auch immer wieder neuen Methoden gegenüber aufgeschlossen ist.« So hat sie auch bei mir einiges Neue mit Erfolg angewendet und eingebaut, wie etwa das Holotrope Atmen oder die Cranio-Sacral-Therapie.

30

Möchten Sie mit mir tauschen?

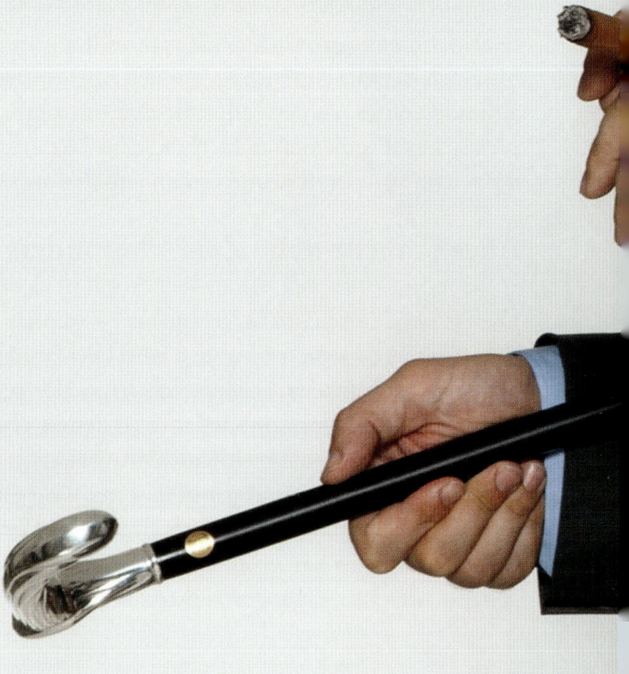

Kapitel 30

Möchten Sie mit mir tauschen?

Während die einen finden, dass ich mit mir zufrieden sein kann, ja eigentlich stolz, dass ich trotz meiner Krankheit immer wieder Tolles auf die Beine stelle, unterstellen mir die anderen, dass ich, der gut situierte Unternehmer, gar nicht unter Depressionen leiden kann. »Dir ist nur langweilig in deinem Leben voller Luxus!«, hörte ich nicht nur einmal. Es ist so ziemlich das Dümmste, was man einem schwer depressiven Menschen sagen kann. Ich hatte das Glück, in eine privilegierte Familie hineingeboren worden zu sein. Doch urteilen Sie selbst, nachdem Sie mein Leben in diesem Buch detailliert mitverfolgen konnten: Möchten Sie ernsthaft mit mir tauschen?

Meine Vertrauensärztin Caroline Kunz ist der Überzeugung, dass es sich bei einem Menschen wie mir, der schon 15 Jahre lang depressiv ist – und nicht nur ein oder zwei Jahre –, ganz bestimmt nicht um eine Kompensation handeln kann. So stellte sie mir eines Tages folgende Frage: »Wenn Sie nicht unter Depressionen leiden würden – gäbe es etwas, das Sie besonders interessieren würde?«

Ich musste keine Sekunde überlegen: »Die Schauspielerei.«

Nach dem viel zu frühen Tod meines Vaters blieb mir dieser Herzenswunsch verwehrt. Dennoch hat mich ihre Frage veranlasst, darüber nachzudenken, inwieweit mein Unbewusstes vielleicht an meiner Depression festhält, weil sie derart viel Raum in meinem Leben einnimmt und keinen Platz für schöne, angenehme, interessante Dinge lässt. So habe ich begonnen, meine Augen und Ohren offen zu halten und mit Menschen in meiner Umgebung über meinen unerfüllten Traum zu sprechen.

Meine Clownerie

Unter anderem kam einmal die Rede darauf bei meinem Masseur, der mir 2008 Verena Vondrak, die Wien-Verantwortliche der »CliniClowns«, und Hubertus Zorell vorstellte. Ein interessantes Paar, das selbst Clown-Workshops veranstaltet, in denen verschiedene Figuren ausgearbeitet werden. Außerdem sind die beiden Mitglieder des kleinsten Clown-Theaters in Wien, dem »Varieté Olé«, wo auch Gastspiele internationaler Clowns und Komiker stattfinden. Selbst ein CliniClown zu werden kam für mich nicht in Frage, da dies eine sehr schwere und intensive Ausbildung erforderlich macht und vor allem eine ebensolche Aufgabe darstellt. Ich fühle mich dem nicht gewachsen. Außerdem gibt es bereits genügend CliniClowns bzw. ist der Nachschub mehr als ausreichend. Jedenfalls besuchte ich auf Verena Vondraks Empfehlung einen ihrer dreitägigen Wochenend-Clown-Workshops vor etwa zwei Jahren in Wien. Unsere Gruppe bestand aus zehn Teilnehmern, die ich alle nicht kannte, aber mit denen ich großen Spaß hatte. Anfänglich machten wir Übungen zur Körperbewegung, spielten unterschiedliche Situationen durch und interpretierten in Gruppen vorgegebene Themen. Wir verkörperten immer wieder andere Figuren, wurden plötzlich damit konfrontiert, dass wir vor Publikum agieren mussten, und jeder entwickelte schließlich seinen eigenen Charakter, der sich auch sein Kostüm aussuchen durfte. Ich kleidete mich wie Roland Düringer in der TV-Serie »MA 2412«, trug eine große Brille und war der eher schüchterne, zurückhaltende Typ, der aber trotzdem immer ein bisschen im Mittelpunkt stehen will.

Und da mir diese Beschäftigung gefiel, weil sie zum einen meine Liebe zur Kreativität und zur Schauspielerei fördert, zum anderen aber auch einen therapeutischen Hintergrund hat, wie mir Doktor Kunz bestätigte, besuchte ich 2009 zwei weitere Workshops, von denen jeder eine ganze Woche dauerte. Einige der Teilnehmer kannte ich aus den vorangegangenen Veranstaltungen, andere wiederum waren neu für mich, doch alle waren wir völlig abgeschirmt von der Außenwelt. Und für diese Tage schlüpften wir jeder in eine Rolle und lebten in einer eigenen Welt. Ich musste richtig aufpassen, dass ich meine Rolle nach dieser Zeit im täglichen Leben nicht weiterspielte.

Einen weiteren Kurs in dem Jahr – in dem man von Jänner bis Juni an jeweils einem Wochenende im Monat auf eine Aufführung im »Varieté Olé« hinarbeitet – brach ich leider vorzeitig ab, weil es mir damals wieder nicht so gut ging. Trotzdem möchte ich diese Clown-Workshops weiter besuchen, da man dabei so richtig aus sich herausgehen kann.

31

Mein Durchbruch

Kapitel 31

Mein Durchbruch

Im Sommer 2009 war ich für drei, vier Wochen bei meiner Tante Katrin Messner in ihrem Ayurveda-Hotel auf Sri Lanka. Katrin und ihr leider verstorbener Partner Josef Ortner sind die Gründer der »One World Foundation«. Diese wurde 1995 gegründet und steht für einen Kommunikationsort für Kinder und Jugendliche, die durch gemeinsames Studieren und Spielen soziale Verantwortung lernen. Das ganze Projekt wurde mit einem von Katrin und Josef erbauten Hotel, in dem auch Ayurveda-Behandlungen angeboten werden, finanziert. Somit sind die Gäste der »Bogenvillya Guesthouses« gleichzeitig auch Förderer der »One World Foundation«.

Die dortige Kur war für mich kein Honiglecken. Durch die lange Einnahme von verschiedenen Medikamenten und aufgrund meiner Bewegungseinschränkung hatte ich rund 20 Kilo zugenommen. Als ich meine Frau 1989 kennen lernte, wog ich 72 oder 73 Kilo, war also fast zu dünn. Doch vergangenes Jahr zeigte die Waage erschreckende 94 Kilogramm an. Also wollte ich bei dieser ayurvedischen Körperreinigung auch ordentlich an Gewicht verlieren.

Jeder Tag beginnt dort bereits um sechs Uhr Früh mit Yoga, natürlich unter fachmännischer Anleitung. Bei einigen Übungen stieg ich vollkommen aus, weil sie mir Schmerzen bereiteten, doch andere taten mir sehr gut. Und genau diese habe ich mir dann gemerkt und nach Wien »mitgenommen«. Das heißt, ich mache diese Übungen seither sehr oft unmittelbar nach dem Aufstehen, noch vor dem Frühstück, nur mit einem Glas warmem, abgekochtem Wasser im Magen, für zirka eine Viertelstunde, oft mit größter Überwindung, doch immer mit sehr viel Disziplin auf einer Matte mit Bällen. Leider wache ich immer in einem relativ schlechten Zustand auf, da ich oft von Albträumen gequält werde. Offensichtlich verarbeite ich meine Lebensgeschichte im Traum noch einmal. Das soll heißen, ich bin zwar kein Morgenmuffel, aber nach dem Aufstehen meist ziemlich verkrampft. Nach den Übungen, die die Meridiane öffnen, fühle ich mich da schon deutlich besser. Danach geht es unter die Dusche, zwecks guter Durchblutung dreimal heiß und dreimal kalt, mit einem kalten Guss als Abschluss. Jetzt bin ich wach und gehe frühstücken. Ich trinke gerne in Ruhe meinen Kaffee und beobachte währenddessen meinen Parson Jack Russell Terrier Emil. Meinen mittlerweile sechsjährigen kleinen Liebling aus einer niederösterreichischen Züchtung habe ich mir sozusagen als Therapiehund zugelegt, denn Emil verlangt viel Aufmerksamkeit und Zuwendung.

Mein Frühstück ist ein richtiges Ritual, das genügend Zeit in Anspruch nimmt. Daher stehe ich täglich schon eineinhalb Stunden, bevor ich das Haus verlasse, auf. Ich darf mir für den Tag auf keinen Fall zu viele Termine vornehmen, so dass ich in

Stress gerate, denn das ertrage ich kaum. Und da ich mich mittlerweile wirklich gut kenne, halte ich mich auch an diese Regel.

Vor etwa einem Jahr und nach einer jahrelangen Pause habe ich mich auch wieder ins Fitnesscenter bewegt. Damit begonnen hatte ich schon in der Zeit meines Morphium-Konsums. Leider war das damals vollkommen kontraproduktiv, weil ich meine Muskeln belastete und die dadurch entstandenen Schmerzen mit Morphium betäubte. Aber schon damals hatte ich den sehr sensiblen Trainer und Masseur Sascha Hörstelhofer, der sehr vorsichtig mit mir umging. Zum neuerlichen Beginn bin ich zuerst nur einmal pro Woche ins Fitnesscenter gegangen, dann zweimal und jetzt bin ich gelegentlich sogar noch häufiger dort. Natürlich habe ich meine Übungen mit meinem Trainer Sascha sehr moderat begonnen, und er hat in erster Linie auf Mobilität und Koordination geachtet, weniger auf Kraft- und Cardio-Training. Laufen ist nicht ideal für meine Knie, mein Sport ist eher das Radfahren, das ich auch gerne im Freien zusammen mit meinem Hund praktiziere. Besonders gut tut mir Radfahren, seit ich mir ein Rad mit hohem Griff zugelegt habe, damit ich nicht nach vorne gebeugt sitzen muss, sondern meinen Oberkörper aufrecht halten kann.

Im Winter 2009 machte ich eine Pause im Fitnesscenter, erst im März 2010 fing ich langsam wieder an und war auch regelmäßig dort. Leider hat am 25. Juni ein Unfall mein Training jäh beendet. Ich brach mir einen Mittelfußknochen und musste fast drei Monate einen Gips mit mir herumschleppen. Deswegen ist Sport für mich bis jetzt – wieder einmal – unmöglich gewesen. Ich habe mir aber fest vorgenommen, nach der notwendigen Physiotherapie wieder regelmäßig ins Fitnessstudio zu gehen.

Bei den dortigen Übungen erscheint mir ein Trainer wichtig, der kontrolliert, ob alles richtig gemacht wird. Für mich ist das beinharte Arbeit. Ich muss aber sagen, dass die Endorphin-Ausschüttung nach mehr als 25 Minuten Radfahren oder Training an Maschinen gut gegen meine Depressionen ist. Ich spüre, dass mir danach alles leichter erscheint.

Alles im Leben ist eine Frage der Dosierung

Alles im Leben ist eben eine Frage der Dosierung. Und man muss experimentierfreudig sein und Geduld haben. Was die Experimente betrifft, können es oft Kleinigkeiten sein, die letztlich helfen. So wollte ich früher meistens abends ausgehen, heute frage ich mich oft, ob ich das wirklich noch will. War ich vor noch gar nicht so langer Zeit immer wieder bis sieben Uhr morgens aus, ist meine Deadline mittlerweile weit früher. Ich habe erkannt, dass mein Zustand am darauffolgenden Morgen nicht dafürsteht. Bei dem einen oder anderen massiven »Absturz« musste ich sogar einen kleinen Unfall in Kauf nehmen. Oder ich habe wichtige Dinge, Gespräche, geschäftliche Kontakte danach einfach vergessen. Wenn ich heute nicht ganz schlüssig bin, ob ich ausgehen oder zu Hause bleiben soll, werfe ich meist eine Münze. Mehrere Male habe ich deswegen dann schon den Abend zu Hause verbracht. Auch solche Entwicklungen empfinde ich als einen gewissen Fortschritt.

32

Wie ich mich heute selbst sehe

Kapitel 32

Wie ich mich heute selbst sehe

In 15 Jahren Psychotherapie, vielen Workshops und durch Meditation habe ich gelernt, mir selbst gegenüber ehrlich zu sein. Wie jeder andere Mensch habe auch ich Stärken und Schwächen. Stärken, die ich nicht dazu benützen möchte, Vorteile daraus zu ziehen oder womöglich gar anderen damit zu schaden. Meine Schwächen muss ich mir eingestehen, ich muss sie annehmen, darf sie aber nicht als etwas Negatives sehen.

Jeder Mensch ist einzigartig und hat Fähigkeiten, die in manchen Bereichen stark ausgeprägt, in anderen nur bedingt vorhanden sind. Deswegen sollte man aber nicht von Schwächen reden. Ganz abgesehen davon, dass alles relativ ist und im Auge des Betrachters liegt. Denn was für einen eine Schwäche sein mag, empfindet jemand anderer sogar als Stärke.

Nehmen wir doch nur einmal meine Sensibilität. Ich habe Jahrzehnte darunter gelitten, weil mir genau diese Eigenschaft immer wieder zum Vorwurf gemacht wurde. »Sei doch nicht immer gleich so ang'rührt«, habe ich mir oft genug sagen lassen müssen. »Mit dir kann man wirklich nicht reden.« Kein Wunder also, dass ich mich meiner Sensibilität wegen sogar richtig geschämt und mich zurückgezogen habe. Doch in Wirklichkeit ist sie ein Geschenk Gottes, denn ich spüre schon nach kurzer Zeit, wie es meinem Gegenüber geht: ob dieser Mensch gerade Probleme hat oder traurig ist, vielleicht gar nicht gesprächsbereit, oder ob er ausgeglichen und zufrieden ist, es ihm also gut geht.

Meine Sensibilität half mir, meine Kinder besser zu verstehen

Auch bei der Erziehung meiner drei Kinder hat mir meine Sensibilität oft geholfen, ihre Gefühlswelt besser zu verstehen. Was zur Folge hatte, dass unser Kontakt immer ehrlich und für beide Seiten bereichernd gewesen ist, und das bis heute.

Ein weiterer Vorteil meiner Sensibilität war und ist, dass ich Menschen sehr gut zuhören kann, so dass mir in all den Jahren schon sehr viel anvertraut worden ist. Jahrelang habe ich darunter gelitten, heute bin ich stolz auf diese wunderbare Eigenschaft.

Ein großes Problem war für mich meine Schüchternheit, die mich sehr belastet hat, weil ich schon alleine aufgrund meines Jobs sehr oft über meine Grenzen gehen musste. Das hat mich sehr viel Kraft gekostet und mag auch einer der Gründe für meine starken Rückenschmerzen sein.

Als Kind schon war ich ein Zerrissener – einerseits sogar fast aggressiv, andererseits extrem schüchtern und ängstlich. Sobald mir jemand in der Familie nicht Recht gab oder mich womöglich zurechtwies, reagierte ich mit Sturheit und Aggressivität, während ich mich vor Fremden, vor allem vor den zahlreichen Prominenten, die bei uns oft zu Besuch waren, fast fürchtete und ich mich immer wieder irgendwo im Haus versteckte.

Als ich älter wurde, stellte ich mir natürlich die Frage, warum meine Schüchternheit so stark ausgeprägt ist. Mir wurde klar, dass ich Angst vor dem Versagen hatte oder dass ich mich wegen meiner Tollpatschigkeit blamieren könnte. Eine Eigenschaft, die ich heute an mir liebe. Denn ich habe gelernt, über mich lachen zu können. Und auch meine Kinder haben aus meiner Tollpatschigkeit schon ihre Vorteile gezogen. Jedes Mal, wenn ihnen ein Missgeschick passiert ist, stellen sie sich ihren Vater in dieser Situation vor, der ganz bestimmt darüber lachen würde. Ich schätze ihre Offenheit mir gegenüber, und ich zolle ihrer Ehrlichkeit Respekt und Anerkennung.

Es geht darum, sich so zu akzeptieren, wie man ist

Im Grunde geht es ja darum, sich so zu akzeptieren, wie man ist – mit all seinen guten und weniger guten Eigenschaften. Es gibt auch schlechte Eigenschaften an mir, an denen ich aber zu arbeiten versuche. Nur zähle ich meine besondere Sensibilität nicht dazu. Natürlich gibt es Grenzen, die nicht überschritten werden dürfen. Meine hier geäußerten Gedanken sollen kein Freibrief für Verhaltensweisen sein, die gegen jede Ethik, Moral und jedweden Respekt verstoßen.

Meine Schwierigkeiten mit Zahlen gehören zweifelsohne zu meinen Schwächen. Ich meine damit, dass ich nicht über die fachlichen Qualitäten eines Buchhalters oder Steuerberaters verfüge, doch das will ich auch gar nicht. Daher übertrage ich solche Aufgaben mittlerweile gerne Spezialisten. Ich habe aber lange Zeit gebraucht, um mir einzugestehen bzw. um einzusehen, dass ich auch ohne diese Fähigkeit ein erfolgreicher Unternehmer sein kann. Unser Geschäftsführer Gerhard Schilling und Hans Schmid, Mitglied unseres Aufsichtsrates, waren übrigens maßgeblich daran beteiligt, dass ich zu dieser Einsicht gelangt bin.

Während in meinen Jugendjahren ein solches Eingeständnis einen Prestigeverlust für mich bedeutet hätte, weil ich auch nur sehr selten die nötige Anerkennung für meine Leistungen erhielt, weiß ich heute, wer ich bin, nicht, wer ich sein möchte.

Oft zählte im beruflichen Bereich dasjenige mehr, was andere sagten. Ich musste mir in den letzten Jahren meinen Platz in der Firma wieder mühsam erarbeiten, was ich im Nachhinein aufgrund meiner Medikamentensucht auch bis zu einem gewissen Ausmaß verstehen kann.

Ich hatte das Gefühl, dass Dinge, die ich geleistet hatte – seinerzeit habe ich ja die Firma zusammen mit meinem Halbonkel gerettet und wieder aufgebaut –, vergessen oder selbstverständlich geworden sind. Und man hat sich nie damit auseinandergesetzt, was ich trotz meiner Krankheit alles leistete. Dass der Erfolg von Almdudler in aller Munde ist, hat sicher auch mit meiner Persönlichkeit und meinem ständigen Bemühen zu tun, meiner Rolle als »Mr. Almdudler« gerecht zu werden. Natürlich sind wir ein Team, und auch Gerhard Schilling und die Almdudler-Mitarbeiter-Familie sind an diesem Erfolg maßgeblich beteiligt.

Könnte ich heute ohne Almdudler leben? Solange ich in Österreich bleibe und noch irgendwie mit der Marke zu tun habe, mit Sicherheit. Manchmal frage ich mich allerdings schon, ob es mir nicht besser ginge, wenn ich im Ausland leben und etwas ganz anderes machen würde. Dort, wo mich niemand kennt. Vielleicht als älterer Schauspielschüler in New York? Dann wäre mein Leben anders, doch eines mit Sicherheit nicht mehr: ein Spiel zwischen Schein und Sein.

Wie wäre wohl mein Leben ohne Depression verlaufen?

In letzter Zeit stelle ich mir immer wieder die Frage, ob mein bisheriges Leben auch anders hätte verlaufen können. War ich erblich so sehr vorbelastet, dass meine Depressionen unausweichlich waren, oder hätte ich sie vielleicht mit der einen oder anderen Entscheidung aus eigener Kraft abwenden können? Hätte ich mich mehr um mich selbst kümmern und weniger Rücksicht auf andere nehmen sollen? Rücksicht, was mein Elternhaus, meinen ursprünglichen Berufswunsch oder meine sexuelle Ausrichtung betraf.

Rückblickend und mit dem Wissen vieler Therapie-Jahre reicher, lässt sich manches heute einfach analysieren. Tatsache ist aber, dass ich in einer Zeit und in einer Gesellschaft aufgewachsen bin, in der Anpassung an oberster Stelle stand. Also tat ich, belastet durch die emotionale Unsicherheit meiner Kindheit und Jugend, was man von mir erwartete. Ich übernahm den elterlichen Betrieb und schminkte mir meine Zukunft als Schauspieler ab. Und als ich dann merkte, dass ich mich sexuell zu Männern hingezogen fühlte, versuchte ich jahrelang, diese Gefühle zu unterdrücken, oder lebte sie heimlich und mit schlechtem Gewissen aus. Über Homosexualität wurde in unserer Familie und deren Freundeskreis damals, in den Siebziger- und Achtzigerjahren des vorigen Jahrhunderts, nur mit vorgehaltener Hand gesprochen – wenn überhaupt. Von so etwas »Abnormalem« wollte man seinerzeit gar nichts wissen, und schon gar nicht so jemanden in der Familie haben, noch dazu in einer Unternehmerfamilie von Rang und Namen, für die das Almdudler-Trachtenpärchen – Mann und Frau – das Aushängeschild war.

Niemand hätte mich damals wahrscheinlich so akzeptiert, wie ich wirklich bin. Und ich hatte nicht den Mut und die Kraft, zu meinen Wünschen und Neigungen zu stehen. Oder wollte ich damit einfach niemanden brüskieren, belasten, ja womöglich auch niemandem schaden? Und machte ich mir letztendlich selbst etwas vor, als ich meiner Frau Rosa erzählte, dass meine Homosexualität längst ausgelebt war?

Wie wäre mein Leben verlaufen, wenn ich von Geburt an heterosexuell gewesen wäre? Wahrscheinlich wäre es um einiges einfacher gewesen. Als heterosexueller Mann hätte ich mir auf jeden Fall diesen Konflikt zwischen Ehe und Homosexualität erspart. Und ich hätte schon meine Jugend anders erlebt, ohne Zwiespalt und schlechtes Gewissen auch schon zu einer Zeit, in der ich meine gleichgeschlechtliche Neigung nicht auslebte, ja mir ihrer nicht einmal bewusst war. Mein sexuelles Verlangen in meiner Jugend hatte mir immer das Gefühl gegeben, ein schlechter Mensch zu sein, etwas Verbotenes zu machen, das ich vor meinen Eltern nicht zugeben konnte, weil ich Angst vor ihrer Zurückweisung und Verachtung hatte. Dabei war ich doch immer um Harmonie bemüht. Und obwohl meine Frau und meine Kinder schon seit langem darüber Bescheid wissen und es mittlerweile auch meine gesamte Umwelt tut, habe ich nach wie vor manchmal Schuldgefühle, wenn ich mit einem Mann zusammen bin.

Als heterosexueller Mann würde ich möglicherweise immer noch mit meiner Frau und meinen Kindern ein geborgenes Familienleben führen, und ich hätte meiner Frau in all den Jahren vieles erspart. Mag sein, dass manch jemand diese Überlegungen nicht versteht, vielleicht kann der eine oder andere sie aber doch nachempfinden. Schließlich bin ich in einer besonderen Situation, ja fast ein Glückspilz, da ich trotz meiner Homosexualität drei Kinder habe, was in einer solchen Konstellation nur selten der Fall ist. Männer, die schon immer zu ihrer Sexualität gestanden sind und niemals mit einer Frau zusammen waren, können ein Kind im besten Fall adoptieren. In Österreich erlaubt das Gesetz Homosexuellen zurzeit noch keine Adoption. Das bedeutet, dass unsere Gesellschaft und unsere Politiker dafür noch nicht aufgeschlossen und tolerant genug sind. So gesehen würde ein homosexuelles Paar sein adoptiertes Kind möglicherweise auch Situationen aussetzen, die es selbst und auch das Kind gar nicht beeinflussen können, wenn es beispielsweise von Kindern mit Vater und Mutter geärgert wird. Oder wenn es von »normalen« Eltern mitunter ausgrenzend behandelt wird. Andererseits würden Heimkinder, die ihre leiblichen Eltern nie kennen gelernt haben, bei einem schwulen Paar, das sich liebevoll um sie kümmert, ein weitaus besseres und schöneres Leben führen. Lesbische Frauen haben es in dieser Hinsicht auf jeden Fall einfacher, sie können sich bei vorhandenem Kinderwunsch besser arrangieren. Für ein homosexuelles Paar bleibt maximal die Lösung eines Pflegekindes, und auch diese ist mit Hindernissen verbunden und nicht endgültig.

Letztlich stellt sich für mich aber auch die Frage, ob ein Mann wirklich eine Mutter ersetzen kann, diese enge Bindung, dieses Urvertrauen zwischen Mutter und Kind. Ich bemerke es bei meiner Frau und meinen Kindern, zwischen ihnen sind andere Dinge im Spiel, andere Energien und Gefühle, die ich so nicht kenne.

Oberflächlich betrachtet befinde ich mich eigentlich in einer beneidenswerten Situation. Denn ich genieße die schönen Seiten sowohl eines hetero- als auch eines homosexuellen Mannes. Ich bin außergewöhnlich feinfühlig und sensibel, mir wird Sinn für Ästhetik nachgesagt, ich liebe Kunst und Kultur und habe drei Kinder. Ich bin immer noch mit einer Frau verheiratet, die zu mir hält, wenn es darauf ankommt, und die für mich da ist. Trotzdem leide ich immer noch unter Depressionen und in letzter Zeit auch immer mehr unter dem Alleinsein. Natürlich hätte ich gerne einen Lebenspartner, mit dem ich alles teilen kann, in guten wie in schlechten Zeiten. Doch je älter ich werde, desto schwieriger wird es, so jemanden zu finden.

Ich sitze viele Abende allein zu Hause und habe oft auch gar keine Lust, jemanden anzurufen. Dann rede ich mir ein, dass ich den passenden Menschen schon noch finden werde, wenn es so für mich vorgesehen ist. Jemanden, der nicht nur an meinem Namen oder meinem Geld interessiert ist, sondern der mich meiner selbst willen liebt.

An einsamen Abenden denke ich oft an meine Familie und an das gute Verhältnis zu meiner Frau Rosa und meinen Kindern Alena, Lara und Max, meiner Mutter Ingo, meiner Schwester Michaela mit ihrem Mann Helmut Unger und den Neffen Zoltan und Joe. Gott sei Dank bin ich immer in der glücklichen Lage gewesen, dass meine Schwiegereltern Marianne und Adalbert Kraupatz mit den unvorhergesehenen Veränderungen, die sich natürlich auch auf das Leben ihrer Tochter wesentlich ausgewirkt haben, sehr verständnisvoll umgegangen sind.

Niemals hätten sie ihre Tochter zu einer Trennung überredet. Nicht nur, dass sie sich für ihre Enkel schon von klein an Zeit nahmen, später regelmäßig nach Mallorca kamen und meine Kinder »bodenständig« aufwachsen ließen, sie haben mich auch stets so akzeptiert, wie ich bin. Und das war sicher nicht immer einfach. Sie haben mir durchwegs viel Liebe und größtes Verständnis entgegengebracht, wie auch Rosas Bruder Albert und seine Frau Claudia. Aber auch meine wenigen, dafür aber echten Freunde und meine Assistentin Brigitte Stoiser haben in allen Krisenzeiten ein offenes Ohr für mich gehabt und mich uneigennützig unterstützt. Also möchte ich mich auch auf diesem Weg bei ihnen allen aufs Allerherzlichste bedanken.

Ganz besonders aber natürlich bei Rosa und meinen Kindern, denn wenn ich sie nicht gehabt hätte, wüsste ich nicht, ob ich es bis heute geschafft hätte.

Was meine Familie und Freunde sagen

In diesem Buch haben Sie über meine Sicht der Dinge gelesen. Doch wie haben meine Angehörigen, meine Freunde diese schweren Phasen meines Lebens erlebt? Wie sind sie damit umgegangen? Auf den nachfolgenden Seiten finden Sie die Antwort.

INGRID »INGO« KLEIN
Meine Mutter

Als sich mein Vater Erwin Klein im September 1957 mit der gebürtigen Hamburgerin Ingrid Scheidig vermählte, schloss er damit bereits seinen zweiten Bund fürs Leben. Davor war er fast fünf Jahre lang mit Luzy Reichert, einer Schauspielerin aus dem »Cabaret Simpl«, verheiratet gewesen. »Luzy war eine patente Person«, erinnert sich meine Mutter. »Sie heiratete in zweiter Ehe einen Deutschen, und mein Mann eine Deutsche. Wir waren aber beide nicht der Scheidungsgrund.«

Wahrscheinlich war aber Ingo Kleins Wesen – »Ich bin ein Wandervogel, der die Freiheit immer geliebt hat« – ein wichtiger Grund, dass die Ehe mit einem selten in der Familie präsenten Mann, wie mein Vater es war, funktionierte. Denn die junge Mutter war oft mit uns alleine, zu Hause aber auch in vielen Urlauben, im Winter wie im Sommer. Die Depressionen meines Vaters kamen für meine Mutter ziemlich überraschend. Als die beiden einander kennen lernten, konnte davon absolut nicht die Rede sein. Allerdings war schon Erwin Klein erblich vorbelastet. Seine Großmutter hatte sich in der Nacht umgebracht, als man ihr sagte, dass die Gestapo sie am nächsten Tag abholen würde.

»Leider konnten die Ärzte damals noch viel weniger mit dieser Krankheit anfangen als heute«, erinnert sich Ingo Klein. »Es gab kaum geeignete Medikamente und auch fast keine Behandlungen – bis auf Elektroschocks, die man meinem Mann antat.«

»Ich erinnere mich, als Erwin eines Morgens sagte: Mich freut das Leben nicht mehr.«

Professor Tilscher, ein Freund der Familie, hatte sie eigentlich darauf aufmerksam gemacht, dass ihr Mann schwer suizidgefährdet war: »Von da an achtete ich natürlich darauf, alles aus dem Weg zu räumen, was seinem Leben gefährlich hätte werden können. Denn selbstverständlich machte ich mir große Sorgen und hatte Angst, dass etwas passieren würde. Ich weiß noch genau, wie Erwin eines Morgens beim Frühstück saß und sagte: ›Mich freut das Leben nicht mehr.‹ Trotzdem war es dann ein großer Schock, als sich Erwin das Leben nahm, kurz nach seinem 59. Geburtstag. Es ging der Firma damals allerdings nicht besonders gut, und mein Schwager war leider nicht der ideale Partner. Ich weiß aber von keinem unmittelbaren Auslöser, der meinen Mann in den Suizid trieb.«

Erwin Klein hatte zwei großartige Begabungen: Er war ein extrem guter Kaufmann und ein sehr guter Schauspieler: »Also glaubte Thomas, für ihn würde das genauso weitergehen. Denn er hatte ja schon Schauspielunterricht bei Dorothea Neff genommen.«

Doch nach dem Tod des Vaters kam für Thomas alles anders. Natürlich wäre damals psychologische Betreuung nötig gewesen, aber niemand aus der Familie konnte sich darauf stützen. Ingo Klein: »Das war damals nicht üblich. Jeder musste mit diesem Schicksal alleine fertig werden. Und es wurde selbst unter den Familienmitgliedern nicht darüber gesprochen. Da waren wir alle gleich.«

Danach ist uns allen der Mann bzw. Vater noch im Traum erschienen, aber nur ich träume selbst heute noch von ihm. Vielleicht steht auch das in irgendeinem Zusammenhang mit meinen jahrelangen Depressionen.

Ingo Klein: »Als Kind war Thomas jedenfalls ein aufgeweckter, ganz normaler Bursch. Und für ihn gab's nur das Theater. In der Schule ist er nicht weiter aufgefallen, und ich bin mit seinen Lehrern gut zurechtgekommen. Erst viele Jahre später musste ich erkennen, dass Thomas depressiv war. Da hatte ihn sein Hausarzt Dr. Molnar schon behandelt, und er war auch schon in der Döblinger Privatklinik gewesen. Außerdem befand er sich zu dieser Zeit gerade in den Fängen seines ›Heilers‹ Josef. Den konnte ich ihm nicht ausreden, im Gegenteil, ich musste auch zu ihm gehen, denn ich kannte mich ja gar nicht aus, was eigentlich los war. Der Josef war aber ein ›übler‹ Bursche, der überall dabei sein musste, ich glaube sogar bei der Geburt von Alena. Jedenfalls war Thomas dann auf einmal ganz komisch. Ich erinnere mich noch an ein Jahr, in dem er mir furchtbare Briefe schrieb. In diesen Briefen gab er meinem Mann und mir die Schuld an seinen Depressionen, weil wir ja auch für seine Geburt verantwortlich waren.

Damals war ich hilflos und fragte mich immer wieder: Was kann ich nur machen? Und ich habe mit vielen guten Ärzten wie zum Beispiel Professor Tilscher darüber gesprochen. Aber es war nicht einfach. Wenn ich Thomas Blumen ins Spital geschickt habe, hat er sie mir zurückgeschickt. Und er hat mir diese schrecklichen Briefe geschrieben, auf die ich gar nicht eingehen wollte. Später hat Thomas alles leidgetan, und er kam zu mir, um sich dafür zu entschuldigen. Aber ich sagte dann nur: Thomas, da brauchen wir gar nicht darüber reden.

Heute sprechen wir über alles und telefonieren oft miteinander. Und er braucht sich schon lange nicht mehr zu beweisen. Er macht alles großartig – mit Frau Stoisers Hilfe, seiner rechten Hand, sie ist ideal für ihn, sie hat ihm viel Gutes getan. Thomas ist ja ein sehr gescheiter Kopf, die Michi auch, ich bin stolz auf beide. Thomas kann nur leider nicht mit Geld umgehen. Trotzdem bin ich aber immer hinter ihm gestanden, auch in der schweren Zeit des Umbruchs in der Firma.«

»Ich war erstaunt, dass Thomas manchmal von Männern zum Tanzen aufgefordert wurde«

Zum Thema Homosexualität sagt sie nur: »Es könnte sogar sein, dass mein Mann schon ahnte, dass Thomas schwul ist. Erwin veränderte sich sehr gegen Ende seines Lebens, ursprünglich war er sehr stark, dann wurde er viel schwächer und sensibler.

Als wir in Abbazia, dem heutigen Opatija, Urlaub machten, war ich erstaunt, dass Thomas manchmal von Männern zum Tanzen aufgefordert wurde. Ich weiß aber nicht, ob ihm seine sexuelle Orientierung damals schon klar war. Was ich weiß, ist, dass er trotz allem sehr an Rosa hängt. Und dass es ihm lange Zeit nicht egal war, dass sie einen Freund hat.

Apropos Rosa, mit ihr bin ich immer schon sehr gut zurechtgekommen. Dass sie den Maxi damals in die Ehe mitbrachte, hatte mich überhaupt nicht gestört. Maxi war immer auch Thomas' Kind, im Gegenteil, ich habe ihm oft die Stange gehalten.«

Meine Mutter hat nach dem Tod meines Vaters nie mehr geheiratet, lebt aber seit vielen Jahren mit einem Partner zusammen.

MICHAELA KLEIN
Meine Schwester

Geboren am 26. März 1961 in Wien

Obwohl Michaela nur etwas mehr als zwei Jahre älter ist als ich, hatte sie in der Kindheit doch den mütterlichen Part übernommen.

»Es gab diverse Situationen, in denen ich mich für Thomas verantwortlich fühlte bzw. in denen ich die Stärkere war«, erinnert sie sich. »Ich war damals eher die Dominante, mit der es Thomas manchmal auch gar nicht so leicht hatte. Wir waren aber sehr eng miteinander verbunden, und ich kann mich an keine echten Streite oder Brüche erinnern.«

In Michaelas Wahrnehmung war sie auch noch während und nach der Pubertät diejenige, die sich meine Probleme angehört und dann versucht hat, mit mir Lösungen zu finden. »Umgedreht hat sich alles, als unser Vater starb. Dann hat Thomas die Vaterrolle, den väterlichen Part übernommen – weil er in der Firma zum Geldverdiener wurde und mir das Geld aus der Firma gab. Ein sehr interessantes Phänomen!

»Ich war Vaters Liebling, Thomas war Mutters Liebling«

Ich war Vaters Liebling, und Thomas war Mutters Liebling. Ich habe es auf der einen Seite also leichter gehabt, weil mein Vater Gott sei Dank ein Schmusevater war, der mit mir im Bett lag und mich seinen Sonnenschein nannte. Leider war er nicht wirklich oft da. Während es meiner Mutter immer schwergefallen ist, körperliche Zuneigung zu geben bzw. ihre Zuneigung körperlich zu zeigen. Auf der anderen Seite war mein Vater aber sehr erfolgsorientiert, ich wurde also nicht nur wahrgenommen, weil ich da war, ich musste schon etwas leisten, um geliebt zu werden. Da hat es Thomas wieder einfacher gehabt, weil er diesen Druck von der Mutter nicht bekam.«

Michaela war in ihrer Jugend – so sieht sie es zumindest – die totale Opposition: »Mir sind sie zu Hause irre auf die Nerven gegangen.«

Also war es ganz in ihrem Sinn, dass sie mit 15 für zwei Jahre ins Internat nach Interlaken in der Schweiz geschickt wurde. Dort traf sie auf 50 Mädchen jeden Alters aus aller Herren Länder: »Das Schwergewicht lag auf der Sprachausbildung, wir hatten aber auch einen Gegenstand, der ›Savoir vivre‹ hieß. Da lernte ich, wie man einen Tisch deckt und lauter solche Sachen. Matura gab es dort keine, nur alle möglichen Sprachdiplome. Im Nachhinein gesehen war die Zeit dort sowohl schwierig als auch einfach für mich. Denn sie hat mir erspart, zu Hause zu pubertieren.«

Zurück in Wien besuchte Michaela die Maturaschule Roland und schloss diese mit Erfolg ab: »Dann studierte ich ein wenig Theaterwissenschaften und Germanistik. Ich war aber das Lernen in normalen Strukturen nicht gewöhnt und zudem ein fauler Hund. Daher bin ich nur ab und zu in Vorlesungen gegangen, und wenn ich nach Hause kam, traf ich meinen depressiven Vater an, der Karten spielte. Da setzte ich mich dann lieber zu ihm. Ich beendete dieses Studium also relativ bald ohne Abschluss und machte auf der WU einen Lehrgang für Werbung und Verkauf. Im Anschluss daran war ich einmal ganz kurz in der Firma. Da saß ich dann meinem Bruder gegenüber und hatte absolut nichts zu tun. Ich hatte das Gefühl, dass es dort keinen Platz für mich gab. Folglich suchte ich mir andere Jobs wie etwa Regie-Assistenz im Theater, ich arbeitete in der Gastronomie und machte vieles mehr.«

Ihren Ehemann Helmut Unger kennt Michaela schon seit 25 Jahren, seit 15 Jahren ist sie mit ihm verheiratet, hat aber ihren Familiennamen behalten. Gemeinsam betreiben die beiden seit 17 Jahren die Weinhandlung »Unger & Klein« in der Inneren Stadt in Wien. Außerdem sind sie stolze Eltern des 12-jährigen Zoltan und des 7-jährigen Joe.

Wenn Michaela an die Depressionen unseres Vaters zurückdenkt, hat sie nicht das Gefühl, dass es sich bei ihnen um einen schleichenden Prozess gehandelt hat: »Ich glaube eher, sie sind ihn voll geballt angesprungen, sie sind rasch und ganz stark gekommen. Ich denke nicht, dass es jahrelange schwache Vorstufen dazu gegeben hat. Meiner Meinung nach hat er maximal vier Jahre unter Depressionen gelitten.«

Sie erinnert sich, dass er bei einem Psychiater in Behandlung war, »einem Arzt der alten Schule, der ihm Medikamente verschrieb, aber keine Therapie mit ihm machte«. Dieser Arzt soll mit Hypnose gearbeitet haben, also könnte er eine solche auch bei unserem Vater versucht haben. Möglicherweise, doch sie ist sich nicht sicher. Mit Bestimmtheit kann sie aber sagen: »Damals wurde weder die Depression als Krankheit wahrgenommen, noch fanden entsprechende therapeutische Behandlungen statt.«

»In meinen Augen war mein Vater ein Hypochonder, wie es auch Thomas ist«

Heute sieht Michaela Parallelen zwischen unserem Vater und mir: »In meinen Augen war mein Vater ein Hypochonder, wie es übrigens auch Thomas ein wenig ist, so glaube ich. Das mag aber auch ein Grund sein, warum man bei meinem Vater – und anfänglich auch bei Thomas – die Depressionen nicht ernst genommen hat. Denn ich hörte meinen Vater schon immer wieder sagen: ›Ich bringe mich jetzt um.‹ Aber das wurde von der Familie eben nicht ernsthaft registriert. Denn wenn jemand andauernd betont, dass er seinem Leben ein Ende machen will, glaubt man es ihm nicht. Hätte er gar nicht darüber gesprochen, wäre ich möglicherweise aufmerksamer gewesen. Obwohl ich irgendwann schon bemerkt hatte, dass er uns vermitteln wollte, wie schlecht es ihm tatsächlich ging.«

Trotzdem hätte Michaela niemals erwartet, was am 17. September 1983 geschah: »Mein Vater ist in der Nacht vor seiner Tat noch in mein Zimmer gekommen, wo auch mein damaliger Freund schlief. Einfach nur, um mir gute Nacht zu sagen. Im Nachhinein habe ich mir oft überlegt, ob er noch mit mir hätte reden wollen. Aber wahrscheinlich hätte ich selbst dann nichts an seinem Vorhaben ändern können. Mittlerweile glaube ich, er wollte sich einfach von mir verabschieden.«

Als die Polizei dann um etwa 8.30 Uhr Sturm läutete, war Michaela diejenige, die sie zuerst hörte und ihr die Türe öffnete: »Die Polizisten meinten, es müsste etwas bei uns passiert sein. Daraufhin lief ich sofort ins Zimmer meines Vaters. Gott sei Dank fand ich kein Blutbad vor. Mein Vater lag mit geschlossenen Augen im Bett, mit einem Polster auf seiner Brust, durch den er sich ins Herz geschossen hatte. Im ersten Moment konnte ich gar nicht realisieren, was eigentlich passiert war.«

Da Michaela mit ihrem damaligen Freund schon relativ lange zusammen war, konnte sie später mit ihm über das Geschehene sprechen und ein wenig verarbeiten. Überhaupt stand ihr damals ihr ganzer Freundeskreis zur Seite: »Ich hatte mir schon immer meine eigene Familie gesucht, sozusagen eine eigene Familie geschaffen – und daran hat sich bis heute nichts geändert. Denn innerhalb meiner leiblichen Familie wurde über den Suizid meines Vaters nicht gesprochen. Ich habe in den letzten Jahren aber auch zu sehen versucht, wie es mir mit meinem Schuldbewusstsein geht. Denn auch wenn ich im Sinne, wie die Welt es sehen würde, keine Schuld trage, fühle ich mich schuldig. Dieses Gefühl begründet sich nicht auf Tatsachen, es ist übernommen worden. Es ist einfach da, in meinem Kopf. Im Zuge meiner Coaching-Ausbildung ›Future‹, die ich seit einigen Jahren mache, habe ich mich auch damit beschäftigt. Bei diesem Coaching geht es nämlich um das genaue Hinsehen, das unter anderem auch das Erkennen von Zusammenhängen bringt.«

»Seine sexuelle Neigung wurde für mich immer offensichtlicher – ohne großes Aha-Erlebnis«

Nach dem Tod des Vaters zogen Michaela, ihr späterer Mann Helmut, dessen Bruder und ich in eine Vierer-Kommune zusammen. Michaela erinnert sich: »Da wurde Thomas' sexuelle Neigung für mich immer offensichtlicher, ohne großes Aha-Erlebnis, obwohl er immer wieder auch Freundinnen hatte. Aber irgendwann ist dann sein erster Freund aufgetaucht. Für mich war das ein ganz normaler Prozess, weil ich immer bei ihm war, so dass ich auch gar nicht sagen kann, wann es für mich sozusagen offiziell wurde. Teilweise haben wir darüber gesprochen, teilweise ist es kommentarlos passiert. Mir gegenüber hat er deswegen hoffentlich nie ein schlechtes Gewissen gehabt, denn für mich war Homosexualität nie ein Thema. Ich weiß aber, dass für Thomas eine Familie zu gründen immer ein Thema war, denn dann wäre seine Homosexualität quasi wie geheilt gewesen.«

Zu dieser vorübergehenden Heilung ist es dann ja auch gekommen – als ich Rosa begegnete. Michi: »Ich bin sicher, dass die beiden ineinander verliebt waren, aber vielleicht war es unbewusst auch ein Arrangement zwischen einem gut aussehenden Mann und einer gut aussehenden Frau, wo noch viele andere Dinge zusammengepasst haben. Die eine Seite hat ein Familienoberhaupt gesucht, die andere jemanden, der ihm die Familie schenkt.«

Damals begann für Michaela jedenfalls eine schwierige Zeit, weil ich mich aus dieser wirklichen Nähe zu ihr entfernte: »Schließlich kam vieles zusammen, die familiäre Situation, die Depressionen und die finanzielle Situation in der Firma, alles Punkte, bei denen ich übrig geblieben war, ohne wirklich zu wissen, warum.

Thomas sagte damals: Jeder muss sich um sich selber kümmern. Das war ein wirklicher Bruch, gefühlsmäßig, weil ich mir nie erwartet hätte, dass mich Thomas einmal fallen lässt, finanziell und in vielen anderen Belangen. Damals hatte ich das

Gefühl, es ginge gegen mich, ich müsste meine eigenen Interessen wahren, und ich hatte Angst, dass die Firma den Bach runtergehen würde.«

Obwohl es auch für Michaela unbestritten bleibt, dass Dr. Messner und ich die Firma nach dem Suizid unseres Vaters wieder in die Höhe gebracht haben: »Aber irgendwann ist es dann gekippt in Richtung ›Wir machen, was wir wollen‹. Und ich hatte mich zu wenig darum gekümmert, ich hatte mich auf die beiden verlassen. Ich bekam dann aber Angst um meine Zukunft und um die meiner Kinder. Demnach habe ich mich damals richtig und in meinen Augen überhaupt nicht unfair Thomas gegenüber verhalten. Denn das Wellness-Getränk ›Pro Ego‹ war zwar ein Riesen-Flop, hatte aber eigentlich nichts mit Thomas zu tun. Das war einfach eine falsche Firmenentscheidung, deswegen hätte er kein schlechtes Gewissen haben müssen.

Er hat dann eine Zeit lang den Kontakt zu mir abgebrochen, wahrscheinlich aber auch zu vielen anderen Leuten. Darunter habe ich gelitten, aber trotzdem war ich da, wenn er mich gebraucht hat – in gewissen Krisensituationen.«

Von denen es genügend gab: »Ich glaube, dass man sich Depressionen hingeben oder daran arbeiten kann. Meiner Meinung nach passiert es schon immer wieder, dass sich Thomas diesen Stimmungen sozusagen ergibt. Denn dadurch kommt er leichter aus manchen Situationen heraus, er muss dann manche Dinge nicht machen, und er kann sein eigenes Leben leichter ohne Rücksicht auf andere leben. Andererseits leidet er aber gleichzeitig mehr darunter, wenn er sich den Depressionen hingibt. Im Moment habe ich das Gefühl, er versucht mit ihnen leben zu lernen und auch, sich zu disziplinieren – aber da gibt es natürlich genauso bessere und schlechtere Phasen.

Er macht heute die vielen anderen Sachen, wie Schmähführen, Reden halten, ein bisschen der bunte Vogel für die Firma sein, sehr gut. Denn er ist wahnsinnig charismatisch. Und würde er das eine oder andere an sich stark verändern, wäre er nicht mehr der interessante Mensch, der er jetzt ist. Er muss selbst wissen, wie er durchs Leben gehen möchte, ob er es sich leichter oder schwerer machen möchte. Im Alter ändert sich allerdings die Wertigkeit von Dingen, es entwickeln sich andere Wichtigkeiten. Die muss man aber erst einmal finden. Und die Frage ›Wie mache ich weiter?‹ stellen wir uns sowieso alle. Soziale Aufgaben sind, so glaube ich, für Thomas ideal und auch für sein Leben sehr bereichernd.«

ROSA KLEIN
Meine Ehefrau

Geboren am 12. November 1963 in Gmunden

Als ich Rosa Kraupatz kennen lernte, war sie von Alexander Goebel, dem leiblichen Vater ihres damals knapp zweijährigen Sohnes Max, eigentlich schon getrennt. »Durch meine freiberufliche Arbeit war ich oft im Ausland gewesen, so dass ich nicht wusste, dass Thomas auch schon mit Männern zu tun gehabt hatte«, denkt sie an den Sommer 1989 zurück.

»Als man es mir dann einmal zusteckte, sprach ich ihn natürlich darauf an. Doch er meinte, dass er zu 100 Prozent nicht schwul wäre, er hätte es zwar probiert, aber deswegen wüsste er auch, dass er es nicht sei. Mich irritierte seine Aussage damals gar nicht, denn als junger Mensch versucht man schließlich vieles. Für mich war die Sache erledigt. Da war ich sehr blauäugig.«

Wie sich nach einigen Ehejahren, in denen ich wirklich heterosexuell lebte, herausstellen sollte, war die Sache nicht erledigt. Heute sieht Rosa die damalige Situation so: »Es ist ihm nicht so gut gegangen, ich habe das aber ein wenig damit abgetan, dass er mehr Aufmerksamkeit und Achtung in der Firma gebraucht hätte, wie er sie von der Familie nicht bekam. Denn von dieser Seite wurde immer alles für selbstverständlich genommen, dass er ein sehr guter Geschäftsmann war, der sehr viel arbeitete und sehr erfolgreich war. Jeder hatte immer nur genommen und genommen, auch ich und die Kinder. Alle haben ihn ausgesaugt, bis er einfach nicht mehr konnte und krank wurde.

»In seinen sexuellen Phantasien ging es nur mehr um Männer«

Die ersten Weihnachten nach Alenas Geburt verbrachten wir in Kitzbühel, wo Thomas mir sagte, dass er doch schwul sei und dass er fürchtete, Depressionen zu bekommen, wenn er mir das länger verschweigen würde. Denn in seinen sexuellen Phantasien ging es nur mehr um Männer. Nach Alenas Geburt, bei der Thomas dabei war, gab es keinen Sex mehr zwischen ihm und mir. Ich glaube zwar nicht, dass die Geburt der Auslöser war, aber sie hat dem Ganzen auch nicht gut getan. Ich hatte mir damals eigentlich eine Hausgeburt gewünscht, man überredete mich aber dann doch zum Spital, wobei der Arzt nur im Notfall zur Stelle sein wollte. Daher übernahm Thomas die ganze Arbeit des Arztes, und die Geburt wurde zu einem sehr intensiven Erlebnis für ihn. Mit meinem heutigen Wissen rate ich allen Frauen, ihre Männer bei der Geburt nicht dabei sein zu lassen, das ist eine reine Frauengeschichte.

Natürlich war Thomas' Offenbarung nicht ohne für mich, aber auch kein Schock, denn dadurch ergaben sich für mich neue Möglichkeiten. Ich wollte nämlich sowieso nicht in Österreich bleiben, ich hielt es in Wien nicht wirklich aus. Thomas war zwar meine große Liebe, ich hatte ihn richtig angehimmelt, aber nun wollte ich versuchen, mit den Kindern woanders etwas aufzubauen.«

Also suchte sie sich einen Ort aus, von dem sie dachte, dass die Kinder dort gut mit einer alleinerziehenden Mutter aufwachsen konnten – und das war Mallorca: »Ich glaube, Thomas bekam diese ganz schweren Depressionen auch, weil sein Umfeld, vor allem die Schwulenkreise, nicht so wahnsinnig gut für ihn war. Auf jeden Fall ging es ihm richtig schlecht, er war wirklich am Boden. Ich habe ihn in dieser Zeit immer wieder in Wien besucht, während meine Eltern nach Spanien kamen, um auf die Kinder aufzupassen.«

»Ich wurde von einem Auto überfahren, sah mich von oben auf der Straße liegen – und auf einmal dieses Licht«

Im Jänner 2002 stand allerdings Rosas Leben selbst auf der Kippe: »Während ich mit einer Freundin auf Mallorca die Straße überquerte, wurde ich von einem Auto überfahren. Meine Rippen waren gebrochen, Leber und Lunge geprellt, mein Kopf war völlig offen, und ich hatte eine Gehirnprellung. Dann war ich weg, ich konnte mich an nichts erinnern, weder an den Unfall noch an sonst irgendetwas, ich hatte ein Nahtod-Erlebnis. Ich schaute von oben herunter und sah mich da liegen. Dieses Erlebnis war einschneidend in meinem Leben und hat es auch grundsätzlich verändert. Alles war gut, alles, was in meinem Leben passiert war, hatte seine Richtigkeit. Ich hatte kein anderes Gefühl mehr. Dass meine Kinder dann alleine gewesen wären, ohne Mutter, hätte auch seinen Grund gehabt, die hätten dann so leben müssen. Ich empfand dieses unglaubliche Glücksgefühl, dass alles gut war, es gab keine Angst mehr, keine Eifersucht, nichts mehr, alles war einfach richtig. Und da war dann dieses Licht, mit dem ich wieder zurückgekommen bin. Ich war wahnsinnig lang in diesem Licht und bin später auch immer wieder aus meinem Körper ausgetreten – zum Beispiel an öffentlichen Plätzen wie einem Bahnhof oder Flughafen. Das war aber sehr gefährlich, weil ich eigentlich nicht mehr zurück wollte. Die Seele war nie ganz in meinem Körper drinnen.«

Nach dem Unfall kam Rosa zuerst auf die Intensivstation, war dann insgesamt drei, fast vier Wochen im Spital und ein ganzes Jahr lang zu Hause. »Ich bin sehr viel gelegen, konnte lange Zeit nicht gehen. Ich habe dann mit Meditationen und Naturheilmitteln versucht, meinen Körper wieder aufzubauen – was mir auch gelungen ist. Der Unfall hat mein Leben wirklich grundsätzlich verändert. Seither gehe ich nur mehr ganz selten aus, zu ganz wichtigen Anlässen, ein-, zweimal im Jahr. Alles andere interessiert mich überhaupt nicht mehr. Natürlich ist es angenehm, Dinge zu besitzen, aber es ist viel wichtiger, sein Glück in sich selbst zu finden, mit sich selbst zufrieden und im Reinen zu sein. Sonst kann man auch keine anderen Menschen glücklich machen.«

Als unsere Töchter ihre Mutter im Spital sahen, war das ein Schock für sie. Als Reaktion schnitten sie ihren Barbie-Puppen die Haare ab und schminkten sie blau-grün-rot. Ich konnte leider wegen meiner eigenen Erkrankung auch nur sehr schlecht mit Rosas Zustand umgehen.

Beeinträchtigt durch ihren eigenen Unfall und aufgrund der weit voneinander entfernten Wohnorte hat Rosa in all den Jahren nicht sehr viel von meinen Depressionen mitbekommen: »Ich habe ihn immer wieder im Spital besucht oder bin angereist, wenn er zu Hause zusammenbrach, doch die Vorgeschichten kannte ich nie. Mittlerweile will ich vieles gar nicht mehr wissen, weil ich es sowieso nicht ändern kann. Es tut mir nur weh, weil ich weiß, dass Thomas so ein guter und lieber Mensch ist, aber auch so offen für all die Vampire, die ihn aussaugen und das Weiße aus den Augen ziehen, die ihn wirklich benützen. Er verliert dann total den Boden unter den Füßen, und das tut mir einfach leid, aber ich kann es nicht ändern. Und es ist ja auch sein Leben, für das er selbst verantwortlich ist!«

Den Angehörigen depressiver Menschen kann Rosa dennoch ein paar gute Ratschläge geben: »Man darf die Schuld nicht bei sich selbst suchen. Das habe ich lange Zeit gemacht. Ich dachte, ich hätte etwas getan oder gesagt oder ich bin überhaupt der Grund für Thomas' Depressionen. Das hat aber mit seinen Angehörigen gar nichts zu tun, es ist ganz alleine seine Krankheit. Und alles, was man tun kann, ist, für den Menschen da zu sein. Man darf depressive Menschen nicht bedrängen oder mit Fragen bombardieren, sie leben in ihrer ganz eigenen Welt, ähnlich wie Autisten, in deren Welt man auch nicht eindringen kann. Man kann nur erahnen, was in ihnen vorgeht. Ich glaube aber auch, dass jeder depressive Mensch seine Krankheit anders empfindet.

»Wir haben mit den Kindern sehr offen über Thomas' Depressionen gesprochen«

Wir haben mit den Kindern sehr offen über Thomas' Depressionen gesprochen und auch darüber, dass er schwul ist. Denn ich fände es ganz furchtbar, wenn die Kinder erst nach dem Tod ihrer Eltern feststellen müssten, dass sie diese gar nicht kannten. Es ist so wichtig, dass Kinder wissen, mit wem sie leben, mit wem sie es zu tun haben, sie sollen alle positiven, aber auch negativen Seiten kennen lernen. Natürlich muss man nicht alles vor den Kindern ausleben. Ich habe immer sehr darauf geachtet, in der Lebensführung ein gutes Vorbild zu sein, und ich habe in der Kindererziehung eine sehr gerade Linie durchgesetzt. Wenn mich meine Kinder fragten, warum wir keine normale Familie sind, hab ich zu ihnen gesagt: Zeigt mir doch eine normale Familie! Es gibt nur im Bilderbuch die so genannte Vorzeigefamilie, das Leben hat Ecken und Kanten, das Leben ist kein langer, ruhiger Fluss, es gibt Ups and Downs für jeden, und wer sagt, dass es nicht so ist, der lügt.«

In den Anfängen meiner Probleme gab es keinen Mann in Rosas Leben, der ihr wichtig gewesen wäre, das hat sich erst vor sieben Jahren geändert: »Überraschenderweise war Thomas relativ lange Zeit sehr eifersüchtig, da hätte er schon etwas offener sein können, schließlich hat er sich immer alle Rechte herausgenommen. Ich finde es aber toll, dass mein neuer Partner akzeptiert, dass ich nach wie vor verheiratet bin. Es gab schon einmal eine Phase, in der ich über Scheidung nachgedacht habe. Aber jedes Mal, wenn ich mit diesem Plan an Thomas herantrat, war er krank, depressiv und konnte nicht darüber sprechen. Im Moment erscheint mir eine Scheidung nicht nötig, ich weiß allerdings nicht, was die Zukunft bringt. Ich glaube aber, dass das Thema Heirat für mich abgeschlossen ist, weil ich generell nicht mehr heiraten will. Ich bin davon überzeugt, dass eine Beziehung, die gut sein soll oder ist, auch ohne Papier überlebt, wahrscheinlich sogar besser leben kann, weil man sich ein bisschen mehr bemüht, weil man nicht die Garantie hat, der gehört jetzt mir, jetzt kann ich machen, was ich will.

Mit Thomas könnte ich heute nicht mehr zusammenleben, denn er ist ein Eigenbrötler und schon sehr egoistisch in einer Beziehung. Er ist mir mittlerweile aber zu einem besonders guten Ratgeber mit guten therapeutischen Fähigkeiten geworden. Und auch mit den Problemen, die mit den Kindern auftreten, kann er sehr gut umgehen und mit ihnen hervorragende Gespräche führen. Ich bin da sehr emotional und nicht so vorsichtig wie er. Er ist sehr professionell, ohne Schuldzuweisungen, er setzt das Gespräch so an, dass ihm die Kinder auch zuhören. Er gibt den Kindern unglaublich viel, dafür bin ich ihm sehr dankbar.«

MAX KLEIN
Mein Sohn

Geboren am 20. Juli 1987 in Wien

Max war erst zwei Jahre alt, als sich seine Mutter von seinem leiblichen Vater Alexander Goebel trennte. Logischerweise kann er sich daran nicht erinnern: »Für mich ist Thomas mein Vater, und das hat Alexander auch immer akzeptiert. Alexander habe ich eher als Freund und nicht als Vaterfigur oder Vorbild erlebt. Jetzt, wo er älter wird – ich glaube, er wird bald 60 – und merkt, dass ihm die Zeit ausgeht, würde er gerne ein bisschen mehr die Vaterrolle übernehmen, aber dazu ist es jetzt zu spät.«

Als Max neun Jahre alt war, zog seine Mutter mit ihm und seinen Schwestern nach Mallorca. Vier Jahre später kam er ins deutsche Elite-Internat Salem unweit des Bodensees, wo er für ein Jahr blieb. Anschließend ging er nach England, ins Wycliffe College im Südwesten des Landes: »Dort habe ich mit 19 meine A-Levels, ähnlich unserer Matura, gemacht. Ich habe das Internat geliebt, das war total meins, das Beste überhaupt. Dort waren sie schon streng, aber wir hatten dort sehr viel Sport, und auch das soziale Leben war ganz anders als an einer Wiener Schule. Meine Eltern sah ich in allen Ferien, zwischendurch haben wir uns auch immer wieder in London getroffen.«

Nach dem Schulabschluss in England arbeitete Max für einige Zeit bei Almdudler und absolvierte seinen Bundesheer-Dienst. Seit zwei Jahren studiert er nun in Wales, an der Aberystwyth University, die sich auf Politikwissenschaft spezialisiert hat. Dort teilt er sich am Campus ein Haus mit drei Freunden, zwei Engländern und einem Norweger: »Ob ich einmal Politiker werde, kann ich jetzt noch nicht sagen, das Studium interessiert mich halt. Das Einzige, wo ich mir sicher bin, dass ich es nicht werden will, ist Schauspieler. Das ist nämlich ein undankbarer Job, weil man in der Öffentlichkeit Emotionen zeigt, die man normalerweise nicht zeigen würde – und das jeden Tag. Ich bin da eher konservativer, brauche mehr einen geregelten Alltag und einen Plan. Und es wäre mir zu unsicher, wenn mein Typ in 20 Jahren womöglich nicht mehr gefragt ist. Es hat mir in der Schule schon Spaß gemacht, in Produktionen mitzumachen, aber das kann man auch als Hobby betreiben, nebenbei, da muss ich nicht mein ganzes Leben dafür opfern.«

»Ich habe Papas Depressionen nie als Krankheit empfunden«

Sicher kann Max auch sagen, dass er sich in England sehr wohl fühlt und gut mit den Leuten und der Kultur zurechtkommt: »Wenn du dort aufwächst, hängt dir das schon lange nach, ich fühle mich fast wie ein Engländer.

Zu Papas Depressionen: Er hatte seinerzeit schon mit mir darüber gesprochen. Aber als ich jünger war, wusste ich nicht wirklich, worum es dabei ging. Ich hab das nie als Krankheit empfunden, also für mich war der Papa nie krank. Ich weiß nur noch, dass er früher oft im Bett lag und geschlafen hat, ansonsten ist mir nichts aufgefallen. Jedenfalls war es für mich nie ein Problem, denn Thomas war nie wirklich schlecht gelaunt oder wirklich depressiv drauf. Aber wahrscheinlich hat er versucht, das vor uns abzuschirmen. Und wir sind ja auf Mallorca aufgewachsen. Möglicherweise kam er uns nur besuchen, wenn es ihm besser ging, in seinen ganz schlimmen Phasen wird er in Wien geblieben sein.

Wenn es ihm jetzt nicht so gut geht, bekomme ich das schon mit, denn dann ist er ein bisschen ruhiger. Ich denke aber, dass sich sein psychischer Zustand in den letzten paar Jahren verbessert hat, weil er jetzt zuvorkommender und auch irgendwie lebenslustiger ist. Und er hat einen wirklich guten Schmäh drauf. Ich glaube daher, dass mein Vater noch mit dem Schauspielen beginnen sollte: Er hat Talent, er muss es einfach nur tun, er muss sich trauen. Vielleicht ist das auch für seine Psyche gut, es gibt ja viele Schauspieler, die ihren Job als Ventil benützen.

Ich war 12 oder 13, als er mir sagte, dass er schwul ist, und ich muss zugeben, dass es ein bisschen gedauert hat, bis ich diesen Schock verarbeitet hatte. Obwohl ich es irgendwie aufgrund seiner Art zu leben geahnt hatte. An dem Tag, als ich es erfuhr, waren wir am Nachmittag gemeinsam einkaufen. Da war mir plötzlich alles klar, wie er sich die Sachen in einer Boutique ansah. Im Prinzip hat sich aber durch sein Outing nichts für mich geändert. Denn alle Leute, die Thomas kennen, wissen, dass er in Ordnung ist. Es ist eben, wie es ist – und wir machen kein Hehl daraus.

Meine Eltern haben mir ja auch beigebracht, dass man über solche Sachen die Wahrheit sagen muss und es nicht in sich hineinfressen darf, das ist nicht gut. Und zum Glück leben wir ja nicht mehr in den Fünfzigerjahren. Also muss man darüber reden. Obwohl es immer noch Familien gibt, in denen der schwule Vater ein Doppelleben führt. Das ist aber auch den Kindern gegenüber unfair, denn die Sexualität kann man sich einfach nicht aussuchen. Ich glaube auch nicht, dass die Mama sehr darunter gelitten hat. Obwohl, vielleicht hat ihr damals zu Hause schon manchmal ein Mann gefehlt. Aber sie hatte immer schon ihren eigenen Freundeskreis und der Papa seinen.«

LARA KLEIN
Meine Tochter

Geboren am 12. Jänner 1992 in Wien

Lara war ungefähr dreieinhalb Jahre alt, als sie mit ihrer Mutter und ihren Geschwistern Wien verließ: »Während die anderen Väter ihre Kinder früher im Anzug von der Schule abholten, tauchte mein Vater mit Cape, riesengroßem Zylinder und Stock auf oder mit einem Fellhut im Sommer. Manchmal habe ich dann schon zu ihm gesagt, er soll doch damit aufhören, aber das hat nichts genützt, denn er hat sein Verhalten nie geändert. Mittlerweile ist es aber das Normalste, was es für mich gibt, wenn mein Vater in irgendeiner Verkleidung auftaucht, denn ich kenn ihn ja nur so und würde ihn heute gar nicht anders wollen.

Im Grunde war mein Vater für mich immer wie ein guter Freund, mit dem man Spaß haben kann – und das ist er nach wie vor. Es gibt aber auch Momente, in denen ich gut mit ihm als Vater reden kann und er mir dann gute Tipps gibt, was ich machen soll, aber oft auch meint, ich solle meine Erfahrungen selbst machen. Wir hatten immer schon eine sehr starke Bindung.

»Ich war enttäuscht wenn er versprochen hatte, uns zu besuchen – und dann nicht auftauchte«

Wenn er dann wieder einmal lange nicht bei uns war, war das Wiedersehen für mich fast peinlich, ich wusste nicht, ob ich jetzt ›Hallo!‹ sagen sollte oder ihn umarmen. Natürlich war ich auch enttäuscht, wenn er versprochen hatte, uns am Wochenende zu besuchen, und dann nicht auftauchte. Es hieß halt immer, er sei krank, oft sogar im Krankenhaus. Ich glaube, es war meine Mutter, die mir von seinen Depressionen erzählte – damals, als ich 12 oder 13 Jahre alt war. Damit konnte ich natürlich nicht viel anfangen und auch nicht verstehen, wenn er wieder einmal lange nicht zu uns nach Mallorca kam. Wenn er dann aber bei uns war, hat er immer viel Blödsinn gemacht, um seine Krankheit zu überspielen.«

Seit Herbst 2007, seit Lara mit ihrer Mutter und Schwester in Salzburg lebt, besucht sie dort die Amerikanische Internationale Schule (AIS). Jetzt sehen wir uns wieder öfter. Lara Klein: »Wenn man depressiv ist, ist das Schlimmste, was man tun kann, es für sich zu behalten. Das zerfrisst einen ja dann von innen. Und es gibt für jeden Menschen jemanden, der gerne hilfsbereit ist, sei es die Familie oder Freunde. Das gilt übrigens auch für Homosexuelle. Oft haben diese Menschen Angst, zu ihrer sexuellen Orientierung zu stehen. Ich finde aber, dass es doch viel besser ist, diese zuzugeben, als mit einer Lüge zu leben, nur um es ein paar anderen rechtzumachen.«

Lara hat schon früh, so mit sechs oder sieben Jahren, gemerkt, dass zwischen Rosa und mir etwas nicht stimmte: »Als wir dann auch noch umzogen, war für mich klar, dass sie nicht mehr zusammen waren. Schließlich hat mir mein Vater erzählt, dass er schwul ist – ich war damals 12 Jahre alt. Ich weiß noch ganz genau, in welchem Restaurant auf Mallorca wir waren. Ich hab dann nur okay gesagt, vielleicht war ich unter Schock, aber schlimm habe ich es nicht gefunden. Ich finde es gut, dass er dazu steht und sich nicht verstellt. Und wir werden immer alle hinter ihm stehen, egal was passiert. Ich würde auf gar keinen Fall wollen, dass mein Vater allen etwas vorspielt, nur um nach außen den Schein einer perfekten Familie zu wahren. Wir sind sowieso eine perfekte Familie.«

ALENA KLEIN
Meine Tochter

Geboren am 8. Mai 1994 in Wien

Alena, unser jüngstes Kind, liebt Pferde und verbringt viel Zeit mit Reiten. Sie weiß auch schon genau, was sie nach ihrem Schulabschluss – zwei Jahre muss sie noch die Amerikanische Internationale Schule in Salzburg besuchen – tun wird, nämlich Tiermedizin in Amsterdam studieren.

Sie erinnert sich noch gut, als ich bei unseren Mallorca-Besuchen alle möglichen Tiere kaufte: »Mama war gar nicht froh darüber, denn wir hatten auch Schlangen und Chamäleons zu Hause.

Ich kann mit Papa über alles sprechen, und wenn ich einmal ein Problem habe, macht er alles, damit es mir wieder besser geht. Ich würde ihn nie eintauschen wollen, auch wenn er seine Macken hat.

Mit seinen Depressionen bin ich nie wirklich konfrontiert worden, aber ich weiß, dass er sie hat. Man hat es mir zwar gesagt, aber es war nichts Besonderes für mich, weil ich damit aufgewachsen bin. Dass er sich oft zurückzog, wenn er bei uns war, war für mich normal. Immer wenn er schlecht gelaunt ist und seine Ruhe haben will, lassen wir ihn einfach. Und dann kriegt man seine Krankheit nicht so mit. Ich habe ihn eigentlich nie depressiv oder zurückhaltend erlebt, eher glücklich und übermütig. Er hat immer dumme Sachen gemacht. Auf Mallorca ist er gerne mit meiner Schwester und ihren Freunden ausgegangen, und ich war dann die Strengere, die ihm das nicht erlaubt hat. Dann hat er sich in der Nacht rausgeschlichen, ist einmal aus dem 3. Stock gesprungen und hat sich den Fuß verletzt.«

Sie erinnert sich übrigens anders als ich an den Moment, als ich ihr sagte, dass ich schwul bin: »An dem Tag, ich war erst 8 Jahre alt, wollte ich mit ihm für Geschichte lernen. Aber er sagte, er müsse mit mir sprechen. Wir saßen am Pool in Spanien, als er mir gestand, dass er auf Männer steht. Ich hörte ihm zu und bat ihn dann: »Okay, und jetzt kannst du bitte mit mir lernen.« Für mich war das nichts Schlimmes. Ich hatte immer schon bemerkt, dass es bei uns nicht so wie bei anderen Familien war, weil er ja nicht sehr oft da war. Für mich war es eher witzig. Ich hab' zum Beispiel einmal durchs Flugzeug geschrien: ›Papa, stimmt, du bist ja schwul!‹

»Mit Papa kann man so gut faul sein, fernsehen und shoppen«

Ich bin also damit aufgewachsen. Ich finde es gar nicht schlimm, im Gegenteil, ich bin voll dafür, dass er auf Männer steht. Und ich sage es auch allen meinen Freunden, die müssen das respektieren. Aber es kommen sowieso alle damit zurecht, auch die Freunde meiner Schwester. Alle lieben ihn und wollen immer etwas mit ihm unternehmen.

Leider sehen wir uns zu selten. Aber dann denke ich mir wieder, wenn man so oft zusammen ist, dann streitet man auch öfter. Meine Mutter habe ich jeden Tag, natürlich zicken wir uns da auch an, weil ich jetzt gerade in einer Phase bin, wo ich öfters schlecht gelaunt bin. Mit Papa habe ich immer viel Spaß, wenn wir zusammen sind, und von Streit kann keine Rede sein. Mit ihm kann man so gut faul sein, viele Süßigkeiten einkaufen und dann fernsehen. Und shoppen gehe ich auch sehr gerne mit ihm, weil er das liebt. Ich kann mir aber nicht vorstellen, mit ihm zusammenzuziehen. Am besten ist es so, wie es jetzt ist, dann ist es jedes Mal etwas Spezielles, wenn er zu uns kommt.«

WOLFGANG GLOTZ
Einer meiner besten Freunde

Geboren am 16. Februar 1963 in Wien
Seit 1989 verheiratet, ein 21-jähriger Sohn namens Christoph

Wolfgang Glotz, der zusammen mit seinem Bruder in vierter Generation das Hotel und Restaurant »Stasta« in Wien-Liesing führt, habe ich in der Hotelfachschule »Modul« in Wien kennen gelernt. Diese Freundschaft hat bis heute gehalten, manchmal mit mehr Kontakt, manchmal mit weniger: »Ich bin mit Thomas in eine Klasse gegangen, und wir haben uns relativ rasch angefreundet. Thomas war ein bisschen der Star in der Klasse, er war sehr umschwärmt von den Mädchen, denn er war sehr fesch – und meiner Meinung nach absolut nicht feminin. Er war nicht nur aufgrund seines finanziellen Hintergrundes, sondern auch wegen seiner Art sehr begehrt. Außerdem hat er damals schon tolle Feste gegeben. Wir erlebten viele lustige Abenteuer miteinander, und ich wäre damals nie auf die Idee gekommen, dass er sich einmal sexuell anders orientieren könnte.«

Erst vor etwa 15 Jahren, als ich schon verheiratet und meine zwei Töchter bereits auf der Welt waren, outete ich mich vor meinen besten Freunden. Wolfgang Glotz erinnert sich an den Tag: »Wir trafen einander in der Bar vom Hotel Intercont, wo Thomas sagte: ›Heute muss ich euch etwas erzählen. Ihr sollt wissen, dass ich schwul bin.‹ Uns hat das überhaupt nicht schockiert, da wir es schon länger vermutet hatten. Denn schon Jahre davor hatte es eines Tages geheißen, Thomas würde mit einem Mann zusammen wohnen. Also überlegte ich mir damals, ob Thomas vielleicht bisexuell war. Wie auch immer, sein Bekenntnis zur Homosexualität hat unserer Freundschaft jedenfalls absolut keinen Abbruch getan.«

»In Atlantic City bekam er Panikattacken, und wir haben versucht, ihn in Watte zu packen«

Es war ebenfalls Mitte der Neunzigerjahre, als Wolfgang von meinen Depressionen erfuhr: »In unserem zweiten gemeinsamen Amerika-Urlaub 1996 – ich hatte mit meiner Familie eine Rundreise gemacht und Thomas mit Lara in Washington getroffen, von wo aus wir mit dem Auto zu den Amish People in Pennsylvania fuhren – erlebte ich Thomas zum ersten Mal depressiv. In Atlantic City hat es ihn dann so richtig erwischt, das weiß ich noch ganz genau. Es war so ein nebeliger, grauer Tag, als er mich in der Früh anrief und bat, zu ihm hinüberzukommen. Er hatte Panikattacken, sah sich überfordert mit der Tochter an seiner Seite und wollte nach Hause fliegen. Zum Glück beruhigte er sich im Laufe des Tages, so dass wir unsere Reise fortsetzen konnten. Wir sind zuerst mit dem Auto nach Boston gefahren und haben dann noch einen Badeurlaub auf den Bahamas gemacht.

Natürlich hatten wir versucht, Thomas in Watte zu packen und alles zu tun, so wie er es wollte. Wir gaben ihm das Gefühl, kein Problem damit zu haben, wenn wir uns nach ihm richteten. Also ging es Thomas wieder ganz gut, und er blieb bis zum vorgesehenen Ende. Damals war, so glaube ich, alles noch nicht so schlimm. Allerdings wollte er unbedingt gemeinsam mit uns zurückfliegen, so dass wir unsere Tickets wegschmissen und er extra Tickets für uns, sogar in der Business Class, kaufte.

Erst viel später zog sich Thomas manchmal ganz zurück. Da hob er sein Handy nicht ab, rief tagelang nicht an. Und wenn ich ihn dann sprechen konnte, sagte er, dass er wieder in ein tiefes Loch gefallen sei. Außerdem war er damals auch immer wieder im Spital. Dadurch hatten wir automatisch weniger Kontakt.

Er sagte dann auch hin und wieder Treffen spontan ab, aber nicht sehr häufig, denn meistens warnte er uns schon vor. Wir waren da sehr ehrlich zueinander, und er musste uns ja auch nichts vorspielen oder uns anlügen. Obwohl wir trotzdem das eine oder andere Mal eine Ausrede gehört haben, da bin ich mir sicher, so gut kenne ich Thomas ja. Aber das war okay, und natürlich habe ich als Freund Rücksicht genommen und akzeptiert, dass er krank ist, und seine Depressionen nicht als Spleen abgetan.

Manchmal hat es Thomas mit dem Ausgehen übertrieben. Dann gönnt er sich Dinge zu viel und zu oft, er lässt, wie man so schön sagt, die Sau raus, was ihm dann wieder auf den Kopf fällt. Er weiß, dass ihm das nicht gut tut, glaube ich, aber er möchte sich nicht alles verwehren und erlaubt sich eben gelegentlich solche Ausbrüche.

»Thomas ist ein viel zu guter Mensch, er wurde von angeblichen Freunden schamlos ausgenutzt«

Thomas ist manchmal ein viel zu guter Mensch, er hat sich wirtschaftlich oft ausnützen lassen, wie zum Beispiel in den Neunzigerjahren mit einer Boutique in der Judengasse – ein wahnsinniges Finanzgrab. Als er schließlich ausstieg, hatte er den Verlust, während seine Kompagnonin dann zwei Boutiquen in der Innenstadt besaß. Ich glaube, er ärgert sich schon, dass ihn Leute – angebliche Freunde – schamlos ausnützen, und es tut ihm auch weh. Aber er ist dann nicht konsequent genug. Daher passiert es ihm immer wieder. Vielleicht ist unsere Freundschaft aber so gut, weil wir noch nie irgendwelche Geschäfte miteinander gemacht haben.

Ich glaube, dass Thomas' Krankheit eine Mischung aus jahrelanger unterdrückter Sexualität und einem beruflichen Lebensweg ist, den er sich nicht vorgestellt hatte. Thomas wollte Schauspieler werden, aufs Reinhardt-Seminar gehen, er wollte nicht in die Firma und ein Zahlenhengst oder Marketingmensch werden. Jetzt kann er Gott sei Dank in der Firma Dinge tun, die ihm mehr Spaß machen, wie beispielsweise den Trachtenpärchenball oder das ›Drama‹-Clubbing organisieren. Dennoch hat er in vielerlei Hinsicht eine sehr große Entwicklung durchgemacht. Nicht zuletzt auch spirituell, weil er an Gott glaubt. Und mittlerweile kann er sogar anderen Menschen helfen, denn er hat ja 15 Jahre Therapie hinter sich, Seminare, Selbsterfahrung, einen wirklich langen und steinigen Weg.«

WOLFGANG ROTH
Einer meiner besten Freunde

Geboren am 8. Juli 1963 in Wien
Hochzeit 1994, Scheidung 2004
Zwei Kinder, Cosima (geb. 1996) & Stella (geb. 1999)

Wolfgang Roth, Inhaber des Einrichtungsgeschäfts »Das Kunstwerk«, ist der dritte im Bunde jener Männefreundschaft, die seit dem »Modul« besteht. Und auch er denkt gerne an diese Zeit zurück: »Thomas war extrovertiert und durchaus spaßfreudig, und dass die Schule nicht an erster Stelle stehen musste, stellten wir beide sofort fest. Die Mädchen waren damals ein permanentes Thema, er hatte seinen Mädchen-Kreis, der ihn auf gewisse Weise anbetete, und ich hatte meinen. Bis zum Ende der Schule hatten wir dann alle durch.

Thomas war immer sehr modisch, und ich habe mich da mitreißen lassen. Er hatte seinerzeit aber überhaupt keinen femininen Eindruck gemacht, und es war nie ein Thema für mich, dass Thomas nicht hetero sein könnte. Wir haben sogar gemeinsam Mädels verführt.

Ich fühlte mich in Thomas' Familie sehr wohl und verbrachte gerne seine Wochenenden in der Klein-Villa. Erwin Kleins Selbstmord war für mich nicht nur ein einschneidendes Erlebnis, es war ein großer Schock. Das war vielleicht schon ein Baustein für Thomas' Weg in die Depression – die Kombination von Schock, Trauer und in die Rolle seines Vaters gedrängt zu werden. Die Almdudler-Ecke hatte Thomas bis dahin nämlich nur sehr peripher interessiert.

Was sein Outing betrifft, war das für mich sofort gegessen. Er ist ja oft mit sehr feschen Model-Typen herumgehangen, die zeitweise sogar bei ihm wohnten und ihn sicherlich finanziell ausnützten – das ist ihm zeit seines Lebens ja reichlich oft passiert. Jedenfalls war das damalige Weltbild noch ein ganz anderes. Es war undenkbar, offiziell zu sagen: ›Ich bin schwul.‹ Das war in jeder Beziehung existenziell gefährdend, selbst für jemanden wie Thomas.

Nachdem Thomas wochenlang nicht erreichbar war, bat er uns um ein Treffen, bei dem er uns erklärte, dass er ›diagnostisch depressiv‹ war. Er hatte dann sehr bald von seiner Therapeutin den Auftrag bekommen, jedem einen Brief zu schreiben, um sich zu erklären. Wenn man egoistisch ist, wird man sich denken, das ist ein geschriebener Freibrief, um zu machen, was man will, und die anderen müssen das schlucken, weil man ja krank ist. Bei genauerer Betrachtung wird man aber feststellen, dass eine Depression kein Honiglecken ist.

»Das größte Problem bei der Depression ist die Ohnmacht«

Wenn es Thomas ganz miserabel ging, rief er mich an und bat mich, zu ihm zu kommen. Da bekam ich erst mit, wie es wirklich um ihn bestellt war. Wenn ich dann stundenlange Monologe hielt und ihm ab und zu einen Lacher entlockte, war das wie ein Triumph der Extraklasse. Das war schon anstrengend, aber ich hatte doch das Gefühl, dass ich etwas tun konnte. Denn das größte Problem bei der Depression ist ja die Ohnmacht. Und bis man einmal die Krankheit einsieht, vergehen genau die entscheidenden Jahre, in denen man sie noch leichter wegbekäme. Ich habe Thomas einige Male in sehr schlechten Phasen erlebt, wo er total sediert und zu absolut nichts fähig war.

Man darf Depressiven nie das Gefühl geben, dass man ihre Krankheit nicht ernst nimmt. Es ist auch sehr wichtig, dass man Verständnis für die Eigenart der Depression hat. Denn sie ist eine unvergleichliche Krankheit, bei der sich der Betroffene für eine gewisse Zeit in sich abkapselt, wo er niemanden sehen, mit niemandem reden will und auch keine Zwangsbeglückung wünscht. Als Außenstehender muss man einfach signalisieren, dass man den anderen gern hat, auch mit seiner Krankheit: Man steht zur Verfügung, teilt die schlechten Zeiten mit ihm, freut sich aber auch, die guten Zeiten mit ihm teilen zu dürfen, auch wenn es über Jahrzehnte immer wieder Rückfälle gibt. Eine Depression kann aber auch irgendwann vorbei sein, wie durch ein Wunder.

»Wenn es Thomas ganz schlecht ging, legte er sich freiwillig ins Spital«

Ich habe Thomas sogar in Zeiten seiner extremen Muskelverspannungen gelegentlich beim Infiltrieren des Morphiums geholfen. Natürlich war ich naiv, aber Thomas meinte, dass ihm der Arzt das verschrieben hatte – und ich bin ja kein Mediziner. Außerdem wusste ich, dass Thomas seine Gesundheit immer heilig war, also wenn es ihm ganz schlecht ging, legte er sich freiwillig ins Spital.

Inzwischen weiß Thomas genau, was zu tun ist, wie er mit sich selber umgehen muss. Aber ich spüre, dass es jetzt steil bergauf mit ihm geht. Ich höre ihn fast täglich, und vor kurzem haben wir, die drei Musketiere Thomas Klein, Wolfgang Glotz und Wolfgang Roth, wieder einmal einen viertägigen gemeinsamen Urlaub in Kroatien verbracht. Wir haben nicht einmal einen Schwips gehabt, um die ganze Zeit schallend zu lachen. Denn da wir uns so gut kennen, ist der Schmäh ohne Ende gelaufen. Es gibt nichts Schöneres als eine so langjährige Freundschaft, das ist das Beste überhaupt, besser als jede Beziehung oder Ehe. Auch wenn es einige größere Pausen gegeben hat, die sagen aber nichts über die Intensität einer Freundschaft aus.«

GABI UND MATTHIAS EULER-ROLLE
Meine Freunde

Gabriela Euler-Rolle, am 27. Dezember 1971 als Gabriela Dorschner in Wien geboren
Matthias Euler-Rolle, am 20. Juni 1977 in Wien geboren
Elijah, Gabrielas Sohn aus einer vorangegangenen Beziehung (geb. 1996), die gemeinsame Tochter Lilly-Mirel (geb. 2008)

Gabriela und Matthias Euler-Rolle, seit Februar vergangenen Jahres auch ein Ehepaar, kenne ich unterschiedlich lange. Mit Gabi bin ich seit vielen Jahren befreundet, seit mich ihr damaliger Booker Günther Handler ihr 1997 vorstellte (sie war damals Model): »Mit Thom habe ich mich von Anfang an gut verstanden, weil er eine sehr offene und liebenswerte Art und einen weichen Kern hat. Wenn er jemanden mag, macht er auch komplett auf – das erleichtert den Zugang.«

Matthias habe ich erst vor fünf, sechs Jahren durch Gabriela kennen gelernt – an einem Samstagvormittag im »Segafredo« am Wiener Graben: »Thom saß wie der Pate in der Mitte einer Gesellschaft. Ich sage ja immer Don Papadrone zu ihm, weil sich ›sein Volk‹ immer um ihn, den ›Kaiser‹ schart. Er war mir aber vom ersten Moment an sehr sympathisch, ich mochte seine liebe, weiche, verletzliche Art, die man ihm sofort anmerkt. Auch wenn er das Auftreten eines großen, gestrengen Familienvaters hat, der seine ganze Herde um sich sammelt. Er glaubt sich ja selber nicht ganz, er spielt diese Rolle aber sehr gerne und sehr gut, weil er auch ein hervorragender Schauspieler ist. Ich bin überzeugt, dass er das eines Tages auch noch wird.«

Gabriela: »Ich wusste von Anfang an, dass er schwul ist. Er hatte damals gerade eine sehr schlechte Zeit und wurde sogar ins Spital eingeliefert. Ich wusste auch manches von unserem gemeinsamen Freund Günther, der sich um Thom kümmerte und irgendwie auch sein Lebensberater war. Damals war ich noch kein Ansprechpartner für Thom, weil sich unsere enge Freundschaft erst später entwickelte. Mittlerweile gehört Thom schon zur Familie. Er ist unser Trauzeuge und der Taufpate meines 14-jährigen Sohnes Elijah, der sich Thom mit 13 selbst ausgesucht hatte, da er als Kleinkind nicht getauft worden war.

Wir verbringen auch viele Urlaube miteinander. Es ist so angenehm mit Thom, weil jeder dem anderen immer den notwendigen Raum auch für Rückzug lässt. Jeder darf einfach sein. Das ist gerade für Urlaube das Allerwichtigste.

Man muss Thom immer seine Zeit und seinen Raum geben. Natürlich schätzt er es, wenn man sich um ihn kümmert, man darf sich aber nicht erwarten, dass er in der Sekunde verfügbar ist. Und es kann und darf auch Phasen geben, in denen man sich längere Zeit nicht sieht. Man denkt dann zwar aneinander, schickt sich hin und wieder ein SMS oder telefoniert, aber es kommt halt nicht dazu. Das Geheimnis ist, den Druck herauszunehmen, weil Thom sehr stark auf Druck reagiert und ihm schnell alles zu viel wird. Und man darf auf keinen Fall beleidigt reagieren, wenn er sich nicht meldet, auch wenn man vielleicht enttäuscht ist. Man darf das nicht mit den Maßstäben eines gesunden Menschen bewerten und bemessen.«

Matthias: »Man darf sich in keiner Form Verlässlichkeit oder Sicherheit erwarten. Das heißt jetzt nicht, dass Thom prinzipiell unverlässlich ist, aber es kann immer sein, dass er einfach ausfällt. Er, als einer unserer nächsten Menschen, ist zum Beispiel zu unserer kirchlichen Hochzeit nicht gekommen, weil er sich beim dreiabendlichen Poltern so verausgabt hatte, dass er es dann einfach nicht mehr schaffte. Und auch wenn man dann vielleicht ein wenig enttäuscht ist, wir akzeptieren das, es ist völlig okay.

Wir haben das Gefühl, dass er zwischendurch immer wieder versucht, besonders lange brav zu sein. Dann lebt er dieses Bravsein so extrem, bis es ihm reicht und er voll ins andere Extrem kippt. Da beißt sich die Katze in den Schwanz. Thom hat also auch seine Ausrutscher, wo er eine Nacht lang über die Stränge schlägt und am nächsten Morgen meistens verletzt, ohne Geldbörse und humpelnd irgendwo aufgefunden wird.

Wir kennen und leben auch beides – das manchmal sehr schöne, ruhige Familienleben und auch das genaue Gegenteil davon. Diesbezüglich geht es Thom ähnlich. Wichtig ist vor allem, den anderen so zu lassen, wie er gerade ist.

Es ist ganz wichtig, zu akzeptieren, dass es sich bei Depressionen um eine Krankheit handelt, die nicht mit anderen Maßstäben zu vergleichen ist. Da kann man nicht sagen: ›Sei doch nicht so. Es ist doch nicht so schlimm. Schau, die Sonne scheint, komm doch mit.‹ Das ist, wie wenn man einem Menschen mit gebrochenem Bein gegen selbiges tritt und sagt: ›Schau, ist eh noch ganz.‹«

MAG. GERHARD SCHILLING
Seit 2004 Geschäftsführer von Almdudler

Geboren 1964 in Wien

Mag. Gerhard Schilling ist seit Sommer 2004 alleiniger Geschäftsführer der Almdudler-Limonade A. & S. Klein GmbH & Co KG. Und er fühlt sich hier sehr wohl: »Etwas ganz Besonderes am Unternehmen und an der Familie Klein ist, dass es ein sehr großes Vertrauen meiner Person, aber auch den anderen Personen im Unternehmen gegenüber gibt. Das ist eine gegenseitig sehr befruchtende Situation. Die wesentlichen Linien und Strategien sind alle mit der Familie abgestimmt, aber es gibt so gut wie keine Einschränkungen.«

Neben diesem angenehmen Umstand gibt es noch weitere Besonderheiten: »Auch wenn Thomas Klein, einer der Eigentümer, aus dem operativen Geschäft ausgeschieden ist – ich denke, dieser radikale Schnitt war für das Unternehmen sicherlich gut –, kann er aufgrund seiner räumlichen Nähe sehr stark in das Tagesgeschäft eingebunden werden. Denn die Phasen, in denen er weniger da bzw. weniger greifbar war, sind vorüber. Das heißt heute, ich brauche nicht für jedes Thema einen eigenen Termin, es geht sehr viel auf dem kurzen Weg, es besteht die Möglichkeit, Dinge in sehr frühen Phasen kurzfristig mit ihm abzustimmen, die man normalerweise einem Aufsichtsrat oder nicht anwesenden Eigentümern präsentieren würde.

Grobe strategische Entscheidungen stimmen wir natürlich gemeinsam mit dem Aufsichtsrat ab, aber laufende Dinge werden auf dem kurzen Weg erledigt. Thomas hat das Verständnis für das Geschäft, weil er es sehr lange selbst gemacht und ein sehr gutes Gefühl für den Markt und die Branche hat. Wir benötigen keine riesigen Marktforschungen, wir brauchen nur Thomas zu fragen. Er ist für uns sozusagen das Markengewissen, der Seismograf, ob etwas zu uns passt oder nicht. Er kann ein gutes Feedback geben, was ist möglich und was nicht, und er ist ein gutes Korrektiv, was ist stimmig zur Marke und zur Familie und was nicht.

Wir müssen ihn nur manchmal etwas einbremsen, weil er als Vordenker und Kreativer oft Ideen hat, die mir als verantwortlichem Geschäftsführer entweder zu teuer sind oder zu riskant, sowohl von der finanziellen als auch von der rechtlichen Seite. Aber ich denke, wir finden da immer einen ganz guten Mittelweg. Langwierige Vor- und Aufbereitung von Themen für Eigentümer, die vom Markt und vom Unternehmen weit weg sind, bleibt uns erspart, da ja Thomas, aber auch Michaela aufgrund ihrer Tätigkeit und ihrem Branchenwissen so wie Dkfm. Hans Schmid als jemand, der in allen wirtschaftlichen Bereichen sehr kompetent und neuerdings sogar in der Gastronomie tätig ist, ein sehr hohes Verständnis für Dinge, die machbar oder schwierig sind und ein sehr gutes Marktgefühl haben.

Zudem ist Thomas der personifizierte ›Mr. Almdudler‹, anders als seine Mutter und seine Schwester. Natürlich interessieren sich auch die beiden Damen für das Unternehmen und sind im Aufsichtsrat, aber diese extreme Identifikation in der Öffentlichkeit findet hauptsächlich durch Thomas statt. Thomas Klein und Almdudler, dieser Konnex ist in allen Medien ganz stark – und über Jahrzehnte hart erarbeitet, denn es ist sicher nicht immer lustig, so an der Front, in der Auslage zu stehen.«

»Thomas ist jetzt ausgeglichener und entspannter als früher«

Mag. Schilling kann mit meiner Persönlichkeit gut umgehen. Ich habe ihn schon bei unserem ersten Treffen in der »Skybar« von meiner Krankheit erzählt: »Ich denke, dass ich mich ganz gut darauf eingestellt habe, dass Thomas einerseits ein sehr spontaner Mensch ist, andererseits natürlich auch durch seine Krankheit schwer berechenbar und planbar ist. Das muss man halt wissen. Wichtig ist, dass man es nie persönlich oder als Geringschätzung nimmt, in manchen Situationen kann er nicht anders, zum Beispiel eben zu einem Termin nicht zu erscheinen. Es gibt Situationen, wo ich im Vorfeld ein bisschen mehr damit rechne und solche, wo ich ein bisschen weniger damit rechne. Ich habe aber insgesamt das Gefühl, dass Thomas jetzt ausgeglichener und entspannter ist als früher.

Mittlerweile habe ich das Gefühl, dass ihn sehr viele Menschen über die Hintertür Krankheit für die eine oder andere Veranstaltung gewinnen wollen. Dann fällt es ihm vermutlich doppelt so schwer, nein zu sagen, weil es ihm ein Bedürfnis ist, sich für die Krankheit einzusetzen. Aber mit solchen Fixterminen, womöglich in ganz Österreich, ist es für Thomas schwierig umzugehen. Und je größer die Erwartungshaltung an ihn ist, desto unangenehmer wird es für ihn schon im Vorfeld.«

KARL »CHARLY« BLECHA
Der beste Freund meines Vaters

Geboren am 16. April 1933 in Wien
Präsident des SPÖ-Pensionistenverbands

Den ehemaligen Innenminister Karl Blecha verband über Jahrzehnte eine ganz enge Freundschaft mit meinem Vater: »Eine Freundschaft, die auf Achtung und gegenseitigem Respekt, der reinsten Quelle der Freundschaft, basierte. Erwin war damals schon ein erfolgreicher Unternehmer und hatte Almdudler bereits zu der bekannten österreichischen Marke mit dem berühmten Trachtenpärchen gemacht. Und später machte er auch noch aus seinem Hobby eine sehr, sehr erfolgreiche Profession, indem er mit den von ihm kreierten Kabarett-Vorstellungen auf der ›Pawlatschen‹ die Wiener zum Lachen brachte.«

Dass mein Vater gegen Ende seines Lebens selbst nur mehr schwer und selten lachen konnte, hat Karl Blecha miterlebt: »Er hat mit mir auch über seine Depressionen geredet, aber nicht in vollem Ausmaß, er hat sich nie ganz geöffnet. Vor mir hat er nie ausgesprochen, dass er nicht mehr leben wollte. Daher kam sein Tod für mich ja auch so überraschend: Weil er mir trotz seiner Depressionen immer wieder den Eindruck vermittelte, dass er sehr an dem Leben hier festhielt, weil er Ideen für die Zukunft hatte. Ein Depressiver schließt meist mit sich ab und ist nicht daran interessiert, was noch kommt. Bei Erwin war das völlig anders, er hatte sich bereits wieder überlegt, etwas ganz Neues für die Bühne zu entwickeln.«

»Erwin sagte mir am Telefon, jetzt würde es reichen – und ich hörte einen Schuss«

Umso erschreckender war dann der letzte Anruf meines Vaters bei Karl Blecha am Morgen des 17. September 1983: »Dass Erwin mich anrief, war ja nichts Außergewöhnliches, denn wir hatten oft telefoniert. Doch diesmal sagte er zu mir: »Du, ich habe jetzt den Entschluss gefasst, ich scheide aus dem Leben. Ich habe mir das alles überlegt, du brauchst mich gar nicht irgendwie abzuhalten versuchen, es ist fix und passiert auch so.« Ich war natürlich völlig entsetzt und hab' geschrien: »Das machst du nicht, ich komme zu dir, wir müssen darüber reden.« Er aber meinte: »Wir reden nicht.« Und dann hat er mir aufgetragen, ich möge mich um die Michi und um den Thomas kümmern. Er hätte für beide vorgesorgt. Bei Thomas war er der Meinung, er würde sich ganz alleine durchsetzen, bei Michi hatte er das Gefühl, ich müsste mich um sie kümmern. Und natürlich sollte ich auch auf Ingo schauen. Während unseres Telefonats versuchte ich Zeit zu gewinnen. Ich wollte über seine Frau und seine Kinder sprechen, doch er war überhaupt nicht interessiert, von mir etwas zu hören, nur er wollte mir bestimmte Dinge vermitteln. Und plötzlich, mitten im Gespräch, sagte er, jetzt würde es reichen, und ich hörte einen Schuss. Obwohl ich versucht hatte, ihn von seinem Vorhaben abzubringen, und sofort zu ihm zu kommen. Ich wusste ja auch nicht, dass er sich erschießen würde. Ich hatte eher an Tabletten gedacht, wo ich noch etwas hätte dagegen unternehmen können. Jedenfalls informierte ich sofort die Polizei und fuhr dann selbst in die Gallitzinstraße. Da waren die Polizisten bereits vor Ort, die die Familie geweckt und von meinem Notruf in Kenntnis gesetzt hatten.

Den Grund für seinen Selbstmord kenne ich nicht. Vielleicht war es eine gewisse Ausweglosigkeit, dass die Behinderungen, denen er unterworfen war und die ihn so furchtbar getroffen hatten, nicht reparabel waren. Denn die Darm-Operation hatte nicht den Erfolg gebracht, den er sich erwartet hatte. Er dachte, danach würde wieder alles vollkommen in Ordnung sein. Doch die Verdauungsstörungen, die in die Kindheit zurückreichten, waren immer noch da. Erwin war ja einer dieser Männer, die ihren Körper liebten. Ursprünglich war er sehr bedacht auf seine schlanke Figur, sehr gestählt zu wirken und darauf, ja nicht zuzunehmen. Und dafür hat er sehr viel in Kauf genommen.

Er verwendete alle möglichen Instrumente, darunter auch eine Art Nudelwalker, mit dem er seinen Bauch bearbeitete, um ihn flach zu halten. Und er ging sehr oft in die Sauna. Außerdem machte er regelmäßige sportliche Übungen für seine Fitness. Und er hatte ganz merkwürdige Essgewohnheiten, von denen er behauptete, man würde nicht zunehmen. Bis heute habe ich nicht begriffen, ob das wahr ist. Er aß sehr viel Fisch und Meerestiere aller Art, mit besonderer Vorliebe Hummer – mit Salat oder Spinat, aber absolut keine Pasta. Und er trank sehr viel Kaffee, so wie ich, viel mehr als Almdudler oder Fruchtsaft, und auch nur wenig Alkohol. Aber zu jedem Kaffee, wann auch immer, verlangte er Berge von Schlagobers und meinte, das würde nichts ausmachen.

Diese übertriebene Menge an Abführmitteln nahm er wahrscheinlich auch, um das Dickwerden zu verhindern. Bis der Körper gar nicht mehr mitspielte.«

Der Ratgeber zur Depression

Wie man die Depression überwinden kann

Dieses Buch ist die Geschichte meines Lebens, das in den letzten eineinhalb Jahrzehnten vor allem durch meine Depression geprägt wurde. Eine Krankheit, mit der ich nicht allein bin. Rund 800.000 Menschen sollen in Österreich an Depressionen bzw. depressiven Phasen leiden.

Im nachfolgenden Ratgeberteil möchte ich Ihnen schildern, was mir persönlich während meiner jahrelangen Therapien geholfen hat. Wir wollen führende Ärzte zu Wort kommen lassen, die Ansätze aufzeigen, wie man die Krankheit behandeln und im Idealfall auch überwinden kann. Eine Krankheit, die in unserer Gesellschaft immer noch tabuisiert wird.

Wenn Sie mein Schicksal teilen, dann lassen Sie mich Ihnen vor allem einen Rat geben: Geben Sie niemals auf! Auch wenn der Tunnel noch so lang und dunkel sein mag, in dem Sie sich befinden, irgendwann erblicken Sie wieder Licht. Das ist die Erfahrung, die ich durch meine Krankheit gemacht habe und die ich an Sie weitergeben möchte.

Ich wünsche Ihnen alles Glück der Welt!

Thomas Klein

Niemand ist vor Depressionen gefeit!

Wer die Entwicklungen des letzten Jahrzehnts betrachtet, könnte die Depression als Geißel des 21. Jahrhunderts bezeichnen. Laut der Weltgesundheitsorganisation WHO sind derzeit weltweit etwa 340 Millionen Menschen an Depressionen erkrankt, von denen jährlich zirka eine Million Betroffene Suizid begehen. Rund die Hälfte aller depressiven Patienten unternimmt zumindest einen Selbstmordversuch in ihrem Leben. Und schon 2020, in nur weiteren zehn Jahren, werden Depressionen den Prognosen der WHO zufolge nach Herz-Kreislauf-Erkrankungen zu den zweithäufigsten Krankheiten weltweit gehören. In den Industriestaaten ist die Depression schon heute die Volkskrankheit Nummer eins. Laut WHO-Zahlen verursachen Depressionen mehr wirtschaftlichen Schaden als Aids, Krebs und bewaffnete Konflikte.

Depression in Österreich

Die Zahl der Depressiven steigt auch in Österreich stetig an: War 2006 noch von 400.000 Erkrankten die Rede, geht man mittlerweile davon aus, dass jeder Zehnte in unserem Land an einer Depression leidet, also doppelt so viele Menschen wie noch vor vier Jahren. Doch Schätzungen zufolge befindet sich nur jeder vierte Betroffene in ärztlicher Therapie. Die Gründe dafür sind mannigfaltig.

Einerseits kann die Depression in vielerlei Gestalt auftreten, so dass sich manch ein Betroffener seiner Erkrankung gar nicht bewusst ist. Andererseits versuchen Depressive oft über lange Zeit ihren Zustand zu verbergen, weil sie immer noch Angst vor Stigmatisierung im eigenen sozialen Umfeld haben. Der Anteil der unerkannten und nicht behandelten Depressionen wird in Österreich auf 60 Prozent geschätzt.

Die Zahl der Krankenstandstage aufgrund psychischer Erkrankungen ist laut Hauptverband der Sozialversicherungsträger seit 1991 um 184 Prozent gestiegen. Mittlerweile ist schon jeder 16. Krankenstandstag auf eine psychische Erkrankung zurückzuführen. Im Vorjahr ließen sich 65.525 Arbeitnehmer wegen Depressionen, Burnout oder Alkoholismus krankschreiben, davon 40.856 Frauen. Durchschnittlich fallen diese Arbeitnehmer 37 Tage lang aus – mehr als dreimal so viel wie bei anderen Krankheiten. Zudem meldete Ende 2009 die PVA, die größte Pensionsanstalt Österreichs, eine bemerkenswerte Steigerung von Frühpensionsanträgen bei Angestellten, davon 42,4 Prozent allein aufgrund psychischer Leiden. Die Wiener Arbeiterkammer verweist darauf, dass bereits ein Drittel der Frühpensionierungen wegen Berufsunfähigkeit bzw. Invalidität aufgrund von psychischen Problemen genehmigt wird. Denn auch schon auf den ersten Blick können körperliche Probleme wie Herzrhythmusstörungen oder Bandscheibenvorfall psychische Ursachen haben.

Doch nur wenn auch die Umwelt eines Betroffenen einmal sensibilisiert ist, können Depressionen frühzeitig erkannt und rechtzeitig behandelt werden. Dann verstreicht insgesamt weniger Zeit, bis dem Betroffenen seine Krankheit bewusst wird und dieser aus eigener Motivation einen Arzt aufsucht.

Fast jeder Fünfte hat zumindest einmal im Leben eine depressive Episode

Derzeit beträgt die Wahrscheinlichkeit, zumindest einmal im Leben an einer depressiven Episode zu erkranken, etwa 17 Prozent und nimmt tendenziell zu. Frauen sind doppelt bis dreimal so oft betroffen wie Männer, besonders dann, wenn sie verheiratet und Mutter sind. Das typische Alter für Depressionen liegt zwischen 25 und 44 Jahren, jedoch steigt mit höherem Lebensalter das Vorkommen einer Depression an, da ältere Menschen häufiger unter Krankheit, Einsamkeit und dem Verlust von Angehörigen und Freunden leiden. Bei jüngeren Menschen liegen die Ursachen häufig in psychosozialen Faktoren: Stress und Versagensängste sind mögliche Auslöser.

Die Depression ist eine Erkrankung mit einer hohen Wiedererkrankungsquote. Zwei Drittel der Betroffenen erkranken nach einer depressiven Episode erneut, schon

70 Prozent werden nach der zweiten Phase rückfällig. Nach einer dreimaligen Erkrankung an einer Depression ist die Wahrscheinlichkeit, abermals zu erkranken, nur bei 10 Prozent der Betroffenen auszuschließen. Die wiederkehrende Depression ist durch eine beträchtliche Häufigkeit innerhalb der Bevölkerung und hohe Sterblichkeit gekennzeichnet. Bei vielen Patienten entwickelt sich aus der ersten depressiven Episode heraus eine in Abständen wiederkehrende und chronisch verlaufende Krankheit mit signifikanten Beeinträchtigungen im »psychosozialen Funktionsniveau«.

Nach wie vor sind Depressionen mit einem Anteil von 60 Prozent die häufigste Ursache für Suizide in Österreich, obwohl die jährliche Zahl seit 1987 kontinuierlich sinkt und im Jahr 2009 einen Tiefstand von 1.273 erreicht hat. Dies entspricht einem Rückgang der Suizidrate um 46 Prozent. Die höchsten Suizidraten im Jahr 2009 hatte, wie schon Jahre zuvor, die Steiermark (19,6 pro 100.000), die niedrigsten Raten fanden sich zum zweiten Mal in Folge in Wien (12,2 pro 100.000). Im Europavergleich liegt Österreich im Mittelfeld.

Vergleicht man die Anzahl der Verkehrstoten in Österreich, dann ist diese seit Mitte der Achtzigerjahre niedriger als jene der Suizide. Im Jahr 2007 gab es in Österreich bereits nahezu doppelt so viele Suizide wie Verkehrstote.

Das »unsichtbare Organ« Seele

30 Jahre lang hatte der bekannte Wiener Psychiater Stephan Rudas in öffentlichen Stellungnahmen die Diskriminierung und Stigmatisierung von psychisch Kranken bekämpft. Und wie er stets betonte, ging es ihm darum, dem oft noch immer vernachlässigten »unsichtbaren Organ Seele« zu seinem Recht zu verhelfen: „Psychische Erkrankungen sind genauso gut behandelbar wie organische Erkrankungen. Aber das sind sie nur, wenn die vorhandene Hilfe auch angenommen wird. Daher kann die Forderung nur lauten: Weg mit den Vorurteilen!

Nach dem Tod des Psychiatriereformers und Gründers des Psychosozialen Dienstes Wien stellt sich die Frage, wann psychische Erkrankungen in unserer Gesellschaft endlich akzeptiert und nicht mehr als Zeichen von Schwäche, als Makel angesehen werden. Wann wird niemand mehr Angst zu haben brauchen, sich selbst und seiner Umwelt sein mentales Problem einzugestehen? Und wann wird es endlich kein Tabu mehr sein, darüber in aller Offenheit und Öffentlichkeit zu sprechen? Denn immer noch will die Mehrheit der Betroffenen der heutigen »Skandalgesellschaft« damit keine Angriffsfläche bieten. Vor allem prominente Persönlichkeiten möchten nicht als Versager dastehen. Obwohl gerade die so genannte bipolare Störung, eine Form der Depression, mit ihren manischen Zuständen vielen Musikern, Künstlern und Schriftstellern eine Schaffenskraft und Kreativität verleiht, die einem normalen Menschen oft versagt bleibt: den visionären Schaffensrausch.

So gesehen braucht man nicht überrascht zu sein, dass auch viele bekannte Künstler und Geistesschaffende der Vergangenheit an einer psychischen Krankheit gelitten haben. Da war kein Kultur- oder Lebensbereich ausgenommen, denken wir doch nur an Immanuel Kant, Johann Wolfgang von Goethe, Franz Liszt, Vincent van Gogh, Wilhelm Busch, Leo N. Tolstoi, Marie Curie, Virginia Woolf, Edvard Munch, Thomas Mann oder Ernest Hemingway, um nur einige zu nennen. Sie alle haben große Werke vollbracht und der Menschheit unschätzbare Dienste erwiesen. Manche dieser Künstler und Schriftsteller haben ihren »Makel« sogar in ihren Werken thematisiert und so gegen die Stigmatisierung in der Gesellschaft gekämpft. Aber auch in der jüngeren Vergangenheit haben es Künstler wie etwa Hermann Hesse, Pablo Picasso, Brian Wilson, Norman Mailer, Jack Kerouac, Cole Porter, Harald Juhnke, Tennessee Williams, Charles Schulz, Marlon Brando oder Paul Simon geschafft, trotz oder vielleicht wegen ihrer seelischen Störung besondere Erfolge zu feiern.

Da sich die Denkweise, was psychische Erkrankungen betrifft, in letzter Zeit erfreulicherweise etwas geändert hat, weiß man heute, dass manche Celebrity ihre Depressionen dank einer Therapie in den Griff bekommen hat. Zu ihnen zählen beispielsweise Pop-Superstar Robbie Williams und Sängerin Mariah Carey oder die deutschen Sportler Sven Hannawald und Sebastian Deissler.

Andere Größen des Showbusiness wie Hollywoodlegende Marilyn Monroe oder »Nirvana«-Sänger Kurt Cobain und möglicherweise auch die großartige Schauspielerin Romy Schneider sind deswegen aber freiwillig aus dem Leben geschieden. Und erst in den vergangenen Monaten haben weitere Prominente aufgrund ihres letzten Schrittes für Schlagzeilen gesorgt. So nahm sich im November 2009 der bekannte und beliebte deutsche Fußball-Nationaltorhüter Robert Enke im Alter von nur 32 Jahren an einem Bahnübergang unweit seines Wohnortes das Leben. Im Februar dieses Jahres fand man den umjubelten britischen Modedesigner Alexander McQueen erhängt in seiner Wohnung auf. Und Ende Juli 2010 machte die österreichische Schriftstellerin Brigitte Schwaiger, die mit ihrem Erstlingswerk »Wie kommt das Salz ins Meer?« einen Sensationsbestseller gelandet hatte, ihrem Leben in einem Seitenarm der Donau bei Wien ein Ende. In ihrem Buch »Fallen lassen« schrieb sie 2006 noch über sich und alle psychisch Kranken: »Wir sind die letzte Klasse in Österreich, letzte Klasse in Europa, letzte Klasse überall auf der Welt.« Mit diesem Gefühl konnte und wollte sie schließlich nicht mehr weiterleben.

Dabei sollte es heute für jeden Betroffenen sehr wohl möglich sein, mit der entsprechenden professionellen Hilfe mit seiner Krankheit zurechtzukommen. Natürlich orientiert sich eine Behandlung an der Schwere des Falles und muss für jeden Patienten anders abgestimmt sein. Früherkennung und Frühintervention sind daher ganz besonders wichtig.

Was sind Depressionen?

Eine erste vage Einschätzung, ob eine Depression vorliegt, kann schon anhand zweier einfacher Fragen des 2 PHQ-2 (»Patient Health Questionaire-2«) getroffen werden:

»Haben Sie sich in den letzten Monaten niedergeschlagen, deprimiert oder hoffnungslos gefühlt?«

»Haben Sie in den vergangenen Monaten bemerkt, dass Sie wenig Interesse aufbringen konnten oder keine Freude an dem empfanden, was Sie taten?«

Werden beide Fragen mit ja beantwortet, liegt der Verdacht auf eine seelische Störung schon nahe.

Meist gibt es keine eindeutige Erklärung für eine Depression, oft kann sie durch ein Zusammenspiel von genetischen, psychologischen und Umweltfaktoren ausgelöst werden. Generell kommt es bei einer Depression zu einem Ungleichgewicht der Botenstoffe Serotonin und Noradrenalin im Gehirn. Bei fehlender Balance stellt sich ein Gefühl der Leere, Abgestumpftheit oder Überdruss ein. Ruhe und Rückzug werden wichtiger, und die Kompetenz, Entscheidungen zu fällen, wird schwächer.

Die Depression ist eine Gemütskrankheit, bei der man lange Zeit eine Unterteilung vornahm. Doch diese Differenzierung wurde – so praktisch und einprägsam sie auch war – aus der wissenschaftlichen und schließlich klinischen Unterteilung herausgenommen. Jetzt gibt es neue Klassifikationen und sogar neue Begriffe, je nach tonangebender Institution. Das sind zum einen die Weltgesundheitsorganisation (WHO) mit ihrer »Internationalen Klassifikation psychischer Störungen« ICD-10 und zum anderen die Amerikanische Psychiatrische Vereinigung (APA) mit ihrem »Diagnostischen und Statistischen Manual Psychischer Störungen« DSM-IV.

Früher unterschied man in psychogene, also rein seelisch ausgelöste Depressionen wie reaktive, neurotische und Erschöpfungs-Depression, sowie somatogene, körperlich begründbare Depressionen, seinerzeit noch unterteilbar in organische und symptomatische Depression – wenn beispielsweise das körperliche Leiden das Gehirn direkt bzw. indirekt beeinträchtigte. Der Kern, gleichsam der »klassische Typ« der Depressionen, von der Melancholia der Antike bis ins 20. Jahrhundert, das waren die sogenannten »endogenen Depressionen«, eine vor allem biologisch begründbare Schwermut mit einem charakteristischen Krankheitsverlauf, bestimmten Mit-Ursachen und einem mehr oder weniger typischen Symptom-Schwerpunkt.

Heute werden Depressionen bzw. die verschiedenen »depressiven Zustände« mit Hilfe »operationalisierter Klassifikationssysteme« (ICD-10 und DSM-IV) möglichst rein beschreibend und nach vorher festgelegten, manualisierten Kriterien und diagnostischen Leitlinien diagnostiziert und katalogisiert. Im Vordergrund der Betrachtung steht dabei nicht mehr die vermutete Ursache der Störung, sondern die Symptomatik, der Schweregrad und der zeitliche Verlauf. Aufgrund dieser neuen Klassifikationen ist die Diagnose der beispielsweise »endogenen Depression« praktisch verschwunden.

Eine weltweite Vereinheitlichung – von der wir übrigens noch immer ein gutes Stück entfernt sind – mag für Wissenschaft, Diagnose und Therapie sinnvoll sein, auch wenn die Folgen erst einmal mit Verunsicherung und Irrtümern zu bezahlen sind, wie bei allen anderen Umstellungen auch. Schwierig wird es aber vor allem für Nicht-Fachleute, für Betroffene und Angehörige, Freunde und Kollegen, die sich – mühsam genug – auf ein Krankheitsbild eingestellt haben, das es plötzlich in dieser Form »aus klassifikatorischen Gründen« nicht mehr geben soll.

Die »Internationale statistische Klassifikation der Krankheiten und verwandter Gesundheitsprobleme« klassifiziert im Kapitel V der letzten international gültigen Fassung (WHO 2006) »Psychische und Verhaltensstörungen« nach folgendem Schlüssel:

F30: Manische Episode
F31: Bipolare affektive Störung
F32: Depressive Episode
F33: Rezidivierende depressive Störung
F34: Anhaltende affektive Störungen
F38: Andere affektive Störungen
F39: Nicht näher bezeichnete affektive Störung

»Depressive Episoden« ist die wissenschaftlich verbindliche Bezeichnung für das Krankheitsbild »Depression«, eine mindestens zwei Wochen andauernde Störung. Sie umfasst bzw. ersetzt die bis 1991 üblichen Diagnosen »endogene Depression« und »neurotische Depression«.

Bei der »Rezidivierenden depressiven Störung« handelt es sich um eine Störung, die durch wiederholte depressive Episoden charakterisiert ist. Die einzelnen Episoden dauern zwischen 3 und 12 Monaten, sie werden häufig durch belastende Lebensereignisse ausgelöst.

Die »Bipolare affektive Störung«, auch bekannt unter der Bezeichnung »manisch-depressive Erkrankung«, zeigt sich bei den Betroffenen durch episodische, willentlich nicht kontrollierbare und extreme Auslenkungen des Antriebs, der Aktivität und der Stimmung, die weit außerhalb des Normalniveaus in Richtung Depression oder Manie schwanken. Wiederholte hypomanische oder manische Episoden sind ebenfalls als bipolar zu klassifizieren.

Es wird jeweils zwischen leichten, mittelschweren und schweren Ausprägungsgraden unterschieden, wobei innerhalb der schweren Form noch Vorläufe mit und ohne psychotische Symptome beschrieben werden können.

Die ICD-10 benennt drei Leitsymptome der »depressiven Episode«:

- Depressive Stimmung
- Verlust von Interesse und Freude
- Erhöhte Ermüdbarkeit

Zu den weiteren Symptomen zählen:

- Verminderte Konzentration und Aufmerksamkeit
- Vermindertes Selbstwertgefühl und Selbstvertrauen
- Schuldgefühle und Gefühl von Wertlosigkeit
- negative Zukunftsperspektiven
- Schlafstörungen
- Appetitverminderung oder -veränderung
- Angst
- Schmerzen
- Suizidgedanken

Für die Diagnose leichter und mittlerer Episoden schreibt die ICD-10 wenigstens zwei dieser typischen Symptome (in Verbindung mit zwei bzw. mindestens drei weniger typischen Symptomen) vor, für schwere Episoden müssen alle drei typischen Symptome vorhanden sein (zusätzlich wenigstens vier weniger typische Symptome). Praktikabler erscheint jedoch eine klinische Beurteilung und Einteilung.

Leichte und mittelschwere depressive Episoden können mit einem so genannten »somatischen Syndrom« einhergehen, bei schweren depressiven Episoden darf man generell davon ausgehen, dass ein solches zusätzliches Syndrom vorhanden ist. Es besteht nach ICD-10 aus den folgenden Symptomen:

- Interessenverlust oder Verlust der Freude an sonst angenehmen Aktivitäten
- Mangelnde Fähigkeit, auf eine freundliche Umgebung oder freudige Ereignisse emotional zu reagieren
- Frühmorgendliches Erwachen – zwei oder mehr Stunden vor der gewohnten Zeit
- Morgentief
- Der objektive Befund einer psychomotorischen Hemmung oder Agitiertheit
- Deutlicher Appetitverlust
- Gewichtsverlust, häufig mehr als 5 % des Körpergewichts im vergangenen Monat
- Deutlicher Libidoverlust

Für die Diagnoseerstellung eines somatischen Syndroms müssen mindestens vier der oben genannten Symptome eindeutig feststellbar sein.

Das Burnout-Syndrom

Dem Burnout-Syndrom wird in der ICD-10-Klassifikation psychischer Erkrankungen »nur« eine Z-Diagnose im Anhang zugestanden. Diese Z-Kategorien sind für Fälle vorgesehen, in denen Sachverhalte als »Diagnosen« oder »Probleme« angegeben sind, die nicht als Krankheit, Verletzung oder äußere Ursache unter den anderen Kategorien klassifizierbar sind. Das Burnout-Syndrom weist aber so eindeutige, von anderen depressiven Störungsbildern meist klar unterscheidbare Symptome auf und stellt eine derart gefährliche und oft folgenschwere Störung dar, dass es unbedingt als relevante psychische Erkrankung beachtet werden müsste.

Beim Burnout-Syndrom handelt es sich um einen Zustand ausgesprochener emotionaler Erschöpfung mit reduzierter Leistungsfähigkeit, der als Endzustand einer Entwicklungslinie bezeichnet werden kann, die mit idealistischer Begeisterung beginnt und über frustrierende Erlebnisse über einen langen Zeitraum zu Desillusionierung und Apathie, psychosomatischen Erkrankungen und Depression oder Aggressivität und einer erhöhten Suchtgefährdung bis hin zu Suizidalität führt.

Burnout wurde zunächst bei helfenden Berufen beschrieben, es kann scheinbar nahezu alle sozialen Gruppen treffen: Es sind Krankheitsfälle von Schülern über Forscher bis hin zu Arbeitslosen und Rentnern bekannt.

Das Borderline-Syndrom

Das so genannte Borderline-Syndrom hingegen scheint in der Klassifikation nicht als psychische Erkrankung auf, es ist im Bereich »Persönlichkeits- und Verhaltensstörungen« als »Borderline-Typus« definiert und wird zu den emotional instabilen, schweren Störungen der charakterlichen Konstitution und des Verhaltens gezählt, die mehrere Bereiche der Persönlichkeit betreffen. Diese Persönlichkeitsstörung mit deutlicher Tendenz, Impulse ohne Berücksichtigung von Konsequenzen auszuagieren, geht mit unvorhersehbarer und launenhafter Stimmung einher. Es besteht eine Neigung zu emotionalen Ausbrüchen und eine Unfähigkeit, impulshaftes Verhalten zu kontrollieren. Ferner ist eine Tendenz zu Konflikten mit anderen vorhanden, insbesondere wenn impulsive Handlungen durchkreuzt oder behindert werden.

Zwei Erscheinungsformen können unterschieden werden: ein impulsiver Typus, vorwiegend gekennzeichnet durch emotionale Instabilität und mangelnde Impulskontrolle, und ein Borderline-Typus. Dieser ist zusätzlich gekennzeichnet durch Störungen des Selbstbildes, der Ziele und der inneren Präferenzen durch ein chronisches Gefühl von Leere aufgrund intensiver, aber unbeständiger Beziehungen und eine Neigung zu selbstdestruktivem Verhalten mit parasuizidalen Handlungen und Suizidversuchen. Für eine Diagnose der »emotional instabilen Persönlichkeitsstörung« müssen folgende Kriterien erfüllt sein:

- Deutliche Tendenz, unerwartet und ohne Berücksichtigung der Konsequenzen zu handeln
- Deutliche Tendenz zu Streitereien und Konflikten mit anderen, vor allem dann, wenn impulsive Handlungen unterbunden oder getadelt werden
- Neigung zu Ausbrüchen von Wut oder Gewalt mit Unfähigkeit zur Kontrolle explosiven Verhaltens
- Schwierigkeiten in der Beibehaltung von Handlungen, die nicht unmittelbar belohnt werden
- Unbeständige und unberechenbare Stimmung

Mindestens zwei der folgenden Kriterien müssen für die Diagnose »Borderline Typus« vorliegen:

- Störungen und Unsicherheit bezüglich Selbstbild, Zielen und »inneren Präferenzen« (einschließlich sexueller)
- Neigung, sich in intensive, aber instabile Beziehungen einzulassen, oft mit der Folge von emotionalen Krisen
- Übertriebene Bemühungen, das Verlassenwerden zu vermeiden
- Wiederholte Drohungen oder Handlungen mit Selbstbeschädigung
- Anhaltende Gefühle von Leere

Selbsterkennung Depression: Der WHO-5-Fragebogen zum Wohlbefinden

Dieser Fragebogen kann bei der Selbsterkennung einer Depression helfen. Bitte füllen Sie ihn aus und zählen Sie Ihre Punkte zusammen:

In den letzten beiden Wochen	die ganze Zeit	meistens	über die Hälfte der Zeit	weniger als die Hälfte der Zeit	ab und zu	zu keinem Zeitpunkt
1. war ich froh und guter Laune	5	4	3	2	1	0
2. habe ich mich ruhig und entspannt gefühlt	5	4	3	2	1	0
3. habe ich mich aktiv und voller Energie gefühlt	5	4	3	2	1	0
4. habe ich mich beim Aufwachen frisch und ausgeruht gefühlt	5	4	3	2	1	0
5. war mein Alltag voller Dinge, die mich interessieren	5	4	3	2	1	0
GESAMTPUNKTE						

Zutreffendes bitte ankreuzen. Wenn Sie in Summe weniger als 13 Punkte erreichen, sprechen Sie bitte mit Ihrem Arzt.

Meine ganz persönlichen Ratschläge

• TIPPS FÜR BETROFFENE

Zur Wahl des Therapeuten bzw. der Therapeutin

Sollte es Ihnen über längere Zeit seelisch besonders schlecht gehen, würde ich Ihnen den Besuch bei einem Therapeuten bzw. eine Psychotherapie empfehlen. Sobald Sie eine Therapie begonnen haben, scheuen Sie sich nicht, sich auch wirklich darauf einzulassen.

Normalerweise sollte ein guter Therapeut möglichst auch immer gut erreichbar sein. Bitte akzeptieren Sie allerdings, dass Sie ihn oder sie manchmal nicht sofort erreichen. Vereinbaren Sie schon vorher, innerhalb welcher Zeitspanne Sie Ihr Therapeut verlässlich zurückruft.

Ich hatte einmal mit einem ganz bekannten Therapeuten zu tun, der mir sofort erklärte, dass er nur über seine Assistenten erreichbar sei. Dieser eine Satz war ausschlaggebend, dass bei jenem angeblich so »großartigen« Experten für mich eine Therapie nicht in Frage kam.

Kein Patient ist einem Facharzt ausgeliefert!

Jeder hat das Recht zu sagen, mit diesem einen Therapeuten kann oder will ich nicht arbeiten. Niemand muss etwas über sich ergehen lassen, was ihm unangenehm oder absolut nicht hilfreich ist. Überlegen Sie sich gut, ob Sie einen Mann oder eine Frau als Therapeuten bevorzugen.

Wir Patienten mit Depression werden heute ja gerne in vielen Bereichen »entmündigt«, aber in einer Therapie darf so etwas nicht passieren. Ich kenne eine ganze Menge Menschen, die sich über lange Zeit in einer Therapie befunden haben und danach meinten, sie hätten sich nie wirklich gut gefühlt. Natürlich kann man nach der ersten Sitzung noch nichts sagen – da darf auch der Therapeut noch keine Entscheidung verlangen –, aber nach einigen Malen spürt man, ob die Chemie passt und ob das nötige Vertrauen aufgebracht werden kann oder nicht. Im Falle gröberen Zweifels haben Sie das fundamentale Recht zu sagen, dass Sie sich eine funktionierende Therapie nicht vorstellen können. Therapeuten nehmen sich ja auch das Recht heraus, Patienten abzulehnen.

Natürlich hat ein Mensch, dem es psychisch nicht gut geht, kein großes Selbstbewusstsein, also ist er vielleicht auch nicht imstande, sich gegen einen bestimmten Mediziner auszusprechen. Wenn das auf Sie zutrifft, sollten Sie sich auf das Gespräch gut vorbereiten, vielleicht auch schriftliche Notizen machen, um sich beim Dialog mit dem Therapeuten sachlich ausdrücken zu können. Das gibt Ihnen Sicherheit. Jeder Kranke sollte bei der Bewältigung einer Depression versuchen, es sich so einfach wie möglich zu machen.

Noch etwas: Ein guter Therapeut darf Ihnen keine »Tipps« geben, er muss Lösungen und Perspektiven aufzeigen. Jeder Patient ist für sich selbst verantwortlich – außer in schweren Krisenzeiten.

Zu den Therapiestunden

Ganz zu Beginn meiner Therapie hatte ich zweimal wöchentlich eine Doppelstunde, im Laufe der Zeit hat sich die Zahl der Stunden natürlich bis auf ein- oder zweimal im Monat reduziert – das allerdings bis heute.

Stecken Sie sich Ihre Ziele nicht hoch

Am Beginn meiner Therapie war ich auf jede Minute bedacht, die Zeit wurde mir ständig zu kurz. Ich war immer pünktlich und habe genau auf die Uhr gesehen, damit mir ja nichts an Zeit verlorengeht. Oft habe ich mir auch Dinge aufgeschrieben, die ich unbedingt loswerden wollte. Das führte gelegentlich zu ziemlichem Stress. Natürlich kann man in einer oder zwei Stunden nicht zehn Jahre seines Lebens bewältigen. Daher rate ich in diesem Fall: Stecken Sie sich Ihre Ziele nicht zu hoch!

Es ist ja schon eine tolle Leistung, dass Sie sich auf eine Therapie einlassen. Nun müssen Sie auch an die Eigendynamik glauben, an die natürliche Entwicklung, die ihren Weg geht. Zudem werden in den Stunden auch jene Themen besprochen, die gerade Ihr Leben bestimmen. Sie sollten sich die Themen selbst aussuchen.

In meinem Fall hat Doktor Caroline Kunz manchmal noch etwas Zeit angehängt, da sie mich in dem Zustand, in dem ich mich gerade befand, nicht gehen lassen wollte. Manchmal war ich am Ende einer Stunde total aufgelöst, in anderen Therapiestunden wiederum ging gar nichts weiter. Keine neuen Perspektiven taten sich auf, ich dachte, alles wäre umsonst gewesen. Natürlich war ich dann dementsprechend deprimiert. Das hat Doktor Kunz jedes Mal gespürt, sie hat mich in solchen Situationen nicht weggehen lassen, und wir haben unsere Sitzung fortgesetzt. Das sollte jeder wirklich gute Therapeut so handhaben.

Einmal, als mich Doktor Kunz während meiner Lungenentzündung abends in der Döblinger Privatklinik besuchte, sagte sie mir nach einem langen Gespräch, das mich sehr angestrengt hatte, folgenden wunderschönen Satz: »Seien Sie lieb zu sich selbst und lassen Sie sich jetzt schlafen.« Ich sollte nach jener Therapiestunde nicht weiter grübeln, sondern mir die Müdigkeit und Ruhe gestatten, denn ich hatte vieles geleistet.

Eine Therapie ist wie ein Fulltime-Job

Wenn Sie sich auf eine Depressionsbehandlung, also eine Psychotherapie, einlassen, muss Ihnen klar sein, dass sich diese fast wie ein Fulltime-Job anfühlen kann. Den Rhythmus müssen Sie bestimmen: »Treib' den Fluss nicht an, er fließt von selbst.«

Sie müssen sich immer auf den Moment konzentrieren, nur Ihr momentanes Befinden ist ausschlaggebend. Und auch wenn Ihnen Leute gelegentlich sagen: »Was ist denn jetzt wieder los, es ist dir doch schon besser gegangen?«, sollten Sie ruhig antworten: »Ja, das war gestern. Gestern habe ich mich besser gefühlt. Aber heute ist ein neuer Tag, und heute geht es mir seelisch wieder schlechter.«

Leider reagiert die Gesellschaft oft mit Unverständnis, wenn man Sie über längere Zeit und vielleicht noch bis vor kurzem fit erlebt hat. Neulich erst hat man Sie vielleicht im Theater oder Restaurant gesehen, wo Sie einen blendenden Eindruck gemacht haben. Und heute sagen Sie plötzlich den lange vereinbarten Termin ab und entschuldigen Ihr Fernbleiben mit einem seelischen Tief. Dass sich Menschen womöglich darüber Gedanken machen und den Grund Ihrer Absage anzweifeln, ist eines mit Sicherheit nicht: Ihr Problem.

Sie müssen lernen, die Depression als Teil Ihres Lebens anzunehmen und sich mit ihr zu verbünden. Sie dürfen sie nicht als Ihren Feind betrachten, ähnlich wie bei der Angst. Auch diese müssen Sie lernen sich einzugestehen und mit ihr nicht nur Negatives verbinden. Heute kann ich vieles mit Humor nehmen. Und ich akzeptiere Menschen, wie sie sind, ich bewerte oder verurteile andere nicht mehr.

Meditation kann Ihnen helfen

Charakteristisch für viele depressive Menschen ist das »Grübeln«, das ständige Reflektieren und Nachdenken, in das auch ich mich total hineinsteigern konnte. Grübeleien, ganz egal worüber, sind ein typisches Merkmal der Depression, man gerät dabei in eine Depressions-Spirale, von einem Gedanken zum anderen, und alles scheint immer schlimmer zu werden. Daher werden depressive Patienten während eines Spitalsaufenthalts untertags aus ihren Zimmern geholt, damit sie nicht im Bett liegen bleiben und sich in Panikattacken grübeln.

In solchen Situationen sind starke Panikattacken, das weiß ich aus eigener Erfahrung, ab und zu mit einem Medikament, zum Beispiel einem Tranquilizer, in den Griff zu bekommen. Fragen Sie diesbezüglich Ihren Arzt. Ich habe sie zeitweise sogar zerbissen, nur um die Wirkung noch zu beschleunigen, um mich zu beruhigen und aus dem Grübeln herauszukommen. Aber glauben Sie mir, später wird es auch ohne Tranquilizer funktionieren.

Generell ist wichtig, den inneren Kontakt zu sich selbst zu finden, sich zu fragen, was kann mir im Moment helfen. Wir leben ja nicht in der Vergangenheit – obwohl viele Menschen gerne über ihre Vergangenheit sprechen. Wir leben in der Gegenwart, im Jetzt. Gedanken über die Vergangenheit rauben Ihnen irrsinnig viel Energie für das Jetzt. Schließlich können Sie nichts mehr am Vergangenen ändern. Insbesondere depressive Menschen wie wir neigen dazu, zu sinnieren, was alles besser war oder was sie alles falsch gemacht haben. Aber auch Zukunftsprognosen sind meistens von negativen Ängsten besetzt, die Ihnen alle Kraft, Energie und auch Mut für das Jetzt rauben.

Konzentrieren Sie sich auf Ihre Atmung

Als ich das Schlimmste überstanden hatte, habe ich mit Hilfe meiner Therapeutin eine eigene Art von Meditation gegen das Grübeln entwickelt. Ich habe mich auf den Augenblick, auf etwas Präsentes konzentriert, nämlich auf meinen Atem. Dafür habe ich mich für fünf oder sechs Minuten irgendwohin gelegt, möglichst in einen ruhigen Raum ohne jeglichen Lärm oder sonstige Belästigung. Dann habe ich mich auf meine Atmung konzentriert. Durch die Atmung, die ja im Jetzt stattfindet, können Sie versuchen, in den augenblicklichen Zustand zu gelangen. Natürlich werden am Anfang jede Menge Störgedanken auftreten – entsprechend Ihrer Lebenssituation und Ihren Problemen. Doch diese werden Sie irgendwann »vertreiben« können.

Sie müssen sich das folgendermaßen vorstellen: Während Sie auf einem Bahnhof stehen und auf Ihren Zug warten, fahren andere Züge – Ihre Störgedanken – an Ihnen vorbei. Mit der Zeit, nach einer gewissen Lernphase, wird es Ihnen immer besser gelingen, diese Züge weiterziehen zu lassen und sich nicht wie üblich darauf zu konzentrieren. Ihre das Jetzt störenden Gedanken werden mit der Zeit immer seltener kommen, obwohl Sie diese am Anfang auch akzeptieren und sich sagen sollten: »Den Gedanken kenne ich, okay, er ist wieder da, aber ich lasse ihn einfach wie einen Zug vorbeiziehen.« Sie werden sehen, langsam werden Sie sich immer besser auf Ihre Atmung konzentrieren können. Und sobald es Ihnen gelingt, auch nur eine halbe Minute auf Ihre Atmung zu hören, sind Sie bereits erfolgreich. Zumindest war das bei mir so der Fall.

Ich bin jetzt so weit, dass meine Störgedanken relativ selten auftreten. Und ich kann mittlerweile mein Umfeld vollkommen ausschalten, was nur mit entsprechender Übung geht. Ich schaffe das sogar im Büro, wenn ich vorher sage, dass ich nicht gestört werden möchte, und mein Handy abdrehe. Innerhalb von wenigen Minuten komme ich in den Zustand, in dem meine ganze Außenwelt gedanklich nicht mehr spürbar ist. Ich schalte richtig ab und stelle mir vor, dass sich bei mir alle Klappen schließen. Dann bin ich wie in Trance.

Wenn Sie richtig atmen, muss sich Ihr Zwerchfell wie bei Babys beim Ausatmen senken und beim Einatmen heben. Das werden Sie im Liegen viel leichter wieder erlernen als im Stehen. Das Auflegen Ihrer Hand auf Ihren Brustkorb kann hilfreich sein, weil Sie dann die Atmung besser spüren. Und mit einem Tennisball können Sie das Heben und Senken auch sehr schön beobachten. Das richtige Atmen ist Übungssache, es gelingt vor allem schwer depressiven Menschen nicht sofort.

Ich habe diese Art der Meditation gelernt. Nach einem anstrengenden Arbeitstag eine Viertelstunde Meditieren am Abend hilft mir auch heute noch sehr. Ich bin aber gegen vorgegebene Konzepte, jeder sollte sich seine Meditation frei gestalten.

Meine Erfahrungen mit Panikattacken

Aus meiner eigenen Erfahrung kann ich die Entstehung einer Panikattacke folgendermaßen beschreiben: Am Anfang steht das Grübeln, das Nachdenken über negative Dinge, das ich nicht unter- oder abbrechen kann. Ich bin, was das betrifft, nicht mehr Herr meiner Sinne. Meine negativen Gedanken werden stärker, rasen durch meinen Kopf und lassen mein Herz – zumindest subjektiv – massiver schlagen. Dazu kommen Atemnot und Angst, so dass ich fast zu hecheln beginne. Dieser Zustand kann bei mir bis zu 45 Minuten andauern. Mein Körper verselbständigt sich anscheinend, mit Herzrasen, Schweißausbrüchen und Atembeschwerden. Dann beginne ich auch noch in ausuferndem Ausmaß über die Zukunft nachzudenken: »Wie wird das alles weitergehen, was wird aus meinen Kindern?« Auch im Zuge einer Aggression ist es bei mir immer wieder zu einer Panikattacke gekommen.

Nutzen Sie Tranquilizer, die Ihnen Ihr Arzt verschrieben hat, nur im Notfall

Daher mein Rat: Wenn Sie unter Panikattacken leiden, wird Ihnen Ihr Arzt sicherlich ein Notfall-Medikament verordnen, meist so genannte Tranquilizer. Da solche Psychopharmaka jedoch abhängig machen, sollten Sie sorgsam damit umgehen und wirklich nur im Notfall dazu greifen. Dann aber nützen Sie diese Krücke, quälen Sie sich nicht unnötig. Sie werden feststellen, dass es Ihnen nach einiger Zeit gelingt, auch ohne diese Substanzen Ihre Panikattacken zu bewältigen. Oft reicht es auch schon, wenn Sie den Tranquilizer in greifbarer Nähe haben, weil er Ihnen die Sicherheit vermittelt, bei einer Panikattacke auf Hilfe zurückgreifen zu können.

Manchmal ist die Einnahme eines Tranquilizers aber notwendig, damit Sie wieder einen Zustand erreichen, in dem Sie klar denken können. Denn während einer Panikattacke ist klares Denken unmöglich, ich habe meist nur mehr darauf gewartet umzufallen. In einem solchen Zustand habe ich auch den Sinn für die Realität und für meine unmittelbare Umgebung verloren, ich war nicht mehr erdig, sondern völlig abgehoben. Also sollten Sie dann einen Tisch oder Sessel in der Nähe anfassen, um wieder erdgebunden zu werden, um wieder herunterzukommen.

Bei mir haben die Panikattacken plötzlich aufgehört, dafür verfiel ich dann in schwere Depressionen. Heute habe ich gelegentlich eine leichte Panikattacke, die ich ohne Medikamente überstehe, ich trete danach aber etwas kürzer und gebe mir meist den restlichen Tag frei.

Stress jeglicher Art ist zu vermeiden

Was meine Person betrifft, habe ich im Laufe der Jahre herausgefunden, dass mir massive Belastungen, welcher Art auch immer, gar nicht bekommen. Im Klartext bedeutet das: Ich muss Stress so gut es geht vermeiden. Ich darf mir keinen Termin zu knapp ausmachen, darf nicht zu spät in Richtung Flughafen losfahren und dann womöglich noch in einen Stau geraten. Selbst vor der Premiere eines Theaterstückes richte ich es mir jetzt so ein, dass ich schon eine halbe Stunde vor Beginn vor Ort bin. Und auch wenn es mir gerade sehr gut geht, darf ich mir nicht zu viel aufhalsen, nur um vielleicht manch Liegengebliebenes aufzuarbeiten. Das betrifft genauso auch mein Privatleben.

Logischerweise ist es auch völlig kontraproduktiv, die Müllhalde für den Mist anderer zu spielen oder sich auch nur über längere Zeit jemandem anderen gegenüber immer zurückzunehmen und nicht auszusprechen, was eigentlich Sache ist. In meinen schlechten Phasen habe ich außerdem immer vermieden, wichtige wirtschaftliche Entscheidungen zu treffen. Zum Glück hatte ich da meistens die Unterstützung meines Onkels.

Ein wenig Selbstmitleid ist erlaubt

Wie ein Gemütstief bei mir wirklich ausgelöst wird, kann ich nicht sagen. Manchmal passiert einfach zu viel gleichzeitig, dann verliere ich die Übersicht, und es geht eben bergab. Selbst in der Analyse habe ich schon suizidale Momente erlebt, weil ich viel rascher resigniere als ein psychisch gesunder Mensch. Andererseits kommt es auch vor, dass meine Therapeutin am Ende eines Gespräches meint, sie würde sich nicht über meinen schlechten seelischen Zustand wundern. Schließlich hat mein Leben gerade wieder einmal jede Menge Baustellen, an denen ich nicht arbeite, das heißt, ich habe viele Probleme, die noch zu lösen sind.

Natürlich hat sie damit Recht, und ich tue mir dann leid, was auch gut ist. Ich darf deswegen zwar nicht in Selbstmitleid zerfließen, aber ich darf mich schon ein wenig bedauern und auch mit anderen darüber sprechen. Selbstmitleid hat nämlich auch etwas mit einer gewissen Selbstliebe bzw. Wertschätzung zu tun – auch bei gesunden Menschen. Sie dürfen ruhig ab und zu einmal jammern!

Disziplin ist wichtig

Bei mir hat sich gezeigt, dass mir eine gewisse Disziplin hinsichtlich meines Tagesablaufes geholfen hat. Natürlich dürfen Sie sich dabei nicht überfordern. Sie dürfen sich keine übertriebenen Dinge zumuten und dann am Abend womöglich noch Vorwürfe machen, weil Sie nicht alles geschafft haben.

Meine Disziplin hat damit begonnen, dass ich mir einen fixen Zeitpunkt fürs Aufstehen vorgenommen habe. Depressive Menschen haben ja die Neigung, relativ früh zu Bett zu gehen und sich mit Medikamenten in den Schlaf zu wiegen, manchmal gehen sie schon um 18 Uhr oder 19 Uhr schlafen. Daher sind solche Menschen aber am nächsten Morgen auch schon um fünf Uhr oder sechs Uhr hellwach. Und dann fängt die Grübelei von vorne an. Den womöglich vorhandenen Perfektionismus sollten Sie unbedingt ablegen. Das beginnt schon bei der Morgentoilette. Das Rasieren beispielsweise kann mit zittrigen Händen zum echten Problem werden. Mein Vater ließ sich daher einen Bart wachsen. Auf jeden Fall sollten Sie sich bemühen, kleine Fortschritte zu machen. Stehen Sie zu einem bestimmten Zeitpunkt auf, frühstücken Sie in Ruhe, nehmen Sie Ihre vom Arzt verschriebenen Medikamente, gehen Sie danach ins Bad etc. Aber genehmigen Sie sich für alles genügend Zeit und Ruhe! Und verbinden Sie jede Handlung mit Sensibilität und Liebe für sich selbst.

Ausprobieren, was Freude macht

Sobald es Ihnen seelisch ein bisschen besser geht und Sie sich auch schon ein wenig spüren, Sie sich also nicht mehr wie in Beton zementiert fühlen, sollten Sie sich etwas suchen, was Ihnen Freude macht. Manchmal kann das Ausprobieren verschiedenster neuer Situationen eine Hilfe sein, das, was Ihnen gut tut oder nicht, mitunter müssen Sie auch ein bisschen Ihre Angst besiegen.

Ich hatte eine Phase ärgster Sozialphobien, in denen ich mich total zurückzog. Als ich mich dann endlich überwinden konnte, meinen Fuß wieder in die Firma zu setzen, habe ich nur langsam neuerlichen Kontakt zu den Menschen dort gefunden. Und da ich immer noch Angst vor Verletzungen hatte, bedeutete meine Firmenpräsenz eine ständige Überwindung für mich. Anfänglich habe ich diese Disziplin nicht täglich aufgebracht, also bin ich hin und wieder einen Tag zu Hause geblieben und habe mich wieder im Bett verkrochen. Doch mir war klar, dass ich hinaus musste, um mir neue Eindrücke zu verschaffen – von den Menschen, der Natur, dem Licht. Im Laufe der Zeit habe ich festgestellt, dass Spaziergänge in der Natur sehr hilfreich sein können, weil sie Impulse auslösen, die eine bessere Stimmung erzeugen. Deswegen habe ich mir viele Jahre später einen kleinen Jack Russell Terrier namens Emil angeschafft.

Briefe als Hilfe für die Vergangenheitsbewältigung

Im Zuge meiner Therapie war mir aufgetragen worden, mit vielen Menschen über meine Vergangenheit zu sprechen bzw. Dinge aus der Vergangenheit zu klären. Oft ist es mir sehr schwer gefallen, mich richtig zu artikulieren, weil mich das sehr anstrengte und ich zeitweise so gefühllos war, dass ich mich mit Gesprächen unglaublich schwer tat. Noch dazu, wo die Angesprochenen auf meine, zugegebenermaßen nicht sehr diplomatisch formulierten Vorwürfe mit Angriffen reagierten, getreu dem Motto »Angriff ist die beste Verteidigung«. Manche wurden dabei auch richtig kränkend, so dass ich mich danach noch belasteter fühlte als davor. Ich fand schließlich auf Anraten meiner Therapeutin eine sehr gute Methode: Ich schrieb Briefe an all diese Menschen, selbst an meinen verstorbenen Vater. Nicht am Computer, sondern mit der Hand, denn dabei »strömt« auch wieder etwas Positives aus dem Körper. Es hat mir sehr gut getan, es hat mich beschäftigt, ich habe mir meine Gefühle im wahrsten Sinne des Wortes von der Seele geschrieben. Viele Briefe waren tränenübersät. Die Reaktionen der Adressaten waren unterschiedlich, aber das muss man akzeptieren. Manche haben meine Schreiben ignoriert, andere wiederum meinten, dass wir uns einmal treffen oder zusammensetzen sollten.

Fortschritte schätzen lernen!

Immer wieder hat es Zustände gegeben, in denen ich völlig kraftlos war. Schon die geringste Anstrengung, wie etwa auf den Markt zu gehen, um Obst zu kaufen, war für mich unvorstellbar. Heute kann ich darüber Gott sei Dank nur mehr schmunzeln. Ich habe allerdings des Öfteren ein Déjà-vu-Erlebnis, weil ich mich in manchen Situationen, die ich heute mit links bewältige, an meine damalige Verfassung erinnere, in der ich zu gar nichts imstande war. Es gibt also eine positive Entwicklung, und meine Fortschritte werden immer selbstverständlicher, dessen bin ich mir bewusst. Ich schätze diese stetige Verbesserung meiner Zustände und freue mich über sie. Und ich weiß in der Zwischenzeit auch, dass ich heute einen möglichen seelischen Einbruch viel rascher überwinde als früher und meine guten Phasen im Vergleich zu den schlechten weitaus länger andauern. Daher sollten auch Sie jede noch so kleine Verbesserung Ihres Gemütszustandes mit Freude registrieren.

Selbstgespräche führen

Im Laufe der Jahre habe ich festgestellt, dass ich mich ein wenig beruhigen konnte, wenn ich mit meiner Hand auf meinem Kopf vom Scheitel hinten langsam nach vorne strich. Vielleicht stammt diese Art der Beruhigung ja noch aus meiner Kindheit, auf jeden Fall hatte sie mir ab und zu geholfen, am besten, wenn ich im Bett lag. Irgendwann habe ich dann auch noch angefangen, Selbstgespräche zu führen, und zwar laute: »Thomas, beruhige dich, es ist alles in Ordnung! Heute war ein halbwegs guter Tag, also gönn dir jetzt den nötigen Schlaf.« Das hat mir geholfen, vor allem, wenn im Moment niemand da war, der mir zugehört oder mich umarmt hätte.

Soll man Depressionen dem Arbeitgeber melden?

Aus Erfahrung weiß ich, dass sehr viele Unternehmer und Arbeitgeber Verständnis für Menschen mit Depressionen haben. Mir haben nämlich viele Erkrankte erzählt, dass sie irgendwann einmal ihre Depression nicht mehr verheimlichen konnten, da sie im Arbeitsprozess Fehler machten und sich ja nicht auf Dauer krank melden konnten. Sie haben dann ein sehr offenes Gespräch mit ihren Arbeitgebern gesucht, von denen die meisten erstaunlicherweise mit sehr viel Mitgefühl reagierten, etwa mit gleitender Arbeitszeit, sofern das möglich war.

Doktor Klaus Mihacek, Facharzt für Psychiatrie und Neurologie, meint allerdings: »Ich würde meinem Chef nichts von meiner Erkrankung sagen, obwohl wir immer wieder predigen, dass man zu seiner Krankheit stehen soll. Aber meiner Erfahrung nach stellt sie nach wie vor eine Stigmatisierung im Arbeitsbereich dar. Ausnahmen bestätigen natürlich die Regel. Langsam verbessert sich die Situation, vor allem im Bewusstsein von Führungspositionen. Denn gerade sie sind immer öfter betroffen in Form des Burnouts, einer Art Erschöpfungsdepression. Es sollte also im Gefühl und Ermessen jedes Einzelnen liegen, ob er oder sie sich dem Chef anvertraut.«

• TIPPS FÜR PARTNER, ANGEHÖRIGE UND FREUNDE

Ich weiß, wie schwer es ist, Verständnis für einen unter Depression leidenden Menschen zu haben. Als Angehöriger oder Freund müssen Sie sich manchmal etwas abgrenzen und dürfen sich durch die negative Energie nicht hinunterziehen lassen.

Denn leider ist bewiesen, dass der psychisch Kranke aufgrund seiner Depression auch beim Gesunden oft eine depressive Stimmung erzeugt. Daher ist es ganz wichtig, dass Spielregeln und Grenzen für Ihren Partner oder Freund und Sie rechtzeitig festgesetzt werden.

Er/Sie muss akzeptieren, wenn Sie sagen: »Ich nehme deine Erkrankung wirklich ernst, ich bin im Moment aber nicht in der Lage, damit zurechtzukommen. Nimm es bitte nicht persönlich, ich brauche jetzt etwas Zeit für mich. Ich lasse dich nicht im Stich, ich bin telefonisch immer für dich erreichbar, aber ich muss mich auch selbst abgrenzen, weil wir sonst beide ins Strudeln kommen.«

Ein Mensch mit Depressionen möchte nämlich – und das weiß ich aus eigener Erfahrung nur allzu gut – 24 Stunden jemanden neben sich haben, obwohl der Einzige, mit dem man rund um die Uhr zusammensein kann, ja man selbst ist. Wenn Sie sich also um einen depressiven Menschen kümmern, diesen betreuen, brauchen Sie manchmal eine Pause für sich selbst, etwas Distanz, damit Sie sich zurückziehen können.

Der Umgang mit einem depressiven Menschen ist schwierig, Sie müssen sehr viel Geduld aufbringen und dürfen sich auch nicht wundern, wenn Sie das ständige Jammern Ihres Partners oder Angehörigen gelegentlich sogar aggressiv macht. Andererseits mag eine überfürsorgliche Art Ihrerseits auch nicht unbedingt hilfreich für den Kranken sein, da sich dieser dann womöglich wie ein Idiot behandelt fühlt. Das richtige Maß erfordert also in jeder Hinsicht ein sensibles Ausloten, obwohl ich aus eigener Erfahrung weiß, dass man es psychisch kranken Menschen manchmal gar nicht rechtmachen kann. Was immer Sie als Angehöriger dann tun, Sie werden oft falsch verstanden. Nur etwas dürfen Sie unter gar keinen Umständen machen: Versuchen Sie sich niemals als Therapeut, selbst wenn Sie sich mit Depressionen genauer beschäftigt haben!

• ENTSPANNUNGSVERFAHREN, DIE ICH AUSPROBIERT HABE

Progressive Muskelentspannung nach Edmund Jacobson

Der amerikanische Arzt und Physiologe Edmund Jacobson beobachtete 1938, dass die Anspannung der Muskulatur häufig mit Unruhe, Angst und psychischer Spannung einhergeht. Diese Wechselwirkungen psychischer Befindlichkeiten und muskulärer Spannung bzw. Entspannung machte er zur Grundlage seines systematischen Trainings, dessen Grundlage die Kontrastwahrnehmung bewusst angespannter bzw. entspannter Muskelgruppen ist.

Bei den Übungen werden systematisch und schrittweise verschiedene Muskelgruppen mit einbezogen, was bei zunehmendem Training zu einem tieferen Entspannungseffekt führt. Emotional kommt es begleitend zu angenehm erlebten Zuständen der Ausgeglichenheit, Ruhe, Konzentration und Erholung.

»Alpha-Relaxing« von Heinz-Peter Röhr

Alpha-Wellen nennt man die heilsamen Schwingungen, die unser Gehirn in tiefer Entspannung erzeugt. Um gesund zu bleiben, muss auf große Anspannung immer wieder tiefe Entspannung folgen. Gerade Stressgeschädigten ist dieser Wechsel oft nicht mehr möglich – sie bleiben angespannt, selbst wenn sie es längst nicht mehr zu sein bräuchten. Alpha-Relaxing beruht auf der Vorstellungskraft des Einzelnen. Der Übende muss sich innere leere Räume, etwa im Kopf oder im Körper vorstellen, um sein Gehirn in Alpha-Balance zu bringen. So soll er innerhalb kurzer Zeit tiefe Erholung erzielen. Vielfach wird über tiefe spirituelle Erfahrungen berichtet.

Die Cranio-Sacral-Therapie

Das cranio-sacrale System besteht aus Schädel, Wirbelsäule und Kreuzbein. Dieses System ist umgeben von der Gehirn-Rückenmarksflüssigkeit, die vom Ventrikelsystem im Gehirn gebildet wird und das zentrale Nervensystem umspült und schützt. Die Knochen des Schädels, der Wirbelsäule und des Beckens sind die Träger und Beschützer eines enorm wichtigen Organs im menschlichen Organismus – nämlich des zentralen Nervensystems. Bei der Cranio-Sacral-Therapie, einer alternativmedizinischen Behandlungsform, werden Handgriffe vorwiegend im Bereich des Schädels und des Kreuzbeins ausgeführt. Durch Berührung von Kopf und Rücken will der Therapeut Informationen über mögliche Blockaden dieser Bewegung sammeln und dadurch auf Funktionseinschränkungen an Körper und Schädel einwirken. Dieses Vorgehen soll einen angenommenen »Energiefluss« verbessern und Selbstheilungskräfte aktivieren sowie Funktionseinschränkungen und Traumata lösen.

Holotropes Atmen

Holotropes Atmen ist eine spezielle Atemtechnik, durch die man nach Ansicht ihrer Anwender in Erfahrungsbereiche eintreten kann, die dem Bewusstsein im Allgemeinen nicht zugänglich sind. Zwischen zwei und drei Stunden dauert der Prozess des Holotropen Atmens, der in Gruppen, Einzel- oder Paarsitzungen abgehalten werden kann und von einer Therapeutin bzw. einem Therapeuten begleitet wird. Die Teilnehmer und Teilnehmerinnen liegen dabei mit geschlossenen Augen auf dem Boden und atmen beschleunigt bzw. vertieft. Der so ausgelöste Prozess wird durch evozierende Musik und spezifische Körperarbeit wie beispielsweise Druckmassagen zusätzlich verstärkt, oft kommt es zu starken emotionalen Ausbrüchen während des Vorgangs.

Ärzte, denen ich vertraue

Auf den nachfolgenden Seiten stelle ich Ihnen Top-Ärzte vor, die wir zum Thema Depression befragt haben. Ich habe so viele Professoren und »Koryphäen« in den letzten eineinhalb Jahrzehnten erlebt, die mir so gar nicht helfen konnten. Von einigen war ich auch auf menschlicher Ebene enttäuscht, weil sie keinerlei Interesse für mein tatsächliches Leid und meine Probleme zeigten, sondern mich nur als Fall sahen, den man eben »abhandelte«. Gerade in einem so sensiblen Feld der Medizin ist aber auch der menschliche Zugang zum Patienten enorm wichtig. Hier geht es nicht um das rein diagnostische Erkennen eines Tumors oder eines Vorhofflimmerns, die man nach Lehrbuch behandelt, sondern um Krankheiten der Seele, wo die menschliche Komponente und die Gefühlsebene ebenso wesentlich sind. Die nachfolgenden Ärzte sind anders – medizinisch und menschlich.

Dr. CAROLINE KUNZ

www.kunz.at
www.ambulatorium.com

1959 in Lienz/Osttirol geboren. Studium der Medizin und Psychoanalyse in Innsbruck, Assistenzärztin am psychiatrischen Krankenhaus Valduna/Rankweil und am Suchtkrankenhaus Maria Ebene in Frastanz. Allgemeinmedizinische Ausbildung in Wien, Krankenanstalt Rudolfstiftung und Preyer'sches Kinderspital.

Schwerpunkte: Psychotherapie (Neurosen, psychoonkologische Begleitung, psychosomatische Erkrankungen, Burnout-Syndrom, Depression); Körpertherapie, cranio-sacrale Osteopathie (Tom Shaver, John Upledger), lösungsorientierte Kurztherapie (Steve de Shazer), systemische Organisationsaufstellungen (Mathias Varga v. Kibed, Insa Sparrer), transpersonale Psychotherapie und holotrope Atemarbeit (Sylvester Walch). Seminartätigkeit: transpersonale Psychotherapie; Training, Coaching, Supervision im medizinischen Bereich, Teams, Abteilungen (Kriseninterventionen, Teamentwicklungen, Prozessbegleitung); Mitbegründerin der Plattform Patientensicherheit Österreich (www.plattformpatientensicherheit.at); Mitbegründerin des Universitäts-Masterlehrgangs »Patient safety and safer health care« der Uni Wien und Med Uni Wien mit Start im März 2010 am Institut für Ethik und Recht in der Medizin (www.ierm.at).

Das sagt die Ärztin:

Ich habe Thomas Klein im August 1997 kennen gelernt. Zugewiesen hatte ihn sein Hausarzt Dr. Wolfgang Molnar. Herr Klein war damals mit einer Lungenentzündung in der Privatklinik Döbling aufgenommen worden, und es bestand der Verdacht, dass auch eine Depression vorlag. Im System der Traditionellen Chinesischen Medizin (TCM) ist die Lunge das Organ, dem das Krankheitsbild der Depression zugeordnet wird. Das bedeutet, dass bei jemandem, der eine Lungenaffektion hat, häufig auch eine versteckte Depression dahintersteckt. Die TCM ordnet den Organen auch psychische Symptome zu, diese werden nicht gesondert, sondern mit den chinesischen Kräutermischungen mitbehandelt. In der modernen westlichen Medizin gibt es jedoch spezielle Disziplinen für die Diagnose und Behandlung psychischer Krankheitszustände, die Psychiatrie und die Psychotherapie.

Thomas Klein war zu dieser Zeit sehr krank, hatte hohes Fieber und bekam Antibiotika, Schmerzmittel und entzündungshemmende Substanzen, und das mitten im Sommer, einer eher untypischen Zeit, um so krank zu werden. Ich habe ihm damals im Spital einen Konsiliarbesuch abgestattet.

Wir hatten ein ausführliches Erstgespräch, in dem ich die Diagnose »depressive Episode« stellte und eine erste Einstellung auf Antidepressiva vornahm. Wichtig dabei ist, dass es sehr viel an genauer Information und Aufklärungsarbeit bezüglich Antidepressiva für Betroffene bedarf, weil eine große Verunsicherung besteht, was Psychopharmaka betrifft.

Psychopharmaka ist ein Sammelbegriff für mehrere Substanzklassen, die in der Psychiatrie eingesetzt werden. Sie sind ein Schreckgespenst in der Bevölkerung, und es gibt jede Menge Schauergeschichten bezüglich Veränderung der Persönlichkeit und Abhängigkeit, womöglich ein Leben lang. Ebenso glauben viele Menschen, dass man eine psychische Krankheit aus eigener Kraft überwinden können müsse. Es bestehen Schamgefühle und Vorurteile, die eine zeitgerechte Diagnose und Therapie oft verhindern und damit das Problem vergrößern. Erst, wenn man als Therapeut ein Vertrauensverhältnis zum Patienten aufgebaut hat, kann man eine gute Therapie beginnen. Im Fall von Thomas Klein war die Verunsicherung durch seinen damaligen »Heiler« noch potenziert, der ihm von der Einnahme von Psychopharmaka abriet.

Anfänglich bekam der Patient zweierlei Antidepressiva, Serotonin-Wiederaufnahmehemmer, so genannte SSRIs. Das sind Mittel, die Serotonin zwischen den Nervenzellen im synaptischen Spalt anreichern, dem Spalt zwischen den Nervenenden, in dem die ›Botschaften‹ von Nervenende zu Nervenende übertragen werden. Diese SSRIs führen zu Stimmungsaufhellung, zu einer Reduzierung der Grundspannung und der Angst, und sie regulieren den Tag-Nacht-Rhythmus. Da ein guter Nachtschlaf die Voraussetzung für eine Gesundung ist, bekam Herr Klein abends noch ein zweites Mittel, das die Verkrampfung und Spannung noch besser beeinflussen konnte. Er befand sich in einem schweren Erschöpfungszustand, seelisch, körperlich und geistig, und es war höchste Zeit, eine effiziente Therapie einzuleiten. Diese Erstmaßnahme bezeichnet man als Krisenintervention.

In jeder Krisenintervention geht es darum zu sehen, was jemand braucht, um wieder zu Kräften zu kommen

In jeder Krisenintervention geht es zunächst einmal darum, zu stabilisieren und zu sehen, was jemand braucht, um wieder zu Kräften zu kommen und gesund zu werden. In diesem Stadium geht es noch nicht um Psychotherapie. Für eine Psychotherapie muss ein Patient die Krise überwunden haben und sich etwas stabiler fühlen, da in der tiefenpsychologischen Arbeit immer auch gewissermaßen eine Destabilisierung passiert, die gewollt ist, um alte Muster aufzufinden, zu lockern und bearbeiten zu können. Diese Arbeit mit Thomas Klein in meiner Ordination begann nach seiner Entlassung aus der Privatklinik. Neben den klassischen seelischen Symptomen einer Depression standen körperliche Symptome wie Rückenschmerzen und schwere Körperspannungen im Vordergrund, die zusätzliche Behandlungen erforderten. Dadurch verzögerte sich bei diesem Patienten der Einstieg in die etwas tiefere Arbeit um Monate.

Die Gestalttherapie hilft Menschen, innerlich freier zu werden

Ich bin ausgebildete Gestalttherapeutin. Dies ist eine Therapiemethode, die gegenwartsbezogen arbeitet und die Patienten motiviert, in den Gefühlsausdruck zu gehen. Gerade bei depressiven Menschen ist es sehr wichtig, in den Ausdruck zu gehen, um innerlich freier zu werden. Eine der wesentlichen Ursachen für eine depressive Erkrankung ist das beständige Zurückhalten von Gefühlen wie Trauer, Aggression, Freude, Leid oder Kränkung. Wenn das Ausdrücken über die Sprache nicht funktioniert, verwenden wir kreative Medien wie zum Beispiel Malen, Schreiben, Stimme oder Körperarbeit. Im Fall von Thomas Klein entschieden wir uns für Malen mit Fingerfarben als ein ganz besonderes Setting, das in frühe Erlebens- und Entwicklungszustände zurückführen und entsprechend gespeicherte Gefühle freigeben kann. Der Patient erlebte diese Arbeit als sehr befreiend und konnte viel Aggression und damit etliches von seiner Körperspannung abbauen. Bei Herrn Klein entstanden so blutrotschwarze Kunstwerke.

Thomas Klein: »Aggression«

In einer Therapie geht es darum, einen Bewusstseins- und in der Folge Erkenntnisprozess einzuleiten, der eine Öffnung und Neuorientierung ermöglichen soll. Dies wird in der Gestalttherapie mit den Techniken von Präsenz – Üben, ganz im Hier und Jetzt zu sein – und gutem Einfühlen, sich spüren lernen erzielt.

Veränderung ist immer nur im Jetzt möglich. Das Vergangene ist nicht mehr, und die Zukunft ist noch nicht, also konzentrieren wir uns ganz konsequent auf das Jetzt. Depression heißt Starre, Stillstand, es hat sich quasi ein Panzer um die nicht gelebten und im Körper gespeicherten Gefühle eines Menschen gebildet. In der Therapie soll Zugang zu diesen abgespaltenen, blockierten, zurückgehaltenen Gefühlen gefunden werden. Das funktioniert in der Gestalttherapie sehr gut. Bei Thomas Klein zeigten sich schwere Aggressionsschübe, und es wurden enorme Kräfte, richtige Naturgewalten frei. Und wenn man sich vergegenwärtigt, dass sich diese nach innen richten, kann man sich auch gut vorstellen, wie schwer und belastet ein solcher Mensch durch die Welt gehen muss. Aggression wird beispielsweise so ausgedrückt, dass ein Patient mit seinen Fäusten in Polster, ein Sofa oder Matratzen trommelt und dadurch die gestaute Energie loswird, anstatt die Aggression gegen sich selbst zu richten – womöglich mit einem Selbstmordversuch.

Im Falle von Thomas Klein war die Entstehung der Depression aber auch auf eine unsichere, instabile Elternsituation zurückzuführen. Seine Reaktion auf Spannungen und Probleme in der elterlichen Ehe war, sich an die Bedürfnisse der Mutter und des Vaters anzupassen, möglicherweise um unbewusst das System zu stabilisieren und die Ehe der Eltern »zu retten«.

Viele Kinder fühlen sich für das Funktionieren des Familiensystems verantwortlich

Viele Kinder fühlen sich für das Funktionieren des Familiensystems verantwortlich, daher ist die Anpassung ein Knackpunkt in der Entwicklung der Depression. Warum ist das so? Weil das Kind lernt, zuerst immer zu schauen: Wie geht es meiner Mutter oder meinem Vater? Wie ist die Situation zu Hause? Darf ich etwas sagen? Wie muss ich mich verhalten, damit alles passt, damit es meiner Mama und meinem Papa gut geht? Dabei verlernt das Kind, sich selber zu spüren, lernt dafür aber eigene Bedürfnisse zu übergehen und Warnzeichen des Körpers zu ignorieren.

Dieses Muster setzte sich später in Thomas Kleins eigener Familie und im Freundeskreis fort, wo er sich zuerst immer um alle anderen kümmerte und erst ganz zum Schluss oder erst wenn er krank wurde, an sich selbst dachte.

All das sind wesentliche Voraussetzungen für eine emotional instabile Entwicklung. Die Anpassung spielt dabei eine große Rolle, denn für das, was und wer man eigentlich ist, bleibt zu wenig Platz.

Thomas Kleins Dilemma war, den Vater durch einen so furchtbaren Selbstmord zu verlieren und sich dadurch verpflichtet zu fühlen, seine Nachfolge antreten zu müssen. Andererseits wusste er, dass er nun nicht das machen konnte, was er vorhatte und was eigentlich in ihm war, nämlich der Wunsch, an das Theater zu gehen und

Schauspieler zu werden. Wie schon so oft davor wiederholte sich die Situation der Kindheit. Natürlich tat Thomas, was man von ihm erwartete, weil es ein bereits erlerntes Muster war. Da gab es gar keine Diskussion. Ein emotional sicheres Kind hätte vielleicht gesagt: »Schön und gut, aber ich will Schauspieler werden, nehmt euch einen Geschäftsführer, tut mir leid.«

Thomas Klein tat immer Dinge, die von ihm erwartet wurden

Es zieht sich wie ein roter Faden durch das Leben von Thomas Klein, Dinge zu tun, die von ihm erwartet wurden. Und aus seiner Anpassungshaltung heraus war er auch immer dazu bereit. Seine Schwester dagegen ging einen ganz anderen Weg und setzte viel mehr durch, was sie für ihr Leben erreichen wollte.

Thomas Kleins große Instabilität machte eine Begleitung über Jahre, mehr als zehn Jahre, notwendig. Es gab oft nur kleine Auslöser, und es kam zu einem relativ unvermittelten Sturz ins Bodenlose. Das Herauskommen war dann immer sehr anstrengend. Begleitet wurden diese Abstürze regelmäßig durch starke Körperspannungen und Körpersymptome. Wir haben dann gezielt Strategien, so genannte Skills, eingeübt, wie man mit solchen Auslösern und den nachfolgenden Abstürzen umgehen und sie steuern lernen kann. Dabei muss man sozusagen innerlich einen Schritt zurückgehen und sich sagen: »So war es schon 200 Mal, ich weiß, dass ich da wieder herauskomme. Was habe ich also jetzt zu tun?«

Man muss sich Bezugspunkte wie den Kontakt zu Menschen schaffen

Sich Bezugspunkte zu schaffen, wie zum Beispiel Kontakt zu Menschen aufzunehmen, direkt oder telefonisch, ist eine dieser Strategien, die den Patienten aus seinem Abdriften in die Verzweiflung oder aus den Fängen der Angst herausholen kann. Tricks anzuwenden, wie etwa eine kalte Dusche oder Cayennepfeffer auf die Zunge, also sehr starke Reize setzen, wäre eine andere Strategie. Ganz wichtig dabei ist es, den »inneren Beobachter« zu aktivieren. Einerseits ist das reale Erleben da, also der depressive Mensch hat schon am Morgen das Gefühl, es liegt ein Stein auf seiner Brust, er bekommt keine Luft, und er kann gar nicht aufstehen. Dennoch gibt es aber eine Instanz in ihm, die so etwas wie ein stiller Beobachter ist, der alles mit ein wenig Abstand sehen und auch irgendwie begleiten kann. Diese Instanz muss man finden und auch trainieren, denn dieser innere Beobachter kann mit der Zeit so etwas wie ein innerer Arzt werden – und damit wird man zunehmend ein Stück unabhängiger von der Welt, den Außenreizen und auch vom äußeren Arzt.

Thomas Klein gehört sicher zu jenen Menschen mit einer besonders hohen Sensibilität, er ist eine so genannte »Highly Sensitive Person«. Denn nicht jedes Kind mit seiner Biografie würde sich so entwickeln. Es ist in der Psychotherapie interessant, sich damit zu beschäftigen, wer resistent ist gegen eine solche Situation und wer davon stark gezeichnet wird und sein halbes oder ganzes Leben damit kämpfen und an sich arbeiten muss, um sich da herauszuholen. Doch damit umgehen zu lernen ist ein so wichtiger Punkt. Und genauso wichtig ist es, die Selbstliebe zu entwickeln und damit auch die Selbstverantwortung. Das bedeutet, zu sagen: »Nein, ich bin primär einmal für mich selbst zuständig.« Das Tragische bei so sensiblen Kindern ist, dass sie die Elternfiguren in ihrem Verhalten verinnerlichen, es gibt so etwas wie innere Elternbilder. Wenn beispielsweise die innerliche Elternfigur vom Vater geprägt ist – im Falle von Thomas Klein von einem sehr autoritären, sehr patriarchalischen Vater –, geht dann auch das Kind so mit sich selbst um. Denn diese innere Eltern-Instanz wird ins Über-Ich übernommen.

Andererseits spielt auch die instabile Mutter-Situation bei Thomas Klein eine Rolle, wobei weder Vater noch Mutter angeklagt werden sollen. Es geht darum, dass wir alle diese Dinge in unser Über-Ich übernehmen und dann entsprechend mit uns umgehen. Thomas hat sich oft Dinge abverlangt, wo man nur kopfschüttelnd zusehen und sich fragen konnte: »Was macht er jetzt mit sich?« Immer wieder zu reflektieren und zu schauen, was passiert da mit ihm, in welchen Mustern ist er drinnen, das war jahrelange Feinarbeit in kleinsten Schritten.

Sein Gottesbezug und seine Spiritualität, die ich immer unterstützt habe, waren und sind Thomas Klein bis heute eine große Hilfe. So hat er gelernt, mit seinen Abstürzen umzugehen, sich selbst zu beruhigen und zu sagen: »Ich weiß, dass ich da wieder herauskomme, denn es gibt so etwas wie ein höheres Selbst, eine höhere Kraft, eine höhere Instanz, die mich schützt und begleitet.« Dieser Gottesbezug hat Thomas immer sehr geholfen, auch in seinen dunkelsten Zeiten, etwa im AKH im Frühjahr 2000 oder im Suchtkrankenhaus Maria Ebene im Herbst 2003. Damals gab es nur mehr den Faden zu Gott, der ihn halten konnte.

Natürlich muss man sagen, dass über lange Zeit der gestörte Tag-Nacht-Rhythmus, also exzessive Nächte mit Alkohol und anderen legalen oder illegalen Drogen, Thema oder Auslöser für Abstürze waren. Alkohol beeinträchtigt die Wirkung von antidepressiven Medikamenten. Im Grunde hebt jede Substanz oder Droge, die die Psyche stimuliert, sei es beruhigend oder aktivierend, die Wirkung der Antidepressiva auf. Da es aber einer unglaublichen Anstrengung bedarf, mit solch einer depressiven Veranlagung zu leben, ist es nur allzu verständlich, hin und wieder zu sagen: »Mir reicht's, ich will jetzt auch ausgehen, essen und trinken und feiern!«

Mit Hilfe des Holotropen Atmens nach Sylvester Walch und diverser Entspannungsverfahren wie etwa dem Alpha-Relaxing von Heinz-Peter Röhr kam es schließlich auch zu einer langsamen Verbesserung des körperlichen Zustandes, die Muskulatur wurde wieder weicher, der Körperfluss war wieder da. Zusätzlich haben dem Patienten auch die »Drama«-Veranstaltungen in der Ottakringer Brauerei und die »Clownerie«-Aktivitäten, Betätigungen, die er sich immer gewünscht hatte und die mit Ausdruck, kreativ sein, Gestalten zu tun hatten, geholfen.

Vergangenes Jahr hat Thomas Klein schließlich auch wieder mit seinem Fitness-Training angefangen, das er bis heute, trotz mancher Verletzungen, durchzieht. Davon abgesehen hatten wir uns schon nach seinem Entzug mit dem Thema Ernährung auseinandergesetzt, damals mit basischer Nahrung und Entschlackung.

Zu guter Letzt darf nicht vergessen werden zu erwähnen, dass der Patient seit ein paar Jahren gerne meditiert. Diese Säule, bei der seine spirituelle Entwicklung im Vordergrund steht, ist auch jetzt noch extrem hilfreich und sinngebend.

Was die Medikamente betrifft, besteht eine Basismedikation weiterhin, eine so genannte minimale Erhaltungsdosis, damit es ihm gut geht. Dabei handelt es sich um Antidepressiva, und zwar eine Tablette Cymbalta 60 mg jeden Morgen und eine Tablette Trittico 75 mg jeden Abend. Möglicherweise ist diese Medikation eines Tages nicht mehr nötig: Das kann sein, muss aber nicht.

Dr. KLAUS MIHACEK

1954 in Linz geboren. Facharzt für Psychiatrie und Neurologie, Psychotherapeut. Ausbildung zum Facharzt für Psychiatrie und Neurologie in Otto Wagner Spital Wien, Gründungsmitglied des Vereins LOK (Verein für humanes Leben und Wohnen für psychisch kranke Menschen), Aufenthalt in den USA, Cornell Medical University New York, stellv. ärztlicher Leiter des Psychosozialen Zentrums ESRA.

Privatordination: Josefstädter Straße 21/12, 1080 Wien, Telefon (01) 409 84 30, E-Mail: klaus.mihacek@mac.com

Das sagt der Arzt:

Dass die Depression die häufigste der psychischen Erkrankungen ist, hängt meiner Meinung nach schon sehr viel mit unserer Leistungsgesellschaft zusammen und natürlich auch mit den gesellschaftlichen Strukturen, die nicht mehr so Halt geben, wie es vielleicht früher einmal war.

Die Grenzen verschwimmen jetzt immer mehr, und dadurch kommt es vielleicht auch zu Verwirrungen und Identitätsfragen vieler Menschen, denn sie wissen nicht mehr, wo sie dazugehören. Auch bei den Heranwachsenden stelle ich fest, dass die familiären Strukturen immer weniger Halt geben. Das Stichwort »Wohlstandverwahrlosung« trifft da bei vielen wirklich zu. Kinder brauchen aber viel Aufmerksamkeit, das ist schließlich die Grundlage für ein gesundes psychisches Konzept.«

Mehr Frauen als Männer leider unter Depressionen

Laut Untersuchungen leiden mehr Frauen als Männer unter Depressionen. Männer entscheiden sich allerdings viel langsamer zu einer Therapie als Frauen. Das hat natürlich auch etwas mit dem noch immer gängigen Rollenklischee zu tun – ein Mann hat stark zu sein, er darf keine Schwächen zeigen. Ich erlebe immer wieder, dass es Männern viel schwerer fällt als Frauen, vor sich selber einzugestehen, dass sie depressiv sind. Und noch etwas ist interessant: Die Depression bei Frauen äußert sich anders als bei Männern. Frauen wenden meistens die Depression gegen sich, sie ziehen sich zurück, sind kaum noch für etwas zu begeistern und werden still. Männer werden meistens gereizt und aggressiv, launisch und unkonzentriert. Ich höre oft von Angehörigen oder Ehefrauen, dass sich der Mann sehr negativ verändert hat, er sei so unleidlich, gereizt, die Libido wird weniger usw. Das können schon alles Zeichen einer Depression sein, obwohl es nicht das ist, was man klassisch mit einer Depression assoziiert. Unter depressiv stellt man sich jemanden vor, der nicht mehr kann, der antriebslos ist oder sinnentleert.

Zur bipolaren Störung

Bei der bipolaren (affektiven) Störung – so wie sie bei Thomas Klein vorliegen dürfte – handelt es sich um eine genetische Disposition, wobei im Krankheitsverlauf entweder eine hypomane oder manische Phase stattgefunden haben muss, zusätzlich zu den immer wiederkehrenden depressiven Episoden, von denen bereits mindestens zwei stattgefunden haben müssen. Das Gefährliche daran ist, dass man von einer manischen Phase innerhalb von wenigen Tagen in eine schwere Depression kippen kann, wie wenn man einen Schalter umlegt. Da ist die Gefahr einer Suizidalität am höchsten. Um diese Gefahr deutlich zu mindern, sollte sich der Mensch, der an einer bipolaren Störung leidet, in medizinische Behandlung begeben. Empfohlen wird die Kombination aus Psychopharmaka und einer regelmäßigen stützenden Gesprächstherapie. Die medikamentöse Behandlung erfolgt durch sogenannte »Mood Stabilizer«, die stimmungsstabilisierend und auch prophylaktisch wirken. Dadurch sollen Spitzen von Manie und Depression vermieden werden.

Drei Substanzen werden in solchen Fällen hauptsächlich gegeben, nämlich Lithium, Valproinsäure oder Lamotriginsäure. Lithium ist am längsten und besten erforscht und sehr effektiv, hat aber auch Nebenwirkungen wie Müdigkeit und mögliche Gewichtszunahme. Außerdem muss man regelmäßig die Schilddrüse und die Nieren überprüfen. Valproinsäure und Lamotriginsäure werden seit Jahrzehnten bei Epilepsie angewendet, man hat aber festgestellt, dass sie auch bei bipolaren Störungen stabilisierend wirken.

Bei bipolaren Störungen können Drogen zwar nicht die Ursache, aber der Auslöser für eine dieser Episoden, meistens für die manische, sein. »Bipolare« neigen nämlich dazu, grenzenlos zu sein. Speziell für sie ist Kokain, eine besonders in Leistungsbereichen weit verbreitete Droge, reines Gift. Kokain löst ein ähnliches Gefühl wie eine Manie aus, was für einen »Bipolaren« ja das Schönste ist, was es gibt, weil er sich dann wie der »King of the World« fühlt. Dann ist alles möglich, der Betreffende hat ein grandioses Selbstwertgefühl und erreicht oft Dinge, die unfassbar sind. Aber auch Alkohol ist in großen Mengen für Bipolare ein absolutes No-Go.

Jedes Antidepressivum braucht drei bis vier Wochen, bis es wirkt

Bei einer Psychotherapie ist es allgemein üblich, dass der Therapeut kein Naheverhältnis zum Patienten hat, da er sonst nicht in der Lage ist, sich abzugrenzen. Eine Psychotherapie hat nur dann Sinn, wenn der Patient das Gefühl hat, er befindet sich an einem neutralen, von allen äußeren Einflüssen unberührten Ort. Bei Behandlungsbeginn eines Depressiven sollte man als Arzt sehr nachgehend sein, also regelmäßige Kontrollen vereinbaren. Und falls sich der Patient einmal nicht meldet oder nicht zur Therapiestunde erscheint, sollte ein gewissenhafter Arzt diesem Fernbleiben nachgehen. Eine derartige Vorgehensweise seitens des Therapeuten erleben die meisten Patienten dann als fürsorglich, sie fühlen sich ernst genommen und sind eher bereit, in Behandlung zu bleiben. Der Patient sollte immer das Gefühl haben, dass ihn sein Gegenüber versteht und dass er ihm vertrauen kann. Auch, was die verschriebenen Medikamente betrifft.

Jedes Antidepressivum braucht in etwa drei bis vier Wochen, bis es wirkt. Dann muss kontrolliert werden, ob die Dosierung passt. Und erst dann kann in die Erhaltungstherapie übergegangen werden. Das verschriebene Medikament sollte mindestens ein halbes Jahr, idealerweise zwei Jahre lang, genommen werden. Ein Rückfall ist vorprogrammiert, wenn der Patient das Medikament nach kurzer Zeit absetzt, weil es ihm schon gut geht. Beim Absetzen sollten die Medikamente ganz langsam reduziert werden, da es ansonsten zu sehr unangenehmen körperlichen Phänomenen kommen kann. Sollte irgendwann nach Absetzen der Medikamente wieder eine Depression auftreten, wird man die Medikamente wieder einsetzen. Bei bipolaren Störungen würde ich aber raten, die Medikamente ein Leben lang zu nehmen und auch in Kontrolle zu bleiben.

Eine medikamentöse Therapie funktioniert aber auch nur dann wirklich, wenn der Patient genau aufgeklärt wird – sowohl was die Krankheit bedeutet, als auch was die Wirkweise der Medikation und die Erwartungen betrifft. Viele Patienten glauben nämlich, dass solche Medikamente ihre Persönlichkeit verändern – was aber nicht stimmt –, sie verändern lediglich die Stimmung und das Gefühlsleben.

Natürlich hängt ein stabiler Zustand auch von der Regelmäßigkeit in der Lebensführung des Patienten ab, das heißt ein geregelter Tag-Nacht-Rhythmus, sich nicht ständig überfordern, möglichst wenig Alkohol etc. Das bedarf aber auch eines gewissen Lernprozesses.

Verwandte und Freunde dürfen nicht zu »hilflosen Helfern« werden

Natürlich besteht für Angehörige eines depressiven Menschen die Gefahr, in die Therapeutenrolle zu gelangen und damit hoffnungslos überfordert zu werden. Nicht zuletzt deswegen, weil ein nahestehender Mensch nicht die nötige Grenze ziehen kann. Als Therapeut weiß man nämlich, dass das Erzählte nichts mit einem persönlich zu tun hat, während sich Verwandte oder Freunde verantwortlich oder aufgerufen fühlen, sofort zu helfen. Das könnte dann dazu führen, dass man irgendwann einmal zu einem hilflosen Helfer wird. Sobald man also wahrnimmt, dass sich jemand in seinem Wesen verändert – meistens zieht er sich zurück, hat Stimmungsschwankungen oder leidet unter Schlafstörungen –, sollte man ihn darauf aufmerksam machen, Gespräche mit ihm führen und ihn dazu bewegen, professionelle Hilfe zu suchen. Und sobald sich jemand in Therapie befindet, sollte man unterstützend und hoffnungsgebend sein. Bemerkt man, dass ein Depressiver mit der Alltagsbewältigung überfordert ist, kann man ihm unter die Arme greifen und Dinge abnehmen, bis er wieder in der Lage ist, die Verantwortung selber zu übernehmen. Mögliche Schwankungen oder Unzuverlässigkeiten des Erkrankten sollte man nicht zu persönlich nehmen.

Das Schlimmste, was man tun kann, ist, einem Depressiven zu unterstellen, dass er sich nicht »zusammenreißt«. Diese leider gängige Meinung ist absoluter Unsinn, weil kein Depressiver depressiv sein möchte.

Wie gehen Angehörige mit einem suchtkranken Menschen um?

Bei suchtkranken Menschen besteht die Gefahr, dass Angehörige zu Co-Abhängigen werden, soll heißen: Man unterstützt das System ungewollt und unbewusst, wobei der Süchtige weiterhin süchtig bleibt. Dies kann passieren, weil der Süchtige oft sehr appellativ, hilfsbedürftig aber auch sehr fordernd ist. Irgendwann hat man sich dann vollständig vom Verhalten des Süchtigen abhängig gemacht. Der Weg hinaus geht meistens nur über professionelle Hilfe – sowohl für den Angehörigen als auch für den Süchtigen. Der Suchtkranke muss zuallererst vor sich selber zugeben, süchtig zu sein. Sonst ist jede Form von Hilfestellung sinnlos.

Dr. THOMAS LEGL

www.knappenhof.at
www.euro-tc.org
Kontakt: t.legl@knappenhof.at

1959 geboren. Über 30 Jahre Erfahrung im Suchtbereich, im Gebiet der Behandlung, Prävention, Forschung und im internationalen Austausch. Langjähriger Sozialpsychologischer Leiter und Mitglied der Geschäftsführung im Verein »Grüner Kreis«. Seit sechs Jahren Therapeutischer Leiter und Geschäftsführer im Kur- und Gesundheitszentrum Knappenhof. Früher Präsident des »Vienna NGO Committee on Narcotic Drugs« mit konsultativem Status für die UN. Vorstandsmitglied von ICAA (»International Council on Alcohol and Addictions«) und nach langer Vorstandstätigkeit Präsident von EURO TC (»European Treatment Centres for Drug Addiction«). Im therapeutischen Bereich vertritt er einen innovativen, gesamtheitlichen Ansatz mit einem besonderen Fokus auf Erlebnis- und Abenteuertherapie.

Das sagt der Arzt:

Bei der Behandlung von Depressionen sind wir in der glücklichen Lage, dass es sehr effiziente Präparate mit guter Wirksamkeit gibt. Oft fehlt allerdings die kooperative Haltung des Patienten, nämlich das Medikament über längere oder lange Zeit ganz regelmäßig und genau nach ärztlicher Vorschrift einzunehmen. Viele

Patienten ändern eigenmächtig die Dosierung oder setzen das Medikament abrupt ab. Die Fähigkeit eines sinnvollen Handlings der Krankheit setzt aber ein starkes Wissen über die Notwendigkeit einer umfassenden Kooperation mit den Behandlern voraus.

Die rein medikamentöse Behandlung ist langfristig ein Bumerang

Ohne die Bedeutung der medikamentösen Behandlung in Frage stellen zu wollen, muss ich feststellen, dass derzeit viel zu viel Wert auf die reine Medikation gelegt wird und zu wenig auf eine individuelle Weiterentwicklung über eine psychologische Betreuung, Psychotherapie oder auch Aktivitätstherapie, und besonders Therapien, die in Richtung Lebenssinn, auch in Richtung eines Coachings der Tagesstruktur gehen. Die rein medikamentöse Behandlung ist langfristig ein Bumerang, weil der Patient merkt, dass er so nie ganz gesund wird. Die meisten Betroffenen betonen irgendwann, dass sie gar nichts mehr von den Medikamenten spüren – weil sie nicht wissen, wie es ihnen ohne sie ginge. Das Medikament übernimmt nämlich nicht die Entwicklungsarbeit für den Kranken. Eine umfassende Eigentherapie, eine Neuorientierung im Lebenssinn, Arbeit an der Beziehungsfähigkeit, am emotionalen Ausdruck ist unumgänglich. Da ist die Prognose aber nicht so gut, weil der Depressive in seiner Haltung zur Therapie oft vehementen, unbewussten Widerstand leistet.

Natürlich gibt es auch den Krankheitsgewinn. Wenn sich jemand in der Depression befindet, kann er nun wirklich nicht mehr aufstehen und muss sich nicht mehr um den Alltag, den er nicht mehr aushält, kümmern. Er scheut Verantwortung bzw. lässt dann jede Verantwortung außer Acht – etwas, das wir uns hin und wieder alle einmal wünschen. Meistens wird der Depressive darin von seiner Umwelt aber nicht verstanden, Aufforderungen wie »Reiß dich doch ein bisschen zusammen« sind äußerst üblich, obwohl der Betroffene wirklich handlungsunfähig und von seinem schweren Krankheitsbild gefangen ist. Diese Dynamik ist der Hintergrund für zahllose, modern als Burnout bezeichnete, Erkrankungen.

Eine Veränderung der Situation hilft häufig bei exogenen Erkrankungen, bei keiner tieferen Aufarbeitung aber meist nur kurzfristig. Angehörige oder Freunde von Betroffenen sind daher, wie auch bei Suchtkranken, mit Rückschlägen und Enttäuschungen konfrontiert. Für Angehörige wie Behandler oft besonders schwer zu ertragen und zu verstehen ist die Tatsache, dass der Depressive oft gar nicht zugeben will, dass es ihm besser geht. Wenn also die Umwelt schon den Eindruck hat, es geht bergauf, gemeinsame Unternehmungen zeigen Erfolg und man teilt dem Erkrankten den Eindruck, dass es ihm besser gehe, mit, wird dieser meistens antworten: »Nein, es ist kein Licht am Horizont.« Denn es liegt auch im Wesen der Depression, dass der Kranke den Fortschritt nicht gerne sieht und auch nicht zugeben möchte, weil er große Angst vor der Anforderung hat, vor dem Anforderungsprofil »Jetzt muss ich ja wieder funktionieren«. Es ist daher ganz wichtig, den Kranken behutsam dorthin zu führen, wo er Fortschritte zugeben kann, ohne Angst, dass er gleich wieder funktionieren muss.

Angehörige dürfen dem Kranken nicht im Destruktivismus folgen

Deswegen ist die Behandlung der Depression häufig langwierig. Oft ist man als Behandler oder auch Angehöriger von diesem Pessimismus und Destruktivismus eingehüllt. Es ist ganz wichtig, dass man hier Grenzen zieht und dem Kranken nicht in seinen tiefen Destruktivismus folgt. Therapeut und Umwelt müssen sagen: »Wir wissen, das ist Teil der Krankheit, wir sehen die Situation aber zum Teil anders.«

Ich hatte einmal einen Patienten, den ich zu Beginn jeder Sitzung – als Running Gag – fragte: »Gibst du heute zu, dass es dir schon besser geht?« Dass der Patient darüber lachen konnte, war schon das Zeichen, dass es ihm wirklich besser ging, dass erste Schritte aus der tiefen Depression heraus erfolgt waren. Dann ist Eigenmotivation entstanden, und der Depressive arbeitete selbst aktiv mit, um aus dem Stimmungstief herauszukommen, er zeigte sich motivierter und war bereit, bei Aktivitäten mitzumachen und eine Struktur zu akzeptieren. Für eine Behandlung ist es so wichtig, dass der depressive Mensch wieder in eine sinnvoll ausgefüllte Tagesstruktur findet und sich nicht mehr zurückzieht.

Es ist wichtig, den Energiefluss wieder in Schwung zu bringen

Da wir wissen, dass viele Depressive überhaupt keinen Zugang mehr zur Körperlichkeit haben und oft ihren Körper äußerst unangenehm und mit Verspannungen spüren, bieten wir im Kur- und Gesundheitszentrum Knappenhof ein umfassendes, ganzheitliches Behandlungsprogramm an. Es ist wichtig, viele alternative Methoden, die den Energiefluss in Schwung bringen, wie etwa Shiatsu oder die Bowen-Therapie, zu verwenden. Ausdauerbewegung ist ebenfalls von vorrangiger Bedeutung, weil darüber unter anderem die Dopaminproduktion steigt, das heißt, es besteht nicht nur der therapeutische Nutzen – weg von der Depression in die Bewegung –, sondern der Körper produziert von sich aus mehr Luststoffe, was diese Aktivitäten auch vom physiologischen Standpunkt her positiv indiziert.

Unter Ausdauerbewegung ist beispielsweise Joggen zu verstehen, aber nicht nur für 20 Minuten, sondern mindestens eine Dreiviertelstunde bis Stunde, aber auch längere Wanderungen zählen dazu. Nordic Walking ist besonders zu empfehlen, da bei dieser Sportart alle Muskeln trainiert werden, aber unbedingt auch über längere Strecken. Bei regelmäßiger Betätigung, zwei- bis dreimal pro Woche, bekommt man dann schnell eine gute Kondition. Für jemanden mit Depressionen ist das sehr vorteilhaft, manche nutzen den Benefit körperlicher Bewegung sinnvollerweise sogar jeden Tag.

Bewegung wirkt antidepressiv

Bewegung an und für sich wirkt schon antidepressiv, denn wir sind für die Bewegung gebaut, sie tut uns gut. Deshalb wird ja gesundheitsprophylaktisch sehr viel in diese Richtung gearbeitet.

Natürlich können auch Sport und Bewegung süchtig machen. Was ganz im Dunklen liegt ist das Doping bei Hobbysportlern, die ihre Performance steigern wollen. Bei Laufveranstaltungen oder den boomenden Mountainbike-Marathons werden die Hobbysportler ja nicht kontrolliert. Bei einer Testung wie bei Spitzensportlern würde man sich wundern, welcher Missbrauch da betrieben wird. Und das ist natürlich sehr ungesund. Es ist also sehr wichtig, den Leistungsaspekt beim Sport nicht zu sehr zu betonen, denn gerade psychisch Kranke definieren sich womöglich wieder zu stark über die Leistung. Obwohl es selbstverständlich sinnvoll ist, sich realistische Ziele zu setzen und darauf hin zu trainieren.

In der Therapie ist der Kunstgriff, ein sinnvolles Maß zu lernen, gefragt. Bei der Ausdauerbewegung kennt man die Theorie der »Flow Experience«, das quasi aktiv meditative Wohlgefühl, welches man erlebt, wenn man seinen optimalen Bewegungsrhythmus und Belastungsrahmen findet. Sinnvoller Sport und Bewegung sind auf jeden Fall ein ausgezeichnetes Therapeutikum.

Ein Teufelskreis: Alkohol und Opiate besitzen eine depressionsmindernde Wirkung

Der gängigste Seelentröster ist der Alkohol, eine legale Droge. Bei Alkoholkranken steht die Depression sicherlich noch mehr im Hintergrund als bei Drogenabhängigen. Generell kann man annehmen, dass bei allen Suchterkrankungen die Depression im hohen Prozentsatz als Grunderkrankung zu finden ist. Alkohol und Opiate besitzen eine euphorisierende, depressionsmindernde Wirkung und sind deswegen eine »stimmige Medikation« für viele depressive Menschen. Dann beginnt der Teufelskreis. Durch diese unbewusste Selbstmedikation wird eine schnelle Abhängigkeit gefördert und durch die Abhängigkeit die Grunderkrankung wiederum verstärkt. In den nüchternen Phasen tritt also die Depression verstärkt auf. Natürlich gibt es auch die umgekehrte Situation – das ist wie bei der Frage nach der Henne und dem Ei, was war zuerst da? Es kann natürlich auch vorkommen, dass Tendenzen erst durch die Abhängigkeit bzw. den Missbrauch verstärkt herauskommen. Oft wird die Grundproblematik erst über die Behandlung der Suchterkrankung erkannt. Ein Drogensüchtiger, der sich seine Sucht eingesteht, der versteht, worum es geht, was zu tun ist und der kooperativ ist, hat es oft leichter, von seinen Problemen wegzukommen, als ein chronisch depressiver Mensch.

Leider ist die Prognose aber generell schlecht, weil viele gar nicht zu einer tieferen Aufarbeitung kommen, suchtdynamisch in einer pre-kontemplativen Phase stehen bleiben und das Wesen ihrer Erkrankung nicht verstehen – nämlich, dass sie mit ihrem Suchtmittel nicht umgehen können und diese Substanz vollständig lassen müssen.

Steht beim Suchtkranken aber auch noch die Depression im Hintergrund, besteht sicher ein höheres Risiko für Rückfälle, und es ist unumgänglich, die Depression effizient zu behandeln. Zu Beginn der modernen Suchtbehandlung, vor 40 bis 50 Jahren, war es verpönt, Patienten Medikamente zu geben, weil sie angeblich damit nicht umgehen konnten. Heute ist es selbstverständlich, ehemals Suchtkranke rechtzeitig auf eine antidepressive Medikation einzustellen. Übrigens: Alle heutigen Substitutionsbehandlungen bei Opiatsüchtigen mit Morphinen oder Buprenorphin – zum Beispiel als Subutex auf dem Markt, wird von der Krankenkasse bezahlt – wirken auch antidepressiv. Oft bricht die Depression dann nach Absetzen der Substitution durch, also ist auch hier ein guter Übergang mit therapeutischer Begleitung nötig.

Bei jedem Selbstmord ist auch ein Stück Lebenswunsch dabei

Bei jedem Selbstmord ist auch ein Stück Lebenswunsch dabei, der Wunsch nach einem besseren Leben. In der Phantasie überlegt der Suizidale möglicherweise: »Wie werden die anderen schauen, wenn sie mich finden?« Und im Falle eines vorangegangenen Konflikts sollen die Hinterbliebenen dann einsehen, dass sie den Toten schlecht behandelt haben. Das heißt, der Selbstmord als Akt ist nicht unbedingt der Wunsch, wirklich zu sterben, sondern es vielleicht in einem anderen Leben besser zu haben, über den Tod das Leid zu überwinden. Der Suizidale will es besser haben, von den Qualen der Krankheit erlöst werden. Man sieht daran aber, welch schwere Krankheit die Depression ist, die viele Menschen so weit bringt, dass sie einen verfrühten Tod dem depressiven Dasein vorziehen.

Bei zahlreichen Selbstmordversuchen findet man auch eine gewisse Inszenierung. Wir sind sehr, sehr oft mit Selbstmordversuchen konfrontiert, die nicht zu 100 Prozent ernst gemeint sind. Bei ihnen steht der bewusste oder unbewusste Wunsch, gefunden zu werden, im Vordergrund.

Deswegen ist es so schwer, einen Selbstmord zu verhindern, denn wer sich wirklich dazu entschlossen hat, macht meistens ganze Sache. Erschwerend kommt hinzu, dass der Selbstmörder vor der Tat auch guter Stimmung sein kann, sobald die Entscheidung getroffen ist, entsteht oft der Eindruck, es gehe dem Betreffenden besser. Dann ist die Situation wirklich heikel. Denn wer zum Suizid entschieden ist, baut meistens so vor, dass er nicht mehr oder nur sehr schwer daran gehindert werden kann.

Jeder Selbstmord ist natürlich, genauso wie Gewalt gegen andere, eine sehr aggressive Handlung, daher besteht für depressive Menschen oft in dem Moment Suizidgefahr, wo sie wieder zu mehr Antrieb kommen.

Erschießen ist eine sehr selbst-aggressive Handlung, sehr offen-aggressiv, man legt Hand gegen sich an. Eine andere typische, sichere und oft gewählte Art ist, sich vor den Zug zu werfen oder das Herunterspringen aus großer Höhe. Wir alle kennen die Anziehungskraft der Höhe, wenn wir irgendwo hoch oben stehen, überlegen wir schon auch einmal, wie es wäre, hinunterzuspringen.

In der katholischen Kirche gilt Selbstmord – Mord an sich selbst – als ein schwerer Bruch der Gebote und widerspricht somit der christlichen Grundhaltung. Vom Standpunkt der christlichen Religion wird der Selbstmörder also nicht »in den Himmel kommen«. Eine andere Situation, mit der wir jetzt sehr stark zu tun haben, ist der aktuelle politische oder Aktions-Selbstmord, welcher leider seinen Teil dazu beiträgt, die muslimische Glaubensgemeinschaft in Misskredit zu bringen. Dieses kriminelle

Märtyrertum ist selbstverständlich eine Abspaltung der wahren Lehre, obwohl es auf gewissen Glaubensgrundsätzen aufbaut. Jedenfalls verspricht sich auch der Selbstmordattentäter ein besseres Leben mit zahlreichen Belohnungen. Über Religiosität gelangen diese Menschen in eine trügerische Glaubenseuphorie. Das passiert interessanterweise sehr wohl auch bei gläubigen Christen, die Selbstmord in der Hoffnung auf Erlösung begehen, obwohl sie im Grunde wissen, dass die Kirche das nicht toleriert. In diesen Menschen entsteht ein Gefühl der (Selbst-)Gerechtigkeit, einer spirituellen Läuterung, der Rückkehr in eine andere, reinere und natürlichere Daseinsform. Sie befinden sich in einer grenzpsychotischen Situation, ein irreales Selbst- wie auch Außenbild ist entstanden, welches jeder tieferen spirituellen Weisheit widerspricht.

Wenn der Volksmund sagt, »Ich habe nicht den Mut, mich umzubringen«, versteht er den Selbstmörder falsch: Beim Suizid geht es nicht um Mut, sondern um die Grenzüberschreitung, natürlich oft auch aufgrund der Unerträglichkeit des Seins im Rahmen einer schweren Erkrankung in enormer Verzweiflung. Mutiger wäre es ja, sich zu entscheiden, die Krankheit zu ertragen, sich zu überwinden mit der Einstellung »Ich kämpfe dagegen an, das ist meine Aufgabe«.

Univ.-Prof. Dr. OTTO-MICHAEL LESCH

1945 geboren. Facharzt für Psychiatrie und Neurologie, Universitätsprofessor an der Universitätsklinik für Psychiatrie und Psychotherapie Wien seit 1991, Leiter der Forschungseinheit für Alkoholismus und Alkoholabhängigkeit an der Univ. Klinik f. Psychiatrie. Früher Leiter der Gesellschaft für Abhängigkeit der Österreichischen Gesellschaft für Psychiatrie und Neurologie sowie Leiter der Wiener Gesellschaft für Psychiatrie und Neurologie; Präsident der Österreichischen Gesellschaft für Suchtmedizin (AUSAM).

Universitätsklinik für Psychiatrie und Psychotherapie, Währinger Gürtel 18–20, 1090 Wien, Telefon (01) 40400-35 31, E-Mail: Otto.Lesch@meduniwien.ac.at

Privatordination: Liesingtalstraße 24, 2384 Breitenfurt bei Wien, Telefon (02239) 2749 oder 34094.

Das sagt der Arzt:

Die Definition bzw. die Klassifikation von Depressionen hat sich in den vergangenen Jahren gewandelt. In der psychiatriegeschichtlichen Tradition verwiesen verschiedene Definitionen auf je unterschiedliche Sichtweisen und Zugangswege zum Störungsbild und zum erkrankten Patienten. Ein nach wie vor klinisch geläufiges, wenngleich heute nicht mehr offiziell gültiges Einteilungsschema ist das so genannte Kielholz-Schema der Depressionen: Dieses unterscheidet zwischen psychogenen Depressionen (neurotische oder reaktive depressive Entwicklungen), endogenen Depressionen (dispositionell, anlagebedingt, biologisch) und somatogenen Depressionen (organisch-körperlich, durch eine andere Grunderkrankung bedingt), wobei man der Meinung ist, dass es 23 unterschiedliche psychische, soziale und biologische Ätiologien mit unterschiedlicher Therapie gibt.

Seit 15 bis 20 Jahren sucht man aber nur noch nach Gemeinsamkeiten, weil ja alle Menschen gleich sind. Nun ist es aber so, dass manche Symptome zwar sehr gleich aussehen, die Ursachen dahinter können aber sehr unterschiedlich sein. Wenn es einem Menschen schlecht geht, er nicht mit sich selbst in Einklang lebt, seine Talente vernachlässigt, zu viel über den Kopf lebt, zu wenige Emotionen zulässt und dort ein wenig verhungert, hat er nicht sehr viele Möglichkeiten zu reagieren. Wir sind in unserer Reaktion immer noch sehr, sehr einfach – wir können uns zurückziehen, etwas bekämpfen oder verleugnen. Oder wir können eine Art Totstellreflex eingehen, wo wir ganz einfach sagen: »Ich will mit der Welt nichts mehr zu tun haben.« Diese Reaktionen sind ab einem gewissen Intensitätsgrad von den Leuten aber nur mehr schlecht steuerbar.

Ich behandle keine Diagnose – ich behandle Menschen

Ich persönlich empfinde es als Rückschritt in der Psychiatrie, den Menschen mit einer Diagnose zu versehen, ihn zum Objekt zu machen und dann so zu tun, als ob ich eine Diagnose behandle. Ich behandle aber keine Diagnose, ich behandle Menschen – und diese Menschen, die diese Symptome haben, sind oft Leute, die in ihrem Erwachsenwerden viel an Erziehung erlebt haben, viel an Wertigkeiten, die vorgegeben wurden, was man macht und was man nicht macht.

Wenn man die Normen der Eltern oder der geliebten Erwachsenen nicht erfüllen kann oder wenn man etwas – wie beispielsweise seine sexuelle Ausrichtung – vor seiner Umwelt verstecken möchte, kämpft man andauend gegen seine eigenen Gefühle, von denen man glaubt, dass es falsche Gefühle sind, obwohl sie absolut richtig sind. Dass man sich dann biologisch erschöpft und mit einer Depression reagiert, ist sehr logisch.

Diagnosen geben uns Hinweise auf gewisse Biologien und auf gewisse Mechanismen, sie bieten uns vielleicht auch eine Grundlage für die Frage, welche Art der Medikation ich gebe. Wobei das aber schon wieder sehr viel von den Einzelsymptomen und nicht von der Diagnose abhäng

Zur Therapie und zum Therapieziel

Der Ausdruck »Therapie« kommt aus dem Griechischen und bedeutet »Würdevoll ins Mystische zum Orakel begleiten«, Therapie steht also nicht für Heilen, sondern für Pflegen. Grundvoraussetzung für eine funktionierende Therapie ist eine offene Kommunikation zwischen Patient und Therapeut, wo man sich miteinander von der Ebene des Bewusstseins lösen und sich auf eine Beziehung einlassen muss. In dieser Beziehung muss der Therapeut mit dem Patienten allerdings auch ein wenig arbeiten. Das bedeutet, der Patient muss erfahren, was er tun kann, um mit bestimmten Regeln im Leben, die es natürlich gibt, zurechtzukommen. Ein Fehler wäre es allerdings, den Patienten erziehen zu wollen, denn dann wird er zum Objekt.

Niemals darf ein Therapeut einem Patienten sagen, er solle sich zusammennehmen, denn in der Depression kann er das nicht. Sie dürfen ja auch jemandem mit einem gebrochenen Fuß nicht sagen, er solle springen. Es geht um Schützen und Stützen und nicht primär um Konfrontieren. Wichtig ist eine Nestbildung, wo sich der Patient sicher fühlen kann, wichtig wäre aber natürlich auch die soziale Sicherheit.

Bei manchen Patienten stellt sich allerdings auch die Frage, ob nicht nur sie selbst, sondern auch ihre Angehörigen krank sind. Normalerweise möchte ich in den ersten fünf bis zehn Sitzungen einer Therapie nur den Patienten alleine sehen, um überhaupt eine Beziehung zu ihm aufbauen zu können – damit er auch weiß, dass er mein Patient ist und ich natürlich seine Partei bin. Daher kann ich auch nie jemanden Zweiten aus der Familie oder näheren Umgebung therapeutisch betreuen. Wenn der Patient in einem engen Beziehungssystem lebt, ist es mir aber immer ganz wichtig, auch eine Außendarstellung zu bekommen. Ich muss mich dann bei der zehnten Sitzung mit dem Patienten einigen, ob er das will oder nicht. Gegen seinen Willen spreche ich nicht mit seinem Angehörigen, denn es gibt ja oft viele Dinge, die der Partner gar nicht weiß.

Ein guter Therapeut sollte drei Grundpfeiler beachten: Er muss sich Zeit für den Patienten nehmen, um sich nicht nur die Symptome der Krankheit, sondern auch die Funktion ansehen zu können. Wenn der Therapeut spürt, dass er aufgrund gewisser Eigenschaften des Patienten keine Beziehungsarbeit leisten kann, sollte er ihn an einen Kollegen weiterschicken, ihn aber auch persönlich übergeben.

Wenn ich es mit klar biologischen Symptomen, wo ich einen biologischen Mechanismus dahinter vermute, zu tun habe, dann sind bestimmte Medikationen zu geben – und zwar in einer entsprechenden Dosierung, lange genug und regelmäßig genug, denn einmalig nützt so etwas nicht. Alles, was nur beruhigt, wie Tranquilizer oder Alkohol, ist zu vermeiden. Ruhe ist nicht das Ziel einer Therapie, Ruhe kann nur ein kurzfristiges Ziel über eine Woche oder zehn Tage sein.

Die Ziele einer Therapie sollten klar definiert und realistisch erreichbar sein!

Die Ziele einer Therapie sollten klar definiert und realistisch erreichbar sein. Und die einzelnen Schritte dorthin müssen vom Therapeuten und vom Patienten akzeptiert werden können. Es muss mit nicht veränderbaren und mit veränderbaren Ressourcen und lösungsorientiert gearbeitet werden.

Das eigentliche Therapieziel ist es ja, dem Menschen eine Lebensqualität zu geben. Das Leben müssen die Menschen selber leben, sie müssen auch selbst verantwortlich sein!

Die Therapiearbeit könnte man folgendermaßen sehen: Der Patient fährt in einem Fluss mit vielen unangenehmen Stromschnellen. Ich als Therapeut komme mit einem Boot vorbei, in das sich der Patient zu mir setzen kann. Jetzt versuchen wir gemeinsam, diese Stromschnellen zu bewältigen. Am Ende der Therapie steigt der Patient wieder aus dem Boot aus.

Noch etwas: Die Psychotherapie richtet sich nie nach Krankheiten, sie richtet sich nach Persönlichkeitszügen, nach Interaktionsphänomenen, nach dem Umgang mit Stress und nach Kommunikationsschienen. Es gibt Menschen, die auf Sprache reagieren, andere auf Schauen und solche, die nur auf Berührung ansprechen. Wenn Sie Menschen zuhören, gibt es solche, die sagen »Das schaut aber schlecht aus!«, andere meinen »Das hört sich aber miserabel an!« und wieder andere sprechen über ihre damit verbundenen Beschwerden wie »Jetzt bekomme ich Herzklopfen, wenn ich mir das anhorche«. Am schwierigsten sind jene Patienten zu behandeln, bei denen alles nur über den Kopf geht.

In der Therapie geht es primär um Reaktionsbildungen

Nach jahrelangen Beobachtungen bin ich immer mehr darauf gekommen, dass es in der Therapie primär um die Frage von Reaktionsbildungen – sie stehen in der Psychoanalyse für einen Abwehrmechanismus – geht. Ist es möglich, diese Art Persönlichkeit selber ein bisschen zu modifizieren, so dass der Patient in seinen Fesseln, die er sowieso nicht mehr anbringt, bewusst gewisse Dinge macht? Denn aus meiner Sicht sind Sensibilität und Kreativität genetisch, wie auch die Intelligenz.

Die Reaktionsbildungen hängen sehr davon ab, was man erlebt. Da stellt sich natürlich die Frage, was man haben möchte: Menschen, die kreativ und künstlerisch begabt sind, mit eigener Phantasie, sensibel, denen die Gesellschaft nicht gleichgültig ist – oder funktionierende Roboter? Wenn jemand ersteren Charakter hat, empfindlicher auf Dinge reagiert, die nicht funktionieren oder die er im Laufe seiner Entwicklung nicht bekommt, kann eine Intensität erreicht werden, wo alles biologisch autonom läuft. Das heißt, er wird einmal in die Depression und einmal in die Manie ausweichen oder in die verschiedenen Verläufe, also biologisch unterschiedlich, bipolar oder monopolar.

Meiner Meinung nach gibt es nur einen kleinen Prozentsatz an Depressionen, etwa drei bis vier Prozent, der vererblich ist – und immer bipolar. Dabei handelt es sich um echte manisch-depressive Episoden.

Dr. KARL PURZNER

1945 in Wien geboren. Facharzt für Psychiatrie und Neurologie, Psychoanalytiker und Krankenhausmanager, Stabsstelle Organisationsentwicklung und Wissensmanagement der Direktoren im »Sozialmedizinischen Zentrum Baumgartner Höhe«. Einjähriger Aufenthalt in den USA, Medizinstudium an der Universität Wien, Weiterbildung zum Facharzt für Psychiatrie und Neurologie am Psychiatrischen Krankenhaus der Stadt Wien Baumgartner Höhe, Ausbildung zum Psychoanalytiker in der Wiener Psychoanalytischen Vereinigung und im Institut für angewandte Psychoanalyse Düsseldorf. Leiter der Instituts für angewandte Psychoanalyse Wien. Seit 1980 psychoanalytischer Berater des Anna-Freud-Kindergartens in Wien.

Wir danken Werner Hennrich, Harald Koisser, Jochen Reiter und Michl Schwind (netz.werk.stAdt) für die Mitwirkung.

Das sagt der Arzt:

Im modernen Gesundheitswesen wird die Depression nach den allgemeinen Grundsätzen der modernen Medizin diagnostiziert und behandelt. Letztere besagen, dass bei der Entstehung der meisten Krankheiten sowohl körperliche als auch seelische und soziale Bedingungen – wenn auch mit unterschiedlichem Gewicht – als verursachende Faktoren eine Rolle spielen. Daher sollte idealerweise bei der Behandlung und Vorbeugung von Gesundheitsstörungen auch auf alle diese Bedingungen Acht genommen werden. Dies ist leider in der Praxis nicht immer der Fall. Viel zu oft noch stellen wir da und dort Einseitigkeiten im Umgang mit Gesundheitsstörungen ganz allgemein und auch bei der Depression fest – manchmal wird die körperliche, manchmal die seelisch-zwischenmenschliche und manchmal die sozio-ökonomische Seite der Depression zu wenig beachtet. Folge ist immer eine Verschlechterung der Behandlungsergebnisse.

Die Depression als Seelenstörung

Dort, wo Teams gut funktionieren, wird solchen Tendenzen entgegengewirkt. Am Beispiel des Pflegepersonals lässt sich dies im Unterschied zu den Ärzten verdeutlichen. Psychiater sind wie alle Ärzte gewohnt, zu diagnostizieren, bevor sie therapieren. »Syndrome« als häufig und typisch vergemeinschaftete Einzelsymptome dienen als Grundlage für das heilende Handeln. Sämtliche Beschwerden der Depression wie Antriebsstörungen, Störungen der Stimmung, des Biorhythmus etc. werden abstrakt diagnostiziert und darauf abgestimmt behandelt.

Lebendig und konkret in Verbindung mit einem Menschen im Alltag werden diese Beschwerdebilder aber erst, wenn man sich dafür interessiert, wie sie sich vom frühen Morgen bis zum Abend und auch nachtsüber, also im Schlafverhalten zeigen. Das ist vor allem die Domäne der MitarbeiterInnen des Pflegedienstes. Gutes Pflegepersonal kennt natürlich auch die Syndrome. Es ist aber daneben wesentlich mit den so genannten Aktivitäten des täglichen Lebens der PatientInnen befasst. Wenn ÄrztInnen mit dem Pflegepersonal und anderen Mitgliedern des Teams gut zusammenarbeiten, kann die oben beschriebene Gefahr von Einseitigkeiten bei Diagnose und Therapie stark verringert werden.

Das soziale Tempo wird immer höher, bis die Menschen nicht mehr mitkommen

Ein deutscher Psychiater hat ein Buch über die »Erschöpfungsdepression« geschrieben. In dieser Arbeit werden die Lebensbedingungen der so genannten Postmoderne zur Depression in Beziehung gesetzt. Es wird darin die berufliche und private Lebenswelt des heutigen Menschen beschrieben. In Summe und der Tendenz nach führen die Verhältnisse zu einer Überforderung des Menschen. Ständige Veränderungen, immer komplizierter werdende Verhältnisse, die durch Krisenballung bewirkten chronischen Gefühle der Bedrohtheit, aber auch die zunehmende Beschleunigung der Lebensvorgänge wirken sich enorm belastend aus. Sie führen ebenso wie der Verlust Halt gebender Gemeinschaften und der damit verbundene Wertezerfall zu einer Zunahme von Orientierungs- und Sinnlosigkeitsgefühlen.

Besonders beachtenswert im Hinblick auf die Seelengesundheit ist der Faktor Beschleunigung. Der deutsche Soziologe Hartmut Rosa beschreibt unter der Bezeichnung »Beschleunigungszirkel« Teufelskreise, die beim Menschen über kurz oder lang krisenhafte Zustände hervorrufen – getrieben durch Wirtschaft und Technik werde das soziale Tempo immer höher. So lange, bis die Menschen nicht mehr mitkommen und zusammenbrechen.

Zusammenbrüche dieser Art tragen oft den Charakter einer Rhythmusstörung. Die Ärztin und Pädagogin Maria Montessori hat einen ebenso grundlegenden wie einfachen Rhythmus beschrieben, den der Mensch braucht, um gesund zu bleiben und sich zu entwickeln. Er ist dreiphasig: Zuerst stimmt man sich auf etwas ein, danach kommt die ruhige Vertiefung in eine Aufgabe – Montessori nannte diese Phase »große Arbeit«, heute sprechen wir mit Csikzentmihaly gerne von »Flow« –, und schließlich folgt der Ausklang. Das Leben ist im Grunde eine ununterbrochene Aufeinanderfolge dieses Rhythmus.

Durch den »Akzelerationszirkel« kommt aber alles ins Schwimmen, die Menschen haben kaum mehr Zeit zum Einstimmen und können auch in zunehmendem Ausmaß Dinge nicht mehr – in Ruhe – fertig machen. Das heißt aber, der eben beschriebene, wichtige Grundrhythmus wird sozusagen durcheinandergewirbelt. Einige Seelenforscher sprechen dementsprechend von der (»Erschöpfungs«-)Depression als Krankheit der »Desynchronisierung«.

Nicht zufällig hat daher die WHO Stress als größte Gesundheitsgefahr unseres Jahrhunderts definiert. Burnout, die mit ihm in engem Zusammenhang stehende Depression und einige andere Symptombildungen – zum Beispiel Sucht und psychosomatische Störungen – können aus dieser Stress-Perspektive auch als, mitunter unbewusste, Flucht vor der Überforderung und Selbstschutz verstanden werden. Sie ließen sich in Anlehnung an bekannte und vielzitierte körperliche Stressfolgen gleichsam als »Infarkt der Seele« verstehen.

Wer keinen Sinn mehr sehen kann, wird depressiv

Viele lebenserfahrene, reife Menschen verstehen die Depression als Zustand der spirituellen Kapitulation und Resignation als Folge von Ohnmacht und Aussichtslosigkeit des nach Sinn strebenden Teils im Menschen. Bei der Frage nach dem Sinn handelt es sich bekanntlich um einen Leitbegriff des Menschseins. Viktor Frankls psychotherapeutischer Ansatz gründet in diesem existenziellen Bereich. Aus der Perspektive des Sinns des Lebens ließe sich formulieren: Wer keinen Sinn (mehr) sieht oder sehen kann, wird krank, depressiv oder brennt aus. Wer demgegenüber die Frage nach dem Sinn positiv beantwortet hat, möchte etwas bewahren – für später, für die Kinder, für nächste Generationen etc. – und schöpft Handlungsenergie aus diesem Streben. Solcherart schützt erlebter Sinn auch vor depressiven Störungen.

Bezogen auf den Sinn des Lebens geschähe eine Heilung der Depression und verwandter Seelenstörungen dann durch »Wieder-Ermächtigung«, das heißt durch die Rückeroberung des Gefühls von Sinnhaftigkeit und in der Folge von Handlungsfähigkeit. So gesehen ginge es um die Wiederherstellung einer Sinn machenden, glaubwürdig lebbaren, ganzheitlichen Perspektive für die betroffene Person. Durch sie könnte Letztere wieder hoffnungsvoll in die Zukunft sehen.

Hinter einer solchen Betrachtung der Depression steht die Vorstellung von der Persönlichkeit als einer Ganzheit und die These vom »Heil der Ganzheit«. Die Weisheit der Sprache verlieh ja dem Wort »heil« die Doppelbedeutung von unversehrt und gesund. Jede Vernachlässigung auch nur eines Aspekts unseres Wesens muss auf Dauer zu einem Defizit führen und unsere seelische Stabilität beeinträchtigen. Dementsprechend bestünde die Kunst, Menschen aus der Depression herauszuhelfen, wesentlich darin, die betroffene Person ganzheitlich zu verstehen und allen Aspekten ihres Seins zur eigenen und sozialverträglichen Verwirklichung zu verhelfen und damit in der Folge zu innerer und äußerer Anerkennung.

Depression aus der Sicht der Entwicklung zur Nachhaltigkeit

Die Weltöffentlichkeit ist in den letzten Jahrzehnten allmählich für das Thema der Nachhaltigkeit sensibilisiert worden. Der Tatsache, dass die gegenwärtige Lebens- und Wirtschaftsweise nach und nach unsere Lebensgrundlagen auf dem Planeten Erde zerstört, sind sich im Laufe der Zeit immer mehr Menschen bewusst geworden. Der Bezug der Nachhaltigkeitsdebatte zur Depression ist ein mehrfacher:

- Einerseits bedeutet die nicht selten im Rahmen des Dialogs um die Zukunftsfähigkeit der Welt auftauchende Weltuntergangsstimmung für manche Menschen starken seelischen Stress. Die Reaktion darauf ist sehr verschieden. Neben kämpferischen Verhaltensmustern oder phlegmatisch-biedermeierähnlichen Rückzugsverhalten kann man aber auch immer wieder das Auftreten depressiv-resignativer Erlebnisweisen beobachten.

- Andererseits haben offen oder verdeckt depressive Menschen meist ein Problem mit dem Lebenssinn. Wer aber und aus welchen Gründen auch immer im Leben keinen Sinn sieht, dem fehlt auch die Zukunftsperspektive. Das bedeutet, Depressivität erschwert die Fähigkeit zur langfristigen Planung aus dem Bewusstsein der Langzeitverantwortung enorm.

- Aus beiden genannten Gründen wäre es sehr wichtig, durch verschiedene Maßnahmen in verschiedenen Bereichen und auf verschiedenen Ebenen jenen Menschen, die dazu neigen, die Angst vor der Zukunft zu nehmen. Die möglichen Maßnahmen reichen vom Aufzeigen konkreter, positiver Handlungsmöglichkeiten über die Definition und das Vorleben eines guten, nachhaltigen Lebensstils bis hin zu umfassenden politisch-ökonomischen Eingriffen.

Was tun gegen Depression?

1. Steuern Sie stressbedingten Erschöpfungszuständen konsequent gegen!

Die stressbedingte Erschöpfung als »Nährboden« für andere stressbedingte Seelenstörungen sollte schon bei den ersten Anzeichen sehr ernst genommen werden. Je schwerer nämlich Erschöpfungszustände werden, desto eher komplizieren sie sich durch andere Symptome wie beispielsweise Angstzustände und depressive Verstimmungen. Es gibt eine ganze Fülle von Programmen zur erfolgreichen Stressbekämpfung. Ich selbst habe ein einfaches Modell, das »Balancemodell des Befindens«, entwickelt, das sechs miteinander vernetzte Kompetenzen enthält:

- imstande zu sein, die eigene Leistung angemessen steuern zu können, das heißt, Über- und Unterforderung zu vermeiden

- mit Konflikten gut umzugehen, also zwischenmenschliche Spannung weder unter den Teppich zu kehren, noch in destruktive Streitigkeiten zu verfallen

- Kontakte gekonnt zu gestalten, nämlich die Mitte zwischen Rückzug und Aufdringlichkeit einhalten zu können und für unterschiedliche Kommunikationssituationen gut gerüstet zu sein

- mit dem eigenen Körper pfleglich umzugehen, also für ausreichend Bewegung und gesunde Ernährung ebenso zu sorgen wie für einen allgemein gesunden Lebensstil

- das natürliche persönliche Genussrepertoire ausschöpfen zu können, das heißt, in Regenerationszeiten – von der Pausengestaltung über den Feierabend, das Wochenende bis hin zum (Kurz-)Urlaub – die Erholungs- bzw. Entspannungssituationen erfolgreich zu gestalten

- und für erquickenden Schlaf zu sorgen

2. Nutzen Sie beziehungsorientierte Programme

Es gibt sehr schwer zu steuernde Beschleunigungstendenzen in der postmodernen Gesellschaft. Eine der besten Möglichkeiten, hier einen Riegel vorzuschieben – zumindest im persönlichen Alltag –, besteht im Einüben »bedeutungsvoller Beziehungen«, den »Meaningful Relations«. Die soziale Kunst, bedeutungsvolle Beziehungen zu gestalten, kann man lernen, man kann sie trainieren. Ansätze in diese Richtung verlangen beim Üben eine ständige Abstimmung zwischen dem »Gespür für sich selbst« und dem »Gespür für andere«. Die Gefühlswelt steht also im Zentrum beziehungsorientierter Programme. Und dies deshalb, weil Beziehungen immer mit Gefühlen verbunden sind. Diese Beziehungsgefühle zu erkennen, zuzulassen, auszudrücken, negative Gefühle herunterzuregulieren bzw. positive Gefühle aufzubauen braucht Zeit und wirkt deshalb entschleunigend.

Prim. Prof. Mag. DDr. REINHARD MAREK

www.wgkk.at

1953 geboren in Neufeld/Leitha. Ärztlicher Direktor der WGKK. Ausbildung zum Arzt für Allgemeinmedizin im Hanusch-Krankenhaus, Primarius des Gesundheitszentrums Wien Süd, Mitglied des Wiener Drogenbeirates.

Kontakt: Wiener Gebietskrankenkasse, Wienerbergstraße 15–19, 1100 Wien, Telefon (01) 601 22-2151, E-Mail: reinhard.marek@wgkk.at

Das sagt der Arzt:

Zur Bezahlung der Krankenkassen

Mit der 50. ASVG-Novelle wurde ab 1. 1. 1992 Psychotherapie als Pflichtleistung der Krankenversicherung verankert. Voraussetzung für eine Kostentragung durch die KV-Träger ist es, dass die psychotherapeutische Behandlung als notwendige Krankenbehandlung zu qualifizieren ist und die Behandlung durch Personen, die in die Psychotherapeutenliste des Bundesministeriums eingetragen sind, durchgeführt wird.

Psychotherapie als Versicherungsleistung ist dann indiziert, sofern ein regelwidriger geistiger Zustand (eine »seelische Krankheit«) vorliegt, der einer Krankenbehandlung bedarf. Die Krankenbehandlung muss ausreichend und zweckmäßig sein, darf jedoch das Maß des Notwendigen nicht überschreiten. Ausreichend und zweckmäßig sind solche Leistungen dann, wenn sie qualitativ und quantitativ geeignet sind, das Behandlungsziel zu erreichen: dies ist die Wiederherstellung der Gesundheit, der Arbeitsfähigkeit sowie der Fähigkeit, für lebenswichtige persönliche Bedürfnisse zu sorgen.

Seelische Krankheiten sind der willentlichen Steuerung durch den Patienten nicht mehr oder nur zum Teil zugänglich, sie werden in seelischen und körperlichen Symptomen bzw. in krankhaften Verhaltensweisen erkennbar (Störungen der Wahrnehmung, des Verhaltens, der Erlebnisverarbeitung, der sozialen Beziehungen und der Körperfunktionen). Soziale Störungen bzw. Beziehungsstörungen gelten nur dann als Ausdruck einer seelischen Krankheit, wenn diese mit einer regelwidrigen (krankhaften) Veränderung des seelischen und körperlichen Zustandes eines Menschen verknüpft sind und eine Krankenbehandlung notwendig ist.

Da die Psychotherapie als Pflichtleistung leistungsrechtlich der ärztlichen Hilfe gleichgestellt ist, müssen die Krankenversicherungsträger dafür Kosten übernehmen. Sofern keine Verträge mit Anbietern bestehen, hat die Satzung der Krankenversicherungsträger Kostenzuschüsse vorzusehen. Gemäß den gesetzlichen Bestimmungen sollten die Beziehungen der Sozialversicherungsträger zu den freiberuflichen Psychotherapeuten – ähnlich den niedergelassenen Ärzten – über Gesamtverträge geregelt werden. Da die Verhandlungen darüber trotz ernsthafter Bemühungen aller Beteiligten nicht erfolgreich waren, wurde nach alternativen Modellen gesucht, die eine Sachleistungsversorgung der Anspruchsberechtigten gewährleisten könnten.

Aktuell steht den Anspruchsberechtigten der WGKK, die psychotherapeutischer Behandlung bedürfen, in Wien ein breites Angebot unterschiedlicher Anbieter zur Verfügung, das über die direkte Verrechnung mit der WGKK in Anspruch genommen werden kann. Es besteht dabei einerseits die Möglichkeit, im Rahmen von mit zwei in ganz Wien tätigen Vereinen abgeschlossenen Verträgen freiberuflich tätige, niedergelassene Psychotherapeuten auf Rechnung der Wiener Gebietskrankenkasse zu konsultieren. Andererseits steht den Versicherten eine große Anzahl an Einrichtungen, die sich auf die Behandlung bestimmter Störungsbilder bzw. Indikationen spezialisiert haben und die vielfach auch ergänzend fachärztliche Behandlungen sowie klinisch-psychologische Diagnostik anbieten, zur Verfügung.

Den wesentlichen Betrag zur Psychotherapeutischen Versorgung bilden die beiden Basisvereine VAP (Verein für ambulante Psychotherapie) und die WGPV (Wiener Vereinigung für Psychotherapeutische Versorgung): Beiden Vereinen steht für Versicherte der WGKK ein Kontingent von 125.000 Behandlungseinheiten zur Verfügung. Darüber hinaus bestehen Verträge mit einzelnen Einrichtungen.

Zu den Krankenständen

Nach der Gruppe der orthopädischen Erkrankungen wie zum Beispiel Lumbalgie stellen psychische Erkrankungen mittlerweile die zweithäufigste Ursache für Arbeitsunfähigkeit dar. Es ist im Lauf der nächsten Jahre mit einem weiteren Anstieg zu rechnen. Abhängig vom Typ der Erkrankung entscheidet der behandelnde Arzt, welche Maßnahmen – Psychotherapie, antidepressive Pharmakotherapie, tagesklinische Aufenthalte, Rehabilitation oder stationäre Klinikaufenthalte – getroffen werden müssen. Im Falle schwerer depressiver Erkrankungen und beispielsweise der Gruppe der bipolaren Störungen, deren Häufigkeit über Jahre konstant geblieben ist, muss mit jahrelanger Behandlungsdauer gerechnet werden.

Im Falle von Anpassungsstörungen, deren Zahl in den letzten Jahren stets gestiegen ist, gilt es insbesondere auf krankheitsspezifische Ursachen wie etwa chronischen Stress unter genauester Abklärung des sozialen Umfeldes einzugehen. Das Krankheitsbild verlangt insbesondere unverzüglich adäquate Therapie.

Hier finden Betroffene und Angehörige Hilfe

Wichtige Adressen

Psychiatrische Krankenanstalten

Anton Proksch Institut
Mackgasse 7–9
1237 Wien
Telefon (01) 880 10-0
www.api.or.at
E-Mail: info@api.or.at

AKH Wien
Währinger Gürtel 18–20
1090 Wien
Telefon (01) 404 00-0
www.akhwien.at
E-Mail: post_akh_adr@akhwien.at

SMZ-Süd – Kaiser Franz Josef Spital
Kundratstraße 3
1100 Wien
Telefon (01) 601 91-0
www.wienkav.at/kav/kfj
E-Mail: kfj.post@wienkav.at

SMZ-Ost
Langobardenstraße 122
1220 Wien
Telefon (01) 288 02-0
www.wienkav.at/kav/dsp
E-Mail: dsp.kzl@wienkav.at

SMZ-Baumgartner Höhe – Otto Wagner Spital
Baumgartner Höhe1
1140 Wien
Telefon (01) 910 60-0
www.wienkav.at/kav/ows
E-Mail: ows@wienkav.at

Landesklinikum Mostviertel Amstetten-Mauer
3362 Mauer-Öhling bei Amstetten
Telefon (07475) 501-0
www.mauer.lknoe.at
E-Mail: office@mauer.lknoe.at

Landesklinikum Donauregion Tulln-Gugging
Alter Ziegelweg 10
3430 Tulln
Telefon (02272) 601-0
www.tulln.lknoe.at
E-Mail: office@tulln.lknoe.at

Landesklinikum Thermenregion Neunkirchen
Peischinger Straße 19
2620 Neunkirchen
Telefon (02635) 602-0
www.neunkirchen.lknoe.at
E-Mail: office@neunkirchen.lknoe.at

UNI-Klinik Graz
Auenbruggerplatz 1
8036 Graz
Telefon (0316) 385-0
www.klinikum-graz.at
E-Mail: internet@klinikum-graz.at

Therapiestation Walkabout
Barmherzige Brüder Graz
Johannes-von-Gott-Straße 12
8047 Kainbach
Telefon (0316) 30 10 81-500
www.bbwalkabout.at
E-Mail: walkabout@bbwalkabout.at

Landesnervenklinik Sigmund Freud Graz
Wagner-Jauregg-Platz 1
8011 Graz
Telefon (0316) 2191-0
www.lsf-graz.at
E-Mail: internet@lsf-graz.at

Sonderkrankenhaus de La Tour
De-La-Tour-Straße 28
9521 Treffen
Telefon (04248) 2557-0
www.diakonie-kaernten.at
E-Mail:Krankenhaus-delatour@diakonie-kaernten.at

Landes-Nervenklinik Wagner-Jauregg Linz
Wagner-Jauregg-Weg 15
4020 Linz
Telefon 05055462-0
www.wagner-jauregg.at
E-Mail: Contact.wj@gespag.at

Klinikum Wels-Grieskirchen
Grieskirchner Straße 42
4600 Wels
Telefon (07242) 415-0
www.klinikum-wegr.at
E-Mail: post@klinikum-wegr.at

Psychiatrische Klinik Wels des Landes Oberösterreich
Linzer Straße 89
4600 Wels
Telefon (07242) 407-0
www.klinikum-wegr.at
E-Mail: post@klinikum-wegr.at

Sonderkrankenhaus für Alkohol- und Medikamenten-Abhängige
Weizenstreinerstraße 11
5020 Salzburg
Telefon (0662) 824 203
www.lph-sucht.at
E-Mail: skh@lph-sucht.at

Christian Doppler Klinik LNK Salzburg
Ignaz-Harrer-Straße 79
5020 Salzburg
Telefon (0662) 4483
www.salk.at/Christian-Doppler-Klinik.html
E-Mail: g.ladurner@salk.at

Genesungsheim für alkoholkranke Männer Salzburg
Ignaz-Harrer-Straße 90
5020 Salzburg
Telefon (0662) 431 450-0
www.lph-sucht.at
E-Mail: office@lph-sucht.at

Psychiatrisches Krankenhaus des Landes Tirol
Thurnfeldgasse 14
6060 Hall in Tirol
Telefon (05223) 508
www.tilak.at
E-Mail: wolfgang.markl@tilak.or.at

Bezirkskrankenhaus Kufstein
Endach 27
6330 Kufstein
Telefon (05372) 6966-0
www.bkh-kufstein.at
E-Mail: direktion@bkh-kufstein.at

SKA für Suchtkranke Frastanz
Plus Haus Carina und Lukasfeld
Maria Ebene 17
6820 Frastanz
Telefon (05522) 727 46
www.mariaebene.at
E-Mail: stiftung@mariaebene.at

Landeskrankenhaus Rankweil
Valdunastraße 16
6830 Rankweil
Telefon (05522) 403 5100
www.lkhr.at
E-Mail: psychosomatik.sekretariat@lkhr.at

Psychosomatische Zentren und andere Einrichtungen

Psychosomatisches Zentrum Waldviertel Eggenburg
Grafenberger Str. 2
3730 Eggenburg
Telefon (02984) 20 228-0
www.pszw.at
E-Mail: info@pszw.at

PSZ Bad Aussee
Sommersbergseerstr. 395
8990 Bad Aussee
Telefon (03622) 52 100
www.klinik-badaussee.at
E-Mail: office@klinik-badaussee.at

Privatkrankenanstalt Kurheim Paracelsus
Dr. Weber und Ges.
Warmbader Straße 83
9500 Villach
Telefon (04242) 370 350
www.kurheim-paracelsus.at
E-Mail: paracelsus_kurheim@utanet.at

Sonnenpark Bad Hall
Zentrum für psychosoziale Gesundheit
Parkstraße 14
4540 Bad Hall
Telefon (07258) 29 592
www.promente-reha.at
E-Mail: badhall@reha-sonnenpark.at

Sonnenpark Neusiedlersee Rust
Zentrum für psychosoziale Gesundheit
Mörbischer Straße 5
7071 Rust
Noch keine Telefonnummer, da diese Einrichtung noch nicht fertiggestellt ist
www.promente-reha.at
E-Mail: neusiedlersee@reha-sonnenpark.at

Psychiatrische Rehabilitation St. Veit
St. Veiterstraße 46
5621 St. Veit im Pongau
Telefon (06415) 7201-5501
www.salk.at
E-Mail: psyreha@salk.at

Sonnenpark Neusiedlersee Podersdorf
Zentrum für psychosoziale Gesundheit
Steinbruch I/36
7141 Podersdorf/See
Telefon (02177) 21 539
www.reha-sonnenpark.at
E-Mail: neusiedlersee@reha-sonnenpark.at

Sonnenpark Lans
Zentrum für psychosoziale Gesundheit
Hilber Straße 3
6080 Igls
Telefon (0512) 37 99 99
www.reha-sonnenpark.at
E-Mail: lans@reha-sonnenpark.at

Pro mente reha GmbH
Lonstorferplatz 1
4020 Linz
Sonnenpark Zentrale
Telefon (0732) 69 96
www.promenteooe.at
E-Mail: lonstorferplatz@promenteooe.at

Reha Klinik
für Seelische Gesundheit GmbH
Grete-Bittner-Straße 40
9020 Klagenfurt
Telefon (0463) 43 0007
www.seelischereha.com
E-Mail: office@seelischereha.com

WIR KÖNNEN
WELT VER
WENN MAN WEISS, WIE.

»Wir alle müssen jetzt handeln. DER GRÜNE GUIDE zeigt Ihnen, wie.«

Annie Lennox

»Ein praktischer Führer, der uns die Probleme unserer Zeit verständlich erklärt und den notwendigen Beitrag, den jeder von uns leisten muss.«

Sir Richard Branson

»Dieses Buch zeigt uns den richtigen Weg, Respekt für unsere Natur und unseren Planeten zu entwickeln. Setzen Sie sich, lesen Sie es und handeln Sie!«

Monica Bellucci

»Ein wichtiges, ein zukunftsweisendes Buch und eines, das Mut macht.«

Friedensnobelpreisträger Michail Gorbatschow

prima vista
verlag

www.prima-vista.cc